《司法警察基础》编委会

主　　编：龚亭亭　周静茹
副主编：胡　赪　林　岚

高等法律职业教育系列教材
GAODENGFALUZHIYEJIAOYUXILIEJIAOCAI

司法警察基础

SIFA JINGCHA JICHU

主　编◎龚亭亭　周静茹　副主编◎胡　赪　林　岚

暨南大學出版社
JINAN UNIVERSITY PRESS

中国·广州

图书在版编目（CIP）数据

司法警察基础/龚亭亭，周静茹主编；胡赪，林岚副主编．—广州：暨南大学出版社，2013.9（2024.10 重印）
（高等法律职业教育系列教材）
ISBN 978－7－5668－0761－8

Ⅰ.①司… Ⅱ.①龚… ②周…③胡…④林… Ⅲ.①司法—警察—中国—高等职业教育—教材 Ⅳ.①D926.17

中国版本图书馆 CIP 数据核字(2013)第 216739 号

司法警察基础
SIFA JINGCHA JICHU
主　编：龚亭亭　周静茹　副主编：胡　赪　林　岚

出 版 人：阳　翼
责任编辑：付有明
责任校对：周海燕
责任印制：周一丹　郑玉婷

出版发行：暨南大学出版社（511434）
电　　话：总编室（8620）31105261
营销部（8620）37331682　37331689
传　　真：（8620）31105289（办公室）　37331684（营销部）
网　　址：http：//www.jnupress.com
排　　版：广州市新晨文化发展有限公司
印　　刷：湛江日报社印刷厂有限公司
开　　本：787mm×1092mm　1/16
印　　张：11
字　　数：261 千
版　　次：2013 年 9 月第 1 版
印　　次：2024 年 10 月第 12 次
定　　价：24.00 元

目　录
CONTENTS

总　序

高等法律教育职业化已成为社会的广泛共识。2008年，由中央政法委等15部委联合启动的全国政法干警招录体制改革试点工作，更成为中国法律职业化教育发展的里程碑。这也必将带来高等法律职业教育人才培养机制的深层次变革。顺应时代法治发展需要，培养高素质、技能型的法律职业人才，是高等法律职业教育亟待破解的重大实践课题。

目前，受高等职业教育大势的牵引及拉动，我国高等法律职业教育开始了教育观念和人才培养模式的重塑。改革传统的理论灌输型学科教学模式，吸收、内化“校企合作、工学结合”的高等职业教育办学理念，从办学“基因”——专业建设、课程设置上“颠覆”教学模式：“校警合作”办专业，以“工作过程导向”为基点，设计开发课程，探索出了富有成效的法律职业化教学之路。为积累教学经验、深化教学改革、凝塑教育成果，我们着手推出“基于工作过程导向系统化”的法律职业系列教材。

《国家中长期教育改革和发展规划纲要（2010—2020年）》明确指出，高等教育要注重知行统一，坚持教育教学与生产劳动、社会实践相结合。该系列教材的一个重要出发点就是尝试为高等法律职业教育在“知”与“行”之间搭建平台，努力对法律教育如何职业化这一教育课题进行研究、破解。在编排形式上，打破了传统篇、章、节的体例，以司法行政工作的法律应用过程为学习单元来设计体例，以职业岗位的真实任务为基础，突出职业核心技能的培养；在内容设计上，改变传统历史、原则和概念的理论型解读，采取“教、学、练、训”一体化的编写模式。以案例等导出问题，根据内容设计相应的情境训练，将相关原理与实操训练有机地结合，围绕关键知识点引入相关实例，归纳总结理论、分析探寻解决问题的途径，充分展现法律职业活动的演进过程和法律的应用流程。

法律的生命不在于逻辑，而在于实践。法律职业化教育之舟只有航行于法律实践的海洋之上，才能激发出勃勃生机。在以高等职业教育实践性教学改革为平台进行法律职业化教育改革的路径探索过程中，有一个不容忽视的现实问题，高等职业教育人才培养模式主要适用于机械工程制造等以“物”作为工作对象的职业领域，而法律职业教育主要针对的是司法机关、行政机关等以“人”作为工作对象的职业领域，这就要求在法律职业教育中对高等职业教育人才培养模式进行“辩证”的吸纳与深化，而不是简单、盲目地照搬照抄。我们所培养的人才不应是“无生命”的执法机器，而是有法律智慧、正义良知、训练有素的有生命的法律职业人员。但愿这套系列教材能为我国高等法律职业化教育改革作出有益的探索，为法律职业人才的培养提供宝贵的经验借鉴。

2010年11月15日

前 言

《中华人民共和国人民警察法》在"总则"第2条中规定，人民警察的任务是维护国家安全，维护社会治安秩序，保护公民的人身安全、人身自由和合法财产，保护公共财产，预防、制止和惩治违法犯罪活动。人民警察包括公安机关、国家安全机关、监狱、劳动教养管理机关的人民警察和人民法院、人民检察院的司法警察。我国司法警察是隶属于司法机关，依照法律规定可以使用特殊强制手段维护司法场所设施安全与司法活动秩序的执法人员，是具有武装性质的司法行政执法力量，是我国人民警察的独立警种之一。依法维护司法场所设施安全与司法活动秩序的正常进行是其有别于其他警种的重要职责。随着我国司法制度的不断完善和发展，司法警察的地位和作用逐渐凸显。

然而，相对于司法警察越来越繁重的工作任务和日益重要的地位，对司法警察所进行的理论和实践问题的研究的重视程度还没有跟上，与司法警察制度相关的系统著述较少。同时，2012年、2013年，最高人民法院和最高人民检察院相继废止了《人民法院司法警察暂行条例》及《人民检察院司法警察暂行条例》，颁布实施了《人民法院司法警察条例》、《人民检察院司法警察条例》。后两者的颁布实施，在内容上较大地丰富了司法警察工作的内涵，尤其是对司法警察的职责与职权有了明确的界定，是多年来对司法警务工作的规律认识、经验总结和科学思考。基于上述理由，我们编写了《司法警察基础》一书，这是我们对司法警察理论及有关制度探究的一种尝试。

本书共十章，内容包括司法警察概述、司法警察制度的历史与现状、司法警察的职责与职权、司法警察警务活动原则、司法警察的素养、司法警察的组织管理、司法警察的警衔管理、司法警察的警务保障、司法警察的职业道德与礼仪和司法警察的法纪要求等。本书既可作为司法警官职业院校司法警务专业的教材，也可作为在职的司法警察人员的培训教材。

本书的作者分工如下（按章节先后）：第一章，龚亭亭；第二章，刘佳、胡赪；第三章，龚亭亭；第四章，周静茹；第五章，曾凯娟、胡赪；第六章，曾郁；第七章，金琳；第八章，张宇娴、胡赪；第九章，林岚；第十章，兰凤英。由龚亭亭、周静茹任主编，胡赪、林岚任副主编。全书在主编和副主编共同审阅的基础上，最后由龚亭亭统一修改定稿。

本书是广东司法警官职业学院的教师对近年来教学实践经验的总结。此外本书的编写还得到了广州市中级人民法院法警支队、广州市各区人民法院法警大队的大力支持和指导，广州市中级人民法院法警支队肖伟支队长在百忙之中主审了全书，并提出了建设性的修改意见，为该书的最后付梓倾注了大量心血。在此，一并向他们表示谢忱。

由于编者的水平和实践经验有限，本书不足之处在所难免，恳请读者批评指正。

编　者

2013 年 5 月

第一章
司法警察概述

【知识目标】

了解警察及警察制度的产生与发展

了解警察的性质和特征

掌握司法与司法制度的基本范畴

【能力目标】

能明确了解我国人民警察制度的产生和发展

能清楚理解我国司法警察的概念和特征

能准确掌握我国司法警察的业务工作范畴

第一节　警察制度的历史发展

一、警察的产生

【应知应会】

警察是一个历史范畴，是人类社会在一定历史阶段的产物。警察和警察机关不是从来就有的，也不是永世长存的，它是随着国家的产生而产生，为了维护国家的统治和统治阶级的利益，便有了警察。

原始社会没有阶级，没有国家，也没有警察。在原始社会里，最初人类虽已脱离了动物界，但“还是半动物性的，野蛮的，在自然力量面前还无能为力”，还没有私有财产。古书有载：“太古之时，烝黎初载，未有上下而自顺序，天未事焉，君未设焉。”“刑政不用而治，甲兵不起而王。”《汉书·艺文志》亦载：“无私耕私织，共寒其寒，共饥其饥。”对原始社会，恩格斯作过一段有名的评述：“这种十分单纯质朴的氏族制度是一种多么美妙的制度啊！没有军队、宪兵和警察，没有贵族、国王、总督、地方官和法官，没有监狱、没有诉讼，而一切都是有条理的。”在原始社会末期，随着生产力的发展，人类社会出现了占有他人劳动价值的可能性，后来就逐渐出现了私有制。氏族公社瓦解，逐渐分裂为奴隶和奴隶主两个阶级，当阶级矛盾发展到不可调和的时候，就产生了“国家”这种统治工具。国家产生的同时，也就具备了产生警察的具体条件：

（一）生产力的发展和私有制的产生为警察的产生提供了经济条件

原始社会末期生产力的发展和劳动生产率的提高，导致了私有制和商品交换的出现，接踵而来的是人们利益差别的扩大与对立，财产纠纷的大量出现，原始社会那种平等地解决纠纷的习惯规范已行不通。这时就需要借助于具有强制性的权威力量——警察，来保护私有财产特别是保护奴隶主的私有财产。

（二）阶级矛盾、统治阶级内部的矛盾是警察产生的阶级条件

人类社会开始进入有阶级的奴隶社会后，奴隶主与奴隶之间便产生了激烈的阶级斗争。奴隶主需要一支武装力量来镇压奴隶的反抗，追捕逃奴，强制奴隶劳动；而统治阶级内部为了争夺权力和统治地位，也进行着十分激烈的不可调和的斗争。因此为了镇压奴隶的反抗和统治阶级内部的反对派，也需要警察。

（三）维护统治秩序和惩罚犯罪行为的客观需要是警察产生的社会条件

统治阶级为了维护自己的统治，需要按照自己的意愿来调整社会秩序，一切危害、动摇统治阶级社会秩序的行为都被视为犯罪。因此，为维护统治秩序和惩罚犯罪行为，警察的产生便成为历史的需要。

（四）国家机器的形成为警察的产生提供了政治条件

马克思曾指出："罪犯不仅生产罪行，而且还生产刑法……罪犯生产全体警察和全部刑事司法、侦探、法官、刽子手、陪审官等，而所有这些职业中，每一种职业都是社会分工的特定部门。"军队、警察、法庭、监狱和有关的行政管理机构构成国家机器，警察是国家机器的组成部分，它与整个国家机器是密切联系、一同产生的。这些权力性机构建立了，国家也就诞生了。国家与警察是依据相同的原因形成的。

二、警察制度的历史发展

【应知应会】

（一）萌芽期的警察

从氏族公社向奴隶制国家过渡的过程中，氏族武装从全民不脱离生产的武装，逐渐向职业的、听命于首领或贵族的、不参加生产的独立武装力量转化，氏族武装力量被用于干预内部关系的功能逐渐增强，这就意味着警察力量开始萌生并逐渐强化。

（二）古代警察

在奴隶社会和封建社会中，没有专门的警察机关，也没有专职的警察队伍，警察的职能是由军队、监狱或地方的行政官吏分别掌管的。这种在奴隶社会和封建社会中执行警察职能的机构与官吏，称为"古代警察"。

在西方奴隶社会里，除希腊有由步行和骑马的弓箭手组成的真正的宪兵队外，古埃及的孟菲斯与底比斯等古城也有类似警察的保安队；在古罗马，则有保护州长的警卫官，他们负责逮捕人犯、执行刑罚。进入封建社会后，仍由地方行政官兼管司法、治安和税务。中世纪以后，随着欧洲国家新兴城市的普遍建立，由地方转入城市施行统治的贵族和封建领主，依靠自己豢养的骑士团来维护治安，行使警察职能，出现了身着甲胄、手持长矛的佩剑骑士，他们平时负责维护国家治安，战时对外征伐，兼具国内防卫、征税、镇压农奴反抗和使居民服役等强制性的警察职能。

古代警察因其尚未完全成熟，而具有以下突出的特征：

（1）古代警察之职能几乎全部由军队、行政机构、审判机关承担，专职的警察组织和警员尚未与之分离，因此，在职能的发挥、权力的行使上与政令、军令、司法很难区分开来。

（2）在执行维护社会秩序的公共治安工作中所依据的法律是最高统治者——皇帝及各级行政长官的个人意志。这样来自统治阶级个人意志支配下的警政行为是奴隶社会和封建社会的又一特征。法外行权的结果带给古代警察的只能是“人”即法，权比法大。随个人意志而行使警察权力是古代警察行为必须遵循的不成文规定。

（3）奴隶社会、封建社会大大小小的奴隶主、封建地主、族长和宗教首领所豢养的私人警察力量（如私人保安队伍和私刑）始终伴随古代警察而存在，成为古代警察制度的一种补充。

（4）根植于物质生产和认识水平极其落后的奴隶社会和封建社会的古代警察，常常借助“神”的威慑力，假托“天”的意志在行使职权。在行使职权的过程中，他们始终未曾与迷信、神权观念相分离。统治者拉神权之大旗，恐吓百姓，使之深信统治者个人的意志就是神的意志，这种观念越往前追溯，越为明显。

（5）虽然我国古代以手执“金吾”、身着规定服饰为警察的职业身份标志，但始终没有产生如今日的警徽及专业的警服类标志。

（三）近代警察

近代警察是适应资本主义经济、政治和社会的需要而建立起来的专门执行警察职能的机构和官吏。

1. 近代警察制度是资本主义发展的需要

在封建社会后期，随着生产力的发展，资本主义生产方式开始萌芽，资产阶级作为一种政治力量登上了历史舞台。资产阶级掌握政权以后，虽然创造了比过去一切世代创造的全部生产力还要多的生产力，但是并没有解决生产的社会化和生产资料私人占有之间的矛盾。因此，在生产力得到发展的同时，也出现了大量的社会矛盾问题，表现为与日俱增的犯罪行为。犯罪是蔑视社会秩序的最明显、最极端的表现，是孤立的个人反对统治关系的斗争，因此资产阶级必不会善罢甘休，而以全部权力来惩罚犯罪者并以占绝对优势的力量来压倒他。但是，犯罪活动存在突发、分散、隐蔽等特点，单纯运用军队或官吏的力量是难以对付的。于是拥有类似军队的权力和装备，而又分散于社会各地，昼夜执行勤务的职业警察就应运而生了。

专业警察发端于西欧。1789 年，法国资产阶级建立了政权，实行资产阶级共和国警察行政制度。每个县设置保安官，主要负责辖区的治安秩序。1790 年，法国资产阶级根据《人权宣言》建立了市政警察，在巴黎市区按分区成立了 48 个警察分局。到拿破仑一世执政时期，即 1801 年 10 月 5 日颁布了法律，中央设置警察总局局长，并在城乡建立了庞大的警察体系。在英国，由于 1825 年爆发了第一次经济危机，导致工人运动风起云涌，令资产阶级惶恐不安，改革旧的治安制度迫在眉睫。1829 年，英国内政大臣罗伯特·庇尔根据《警察法》建立了首都伦敦的警察系统，挑选青年男子 1 000 人，穿上统一式样的制服在街头巡逻。随后，美国仿效英国，日本仿效法国，也都建立了本国的专业警察制度。由此可以看出，专业警察产生的根本原因，是资本主义生产关系的要求，社会化的大生产促使它的上层建筑更加庞大，分工更加细密。

2. 近代警察与古代警察相比，具有以下特征

①近代警察的职能是独立的，警察职能主要集中于警察机关；②近代警察从中央到地方形成专职的警察队伍，成为国家庞大的专政工具之一，行使专门职权；③近代警察强调法制；④近代警察有统一的制式服装，古代警察则没有专门的服装。

（四）现代警察

20世纪以来，由于社会发展的需要，各国都普遍强化了警察机构。在加强治安管理的同时，强化了情报和反间谍工作。通常，除建立常规机构外，各国还组建了专门的情报机构，并建立了防暴组织和特种警察部队，以应付日益严重的暴力犯罪和国际恐怖活动，并参与营救人质等。世界各国的警察装备和警用器材也日益现代化和专业化。此外，世界各国在对付国际毒品犯罪、走私、严重暴力犯罪、贪污、恐怖活动等方面，加强了国际的广泛合作和交流，出现了国际的警察组织。

世界各国的警察体制也各不相同，差异非常大，又各具特色，可以说没有哪两个国家的警察体制是完全一样的。但从宏观上看，却可以发现这些各不相同的警察体制又具有一些共同的特点。

按照警察体制集中或分散程度的不同，可以把世界各国的警察体制分为三类：第一类是集权型警察体制；第二类是分权型警察体制；第三类是集权型与分权型相结合的警察体制。

1. 集权型警察体制

这主要出现在实行中央集权制的国家，以法国为代表，包括意大利、西班牙、泰国、韩国、埃及等国家。但联邦制国家也有实行集权型警察体制的，如奥地利。集权型警察体制的特点是：中央对地方实行垂直领导，经费主要由国家财政负担，地方政府一般不干预警察事务。实行集权型警察体制的国家，特别是发展中国家，警察往往具有准军事性质，有的甚至是军警合一，如巴拿马，其国民警卫队既是军队又是警察，承担着军队和警察的双重职能。

2. 分权型警察体制

这主要出现在实行联邦制的国家，目前还没有哪一个实行中央集权制的国家的警察体制是分权型的。实行分权型警察体制的国家以美国为代表，包括澳大利亚、瑞士等国家。其主要特点是：事权划分相当明确，联邦警察只承担属于国家事权及跨国、跨地区几类严重案件的侦破；地方警察以自治为主，经费由地方财政负担；中央警察与地方警察没有领导与被领导的关系。联邦警察对联邦议会和政府负责，地方警察对地方议会和政府负责。联邦警察为了更好地履行职权，通常在各州（省）或重要城市设置派出机构或办事机构。

3. 集权型与分权型相结合的警察体制

世界上多数国家的警察体制属于这一类型，而且各种政治体制似乎都能适用，只是在是偏向集权型还是偏向分权型上的程度不同。实行中央集权制的国家多偏向集权型，而实行联邦制的国家多偏向分权型。实行集权型与分权型相结合的警察体制的国家有英国、日本、德国、加拿大、俄罗斯、印度、巴西、阿根廷等。其特点是：实行中央与地方双重领导，经费由中央与地方共同承担。

【特别提醒】

世界各国的警察体制都在不断发展变化，互相影响，互相渗透，取长补短。比如

英国，原来属分权型警察体制，后来发展成集权型与分权型相结合的警察体制，而现在，为了提高警察的效能，更好地维护社会治安，打击犯罪，英国还在不断强化中央的权力。

三、我国警察制度的发展

【应知应会】

（一）我国警察制度的历史沿革

我国古代虽无警察和警察机构可考，但就其职能和具有这种职能的机构来说，则可以追溯到阶级形成和国家产生的最初时期。我国国家形成于夏代，《尚书·甘誓》中有“启与有扈战于甘之野，……乃召六卿”的记载。所谓六卿即社稷、司徒、秩宗、司马、士、共工。而兼有警察职能的“司徒”和“士”均列其中。《左传·昭公六年》载：“夏有乱政，而作禹刑。”这里的禹刑即指刑法。《竹书纪年》载：“夏帝芬三十六年作圜土。”《史记·夏本记》载：“召汤而囚之夏台”，其中“圜土”和“夏台”均指监狱。这些记载说明，夏代已出现了我国最早的法律、监狱和具有警察职能的机构。随着社会的不断发展，具有警察职能的机构出现了较细的分工。《周礼》中就有如下记载：“司民”掌万民之数目；“司市”管理市场；“司暴”、“司稽”管理社会治安和捕捉盗贼；“司厉”、“司隶”、“司圜”、“掌囚”、“掌戮”管理罪犯并看守监狱和行刑。春秋战国时期的“司民”、“司暴”、“司稽”，秦朝的“中尉”和“亭”，汉朝的“执金吾”，唐朝的“左右金吾卫”，宋朝的“巡检司”，元朝的“巡警院”，明朝的“兵马指挥司”、“厂卫”，清朝的“提督九门步军巡捕五营统领衙门”、“工巡总局”等，都是虽无警察之名，却行警察之职的机构。

中国近代的警察制度，是在外国警察制度的影响和中国警察组织的基础上建立的。晚清主张维新变法的湖南按察使黄遵宪认为：“警察一署，为凡百新政之根底。”他在当时湖南巡抚陈宝箴的支持下，首先在长沙创设了湖南保卫局。1905 年，清政府为统一全国警察的管理，在清廷设巡警部。1907 年，清政府决定在地方设置巡警道。至此，从中央到地方便形成了较为完整的警察系统。1911 年，孙中山领导的辛亥革命，建立了中华民国。南京临时政府的内务部警政司管理全国警察行政，从而使警察为资产阶级统治服务。此后，北洋政府在首都设警察厅，各省设警察处。这是对清末官制改革后警察机构的沿袭和发展。继北洋军阀之后的国民党政府在统治全国的 22 年中，警察组织进一步扩充，职权进一步扩大，将警种分设为治安巡警、税务警察、刑事警察、消防警察、政务警察、卫生警察、盐务警察、矿业警察、渔业警察、森林警察、铁路警察、交通警察、航空警察等十余个警种。1929 年，上海警察局招募了当时中国的第一批女警察。相应地还设立了高等警官学校、初等警官学校、警事训练所的三级警察教育、培训制度。

（二）人民警察制度的建立与发展

我国人民警察的历史，是与中国共产党所领导的人民革命斗争的历史紧密联系在一起的。在国内革命时期，中共中央于 1928 年决定成立中央特科，负责党中央机关的安全保卫工作。1931 年成立苏维埃中央农工民主政府后，各地苏区相继成立了政治保卫局和民警局，行使公安保卫机关的职权。1938 年 5 月，党中央决定成立延安市警察队。这支队伍后来成为全国解放后成立的人民公安队伍的前身。

新中国成立后，警察被正式命名为“人民警察”。1949 年 10 月 25 日召开的第一届全国公安工作会议上，正式确定了人民公安管理体制。在各省、自治区、直辖市以及地市县设立公安厅、公安处、公安局，在城市各区和农村各乡镇设立派出所和公安特派员，在铁道、交通、民航、林业、海关及军队等设立专门性公安保卫部门。1957 年，第一届全国人大常委会制定并颁布了《中华人民共和国人民警察条例》，以法律的形式对人民警察的性质、任务、职责、权限等作出了明确的规定，标志着新中国人民警察制度的确立。“文革”时期，全国的公安、法院、检察院等政法机构遭受严重破坏。十一届三中全会以来，人民警察队伍建设迅速得到了恢复并逐渐壮大，尤其是公安法制建设有了长足的发展。1979 年 7 月 1 日出台的《中华人民共和国人民法院组织法》和《中华人民共和国人民检察院组织法》规定，各级人民法院、检察院均应设立司法警察。1992 年 7 月 1 日颁布的《中华人民共和国人民警察警衔条例》，标志着我国人民警察警衔制度的全面实行。1995 年 2 月 28 日通过了《中华人民共和国人民警察法》，进一步完善了人民警察制度，从此，人民警察制度进入了崭新的发展时期。

第二节　警察的概述

一、警察的概念

【案例 1-1】

2002 年 8 月，延安一对新婚夫妇因在家看“黄碟”，被接到邻居举报的当地派出所民警带回派出所，没收影碟机和碟片，丈夫被刑拘。历时 4 个多月后，因“黄碟事件”饱受精神折磨的小张和他的妻子、家人得到了一个“说法”：延安宝塔公安分局的有关领导正式向他们道歉，并赔偿 29 137 元，包括医疗费、误工费等。

【问题思考】

1. 在这一事件中，警察履行职权有无违法之处？
2. 警察的这一执法行为违背了警察权行使原则中的哪一项？

【应知应会】

（一）警察的词义

在我国，“警”、“察”两字出现较早。从字义上讲，“警”字从敬从言。敬者，戒也，有言在先，不得违戒，谓之警。后来，“警”字逐渐演变为事先戒备之意。“察”字是由象形文字演变而来，谓以手捧祭品，祭天求示，得神意而明白之意。后逐渐演变为认真审视、见微知著之意。

“警”、“察”两字成为词组，在我国的历史文献中也出现较早，概始见于《汉书》中“密令警察不欲宣露也”之句。后来，“警察”一词系指“警之于先，察之于后”，其词义逐渐有了侦查、缉拿或检察、监察的含义，并有国家刑事职能的意思。

而在现代英语中，世界各国警方在相互交流时一般都将警察称为“police”。“police”一词源于希腊语“polis”与拉丁语“politia”，其希腊语意是城邦，是指一般国家政务，包含政治、宗教等广泛内容；到了中世纪，政治与宗教分离，“police”一词延伸为国家或城市的意思，包括所有影响城邦居民的事物；14世纪，西方国家政府普遍利用警察权力来实现国家统治目的，学者们称这一时期为“警察国家时代”；14世纪至16世纪，西方各国对“警察”一词理解为国家政务的总称；16世纪以后，“警察”一词的含义逐渐缩小，直至18世纪末到19世纪中叶，西方国家出现了所谓的“脱警化”运动。“警察”被限定为以国家权力的强制方法，维护公共安宁、安全和秩序，为防止社会成员遭受危险的政府机构及其工作人员的专称，即演变为现代意义的警察之意。

（二）警察的概念

1. 关于警察概念的不同学说

由于警察职责、警察职能、警察行为、警察机构以及警察人员等，在古今中外不同国家和地区各有特点，并不断深化着自身的内涵和外延，所以从历史的角度看，警察概念本身有一个产生以及内涵和外延不断变化的过程，加之不同的学者有不同的研究侧重点，使其对警察概念的解释和阐述也各不相同。我国学者的观点大致可以概括为下面几类：

（1）“力量说”，即认为警察是维护国家安全与社会秩序的武装行政力量。如《中国警察辞典》对警察的定义是：“根据国家统治阶级的意志，依靠国家暴力强制手段，并运用公开的和某些特殊的秘密手段，维护国家安全和社会秩序的武装性质的国家治安行政力量。”

（2）“人员说”，即认为警察是维护国家安全和社会秩序的专门人员。此种定义的特点是始终把“警察”当作“官方组织中的成员”来理解。

（3）“行为说”，即认为警察是指维护国家安全和社会秩序的行为或活动。如台湾学者李士珍认为：“警察者，以直接防止公共危害，维持社会安宁秩序，指导民众生活，促进一般福利为目的，基于国家统治权执法法令，并协助诸般行政之行政行为。”

（4）“武装组织说”，即认为警察是维护国家安全和社会秩序的武装组织实体。如学者尹春生对警察的定义是：“警察是依法维护和管理国家治安的国家行政武装实体。”

（5）“制度说”，即认为警察是维护国家安全和社会秩序的专门制度。如表述为：“警察是统治阶级设立的，以国家法律为依据，以专门机构和人员为力量，以特殊强制力为手段，维护国家安全和社会秩序的专门制度。”

（6）“综合说”，即从不同的角度来定义“警察”的概念。从社会力量的角度来看，警察是指“警察机关”或“警察人员”；从社会功能的角度来看，警察是指“警察作用”，即以维护公共秩序，保护社会安全，防止一切危害行为、促进人民福利为目的，以指导、服务、强制为手段之行政作用；从社会行为角度来看，警察是指“警察行为”，即在国家的统治与管理中，运用武装的、行政的、刑事的手段，维护国家安全和社会治安秩序的行为。

上述的这些关于警察的定义，各有所长，都从不同侧面描述了警察的属性或其职能，但有些定义也有其不足之处，如“力量说”观点的用词不够规范；“行为说”无论从内涵或外延上看，都不可能包含警察的全部内容；“综合说”本身不是一个统一的有机概念，它仅仅从不同的角度和层面解释警察等。

警察的概念本身有一个产生以及内涵和外延不断变化的过程，这是一个“沙漏型”的过程。从原始社会末期警察的萌芽到1829年以伦敦大都市警察为标志的专职警察的诞生之前，数千年之久，警察的概念由宽变窄；从1829年到1930年，即第三次警务革命时期，警察概念基本保持在一个狭窄与特定的范围之内；从1930年至今，警察概念又逐渐变宽，特别是第四次警务革命之后，警察概念执着地向传统概念回归。如果不了解和不充分考虑这个因素，就必然会制约我们对警察概念的准确理解和科学界定。

2. 警察的定义

在当代英语中，当“police”作名词时，是指“(members of an) official organization whose job is to keep public order，prevent and solve crime，etc.”，即“从事维护社会公共秩序以及预防和解决犯罪等问题的官方组织或其组织中的成员”。它相当于中文的“警方”、“警察部门”、“警察”。当“police”作动词时，是指“keep order in (a place) with or as if with police”，即“在（某地）动用警察或者说如何动用警察以维持秩序的行动”。它相当于中文的“维持（某地的）治安”。

在用英语解释“police”时，无论其作为名词还是动词，都涉及一个关键词“order”。对英语中“order”一词相关词义的认识，有助于我们更加深刻地理解“police”一词。在当代英语中，作为名词的“order”一词的词义之一是“(condition brought about by) obedience to laws，rules，authority”，即“通过服从法律、规则、权威而产生的一种状态”。它相当于中文的“治安”、“秩序”、“规矩”。

综上所述，警察始终围绕“keep public order”和“prevent and solve crime”，即维护社会公共秩序以及预防和解决犯罪问题两项根本任务而萌芽、产生与发展，并由此在不同国家、不同地区以及同一国家或地区的不同历史时期呈现出丰富多彩的外在表现形式。结合警察的起源与发展的历史、各国警政现状及警察概念内涵与外延的演变规律，运用马克思主义的阶级分析方法、历史分析方法，我们认为，警察概念可以表述为：

警察是指为维护社会公共秩序以及预防和解决犯罪问题，能够综合运用暴力的、行政的及法律的手段，巩固现行社会制度、保障国家安全与维护社会治安秩序的专门机构或人员。

在我国，警察包括公安机关的公安警察、国家安全机关的安全警察、监狱机关的监狱警察、劳动教养机关的劳教警察和法院、检察院的司法警察等。

二、我国警察的性质和特征

【应知应会】

（一）我国警察的性质

1. 警察的阶级性——警察是人民民主专政的重要工具

马克思主义认为，随着私有财产的出现，人类社会开始产生阶级、阶级矛盾和阶级斗争，国家是阶级矛盾不可调和的产物，是掌握政权的统治阶级进行阶级统治的暴力工具。统治阶级为了实现对本阶级的民主和对被统治阶级的专政，必然要借助于国家这个工具。警察是国家机器的重要组成部分，警察的性质是由国家的性质决定的。

国家是阶级统治的暴力工具，警察也必然是阶级统治的暴力工具。

在社会主义中国，人民警察依照国家法律，代表国家行使警察权力，对人民实行民主，对极少数敌对势力和敌对分子实行专政，以维护国家安全和社会秩序，这是由我国警察的阶级属性决定的。

2. 警察的社会性——警察是依法维持秩序的强制力量

警察形成和产生的历史告诉我们，警察是维护和扩大统治阶级特殊利益的暴力的、强制性的统治工具，这是毋庸置疑的。但是，作为发展到一定历史阶段产物的警察，不仅具有阶级的根本属性，还具有社会管理的根本属性。因此，警察的本质不仅具有阶级性，而且还具有社会性。

在我国，取消了"以阶级斗争为纲"的治国方针以后，尤其是改革开放以来，单凭警察本质的一重性是阶级性，很难解释和指导当前警务实践前沿的一系列现实问题。在社会历史变形更替的过程中，在阶级尖锐对立的国家里，必须强调警察阶级性这一本质属性。但是，这并不能否认或忽视警察的社会性的存在，警察的社会性始终是世界警察的共性。在我国社会主义建设的现阶段，警察的阶级性仍然存在，但是警察的社会属性应处于主导地位。根据当前我国政权的特点，警察的社会性体现在其是依法维持公共秩序和社会秩序的强制力量。它体现了对我国警察严格执法和公正执法的基本要求，体现了警察维持秩序的基本功能，也体现了警察作为国家强制力量的基本特征。

（二）我国警察的特征

基于警察性质的双重性，即阶级性和社会性，因此警察具有以下基本特征：

1. 阶级性

警察是伴随着国家的产生而产生的。警察的职能是维护国家安全和社会治安秩序，防止和惩治危害国家安全和利益的一切违法犯罪分子。警察是国家实现管理的重要国家机器，也是实现统治阶级统治的重要工具。实际上警察职能的体现，就是统治阶级意志的具体实现。

2. 武装性

警察区别于其他国家公职人员。警察具有武装性，是国家实行专政的重要工具之一，是统治阶级意志的维护者和具体执行者。

在阶级社会，统治阶级的意志和利益，是依靠暴力予以实现的。警察担负着维护国家安全和社会治安秩序的使命，其权力内容体现出警察在履行职责中不可避免地要与危害国家安全和社会治安秩序的犯罪分子发生暴力冲突。而这种对抗性需要警察采用特殊的手段，通过国家法律赋予警察特殊的权力，享有使用武器、配备相应警械的权力。一方面，是为了保障警察能充分和有效地行使警察权力，履行警察职责；另一方面，也是维护国家安全和社会治安秩序的重要手段之一。

3. 特殊的强制性

警察作为国家暴力工具之一，在履行职务时，能采取各种强制手段，强行制服对抗，排除危险状态，甚至有权限制或剥夺被管理者的人身自由，乃至依法剥夺他人的生命，这种特殊的强制性是警察与其他具有行政管理权的行政机关的重要区别之一。

4. 一定的服务性

警察依据法律除具有专政职能外，有些法律规定中也确定了警察的服务职能。如规定警察参加抢险救灾、参与社会服务活动。而且随着社会的不断发展和进步，警察的服务职能正在进一步强化。警察机关实施行政管理，一定意义上也是为社会服务的体现。

三、警察权

【应知应会】

（一）警察权的概念和特点

所谓警察权，是国家以法律形式授予警察机关实施警务活动的权力。是警察为了实现其任务而必须拥有的权力。它是国家权力的组成部分，是国家警察机关执行国家意志、履行国家警察职能、实施国家警务活动的权力。作为一种抽象的国家权力，警察权具有以下几个特点：

1．法定性

警察权的实现直接涉及法律赋予公民、法人和其他组织的权利，因此，警察权的运作必须以法律为依据。其法定性具体表现为：①警察权为国家法律所确认；②警察权由法定机关和人员行使；③警察权的行使，须按照法定目的、内容、方式和程序进行。

2．强制性

警察权是一项法定权力，因此，以国家强制力为后盾。警察基于法律、行政法规的规定，为完成警察任务，命令义务人为一定行为或不为一定行为，在义务人拒绝履行时，警察得以依法对义务人的人身或财产加以“强制”，比如，强制传唤、拘留、逮捕以及使用武器、警械等紧急状态处置等。此种强制性为其他国家权力工具所不具有。

3．单方性

警察权是警察权主体的单方行为，其效力发生不以相对人的意志为转移。具体地说，就是警察权在运用和实施过程中，体现国家单方面的“意思表示”，无须征得权力作用对象的同意，公民、法人和其他组织应当无条件服从和遵守。

警察权的单方性基于两个条件：一是警察行使警察权乃代表国家而为之，不存在警察与公民、法人和其他组织协商如何行使权力的情况。二是警察权的行使是由国家法律明确规定的，不仅公民、法人和其他组织应当服从、遵守，而且警察也必须严格依法执行，此乃警察对国家的义务。

4．不可处分性

警察权属于“权力”而不是“权利”范畴，因此，不可自由处分。没有法律依据并经法定程序，警察不能增加、减少、放弃或转让警察权。这是“权力”的属性所决定的。

需要指出的是，由于现行法律的不尽完善以及警察面临的社会问题的纷繁复杂性，在警察行使权力的过程中就存在着“警察自由裁量”的问题。所谓警察自由裁量，是指警察组织和警察人员在法律授权或允许的范围内，在执行职务时，根据具体情况，凭着警察职业道德责任感，公正合理地依照法律自行斟酌决定采取警察行政行为的权力。警察自由裁量权的现实存在，并不意味着警察权的“不可处分性”发生动摇或“特征虚拟”。

5. 优益性

警察权的优益性是指警察在行使警察权时享有优先权和受益权。

警察优先权是警察职务上的优益条件，它包括三个方面的内容：①先行处置权，警察在紧急条件下可以不受程序制约，先行处置。如先行扣留、即时强制，均为法律所特许。②获得社会协助。如《人民警察使用武器和警械的规定》第10条规定："人民警察正在执行公务的各种警车，可以使用特殊音响报警器和红色回转警灯。对使用特殊音响报警器和红色回转警灯的警车，其他车辆应当避让。"③推定有效权。警察的处罚决定并非一经作出就生效，有的需要经过复议裁决，有的需要经法院裁判，如果警察的决定要走完所有复议、诉讼程序并被确认有效后方能执行，那么，势必妨碍社会秩序的稳定性。因此，法律特许在这种条件下，推定警察决定有效，可先行执行。

警察受益权是指国家为保证警察有物质能力行使警察权，而向其提供物质条件，警察享受这些条件的资格便是警察受益权。警察受益权的内容集中表现为国家向警察提供装备及相关设施。

6. 与警察职责的统一性

《中华人民共和国人民警察法》（以下简称《警察法》）第6条规定了14项人民警察的职责，而人民警察的这14项职责是随着警察权的产生、变更、消灭而产生、变更和消灭的。警察职责的正确履行，是人民警察依法行使警察权的具体表现。

（二）警察权的内容

警察职权是与不同警察机关的职责、职能相适应的各种具体权力。从它们所处的地位和所起的作用来看是有层次的，可分为基本警察职权和附属性警察职权两个层次。

第一层次的警察权为基本警察职权，包括警察刑事职权和警察行政职权两大方面。警察刑事职权具体包括：①预防、制止和侦查违法犯罪活动权；②刑罚执行权。警察行政职权又包括：①治安管理权；②道路交通管理权；③消防监督权；④危险物品管理权；⑤特种行业管理权；⑥集会、游行、示威活动管理权；⑦户政、国籍管理权；⑧出入境和外事管理权；⑨计算机信息系统监督管理权；⑩治安保卫指导和监督权；⑪法律、法规规定的其他警察行政职权。

第二层次的警察权为附属性警察职权。它处于附属性的地位，必须是因行使第一层次警察权的需要，不能独立实施。即只有在行使第一层次的警察职权遇到障碍或为保证顺利行使第一层次的警察职权时才能行使，通常情况下行使的限度只能以满足第一层次的警察职权的顺利行使为界。第二层次的警察职权具体包括：①实施行政强制措施、行政处罚权；②盘问、检查权；③使用武器、警械权；④优先乘坐交通工具、优先通行、优先使用他人的交通工具、通信工具、场地和建筑物权；⑤交通管制权；⑥现场管制权；⑦技术侦查权；⑧实施刑事强制措施权等。

（三）警察权行使的原则

警察权是一把双刃剑，具有双重效应。正确、合法地行使就可起到预防和惩罚犯罪的作用；错误、违法地行使就会对公民的正当权益造成侵害。为了使其正效应充分发挥，避免和防止负效应的出现，国家通过法律赋予警察权时以及警察机关、警察人员在行使警察权时必须遵循以下原则：

1. 法律原则

警察权作为一项十分重要的国家政治权力，它的来源和基础是国家宪法和其他法律的相关规定，它必须依靠法律来确认和设定。如果没有法律依据，警察权就会失去其存在和实施的合理基础。警察权必须依法取得，而且还必须依法行使。以《警察法》为中心的相关法律法规对警察权行使的范围、内容、分工、方式、程序等都作了具体的规定，这些都是行使警察权的标准和要求。

2. 公共原则

公共原则是指警察权的行使具有一定的边界，即是以维护公共秩序为必要，除此以外警察权不得干涉。警察权这一特定的行使范围是由警察权作为公共权力的性质和特定的作用对象所决定的。警察权产生和存在的前提和基础是维护国家安全和社会治安秩序，警察权的行使必须紧紧围绕这一根本主旨进行，否则将违背国家设置警察权的初衷。

从警察权公共原则可延伸出三项原则：不可侵犯私人生活原则、不可侵犯私人住所原则和不干涉民事原则。这三项原则对警察权公共原则行使的范围和限度作了较好的说明。只要公民未侵犯国家的安全、未违反社会公共秩序，他们就可以按“意思自治”的原则处理自己的事务。国家公共权力的触角不应该伸入这一部分社会生活中来，这是切实保障“私权利”的要求，也是人类文明进步的必然结果。

3. 比例原则

比例原则的基本精神在我国警察权的设定和行使中可具体从以下三个方面体现出来：首先，警察权的权限范围与警察权的目的成比例关系。警察权的权限范围是指法律对警察权实施的内容、手段等所作的限制；警察权的目的在于维护国家安全和社会治安秩序。他们之间的比例关系表现为：警察权维护的社会利益越重大，对警察权的限制就应当越小；警察权维护的社会利益越小，对警察权的限制就应当越大。其次，警察权的设定与相对人违法犯罪行为社会危害性的大小成比例关系。法律在设定对实施违法犯罪行为的人运用警察权给予相应的强制措施或处罚时，必须根据违法犯罪性质的差异和社会危害的轻重，依一定比例确定可实施何种措施或处罚，以及可实施措施、处罚的幅度，从而在立法上体现一种公平、公正的理念。最后，警察权的行使要与相对人违法犯罪行为的性质和对社会造成危害的大小成比例关系，该重则重，该轻就轻。不能不区分轻重缓急而使用相同的警察权，或者对相同的情况使用不同的警察权，从而违背法治社会最起码的公正、公平的要求。

4. 权力与责任相统一的原则

设定并强化警察权行使的法律责任，对于督促警察机关及其警察人员依法准确行使警察权是十分必要的。在法治条件下，通过明确国家权力违法行使后的法律责任来维护公民的权利已成为一种必不可少的手段。随着我国依法治国的推进和人们法治观念的进一步增强，通过强化警察权行使的法律责任来加快我国的法治进程和充分保障公民的权利将具有十分重要的意义。根据目前我国警察权行使的实际情况，可以通过以下几个方面入手健全责任制度，保障警察权的正确行使：首先，要确立领导责任制，明确警察机关领导人员对其在行使警察权中的失职行为、滥用职权行为和重大失误决策行为应承担的法律责任，如引咎辞职的政治责任制度、行政责任制度和刑事责任制度。其次，要健全对警察机关的超越职权、滥用职权行为的变更或撤销的法律制度；并完善对警察机关违法失职的不作为行为，责令其行使应当履行的法定职权的法律制度，以及因此对他人合法权益造成损害的国家赔偿责任制度。最后，健全并完善对警察人员在行使警察权中的违法失职、滥用职权、贪赃枉法、徇私枉法行为的行政责任制度、刑事责任制度以及因其违法行为引起国家赔偿的追偿制度。

5. 程序原则

警察权的行使应当严格遵守法定的程序。程序从本质上讲，是对权力的一种制约。警察权行使的主动性和强制性往往会造成对公民自由和权利的限制，因此，更需要程序制约。从总体上看，程序原则已渗透到警务制度中，无论是现代刑事警务制度，还是现代行政警务制度都凸显出程序化的特征。程序原则的具体要求是：警察机关必须依照法定程序行使警察权，不得违反法定程序。这不仅有利于保障当事人的合法权益，也有助于警察机关正确行使权力。要保证警察权按程序运行，一是要树立程序正义的观念，深化程序意识；二是要完善程序规则，为程序的运行提供制度和操作保障，强化监督，如明确警察机关不履行程序的法律后果、赋予检察机关纠正违法程序的法律强制力等；三是要对某些程序进行修改，如将立案程序修改为犯罪信息登记制度，将对犯罪嫌疑人的羁押权从侦查权中分离出来等。

6. 权利救济原则

权利救济原则指因行使国家权力使公民的权利受到损害或侵犯，必须对损害或侵害行为予以纠正，同时对损害或侵犯的权利予以补救、恢复的一项权利保障制度。

尽管法律在设定警察权时对其实施的条件、内容、程序、手段、时限等作了详细明确的规定，但由于各种各样的原因，在行使警察权时侵犯相对人合法权益的情况却时有发生，这正是权利救济制度产生和存在的可能性及必要性。没有救济的权利就不是权利。对因警察权的行使而产生的损害或侵害行为进行救济，不仅是保障公民权利的需要，也是警察机关及其警察人员正确行使职权、正确履行职责的需要。依照我国有关法律的规定，公民因警察行使警察权使其权利受到侵害，而要求救济的途径主要有四个：一是依据《公安机关受理控告申诉暂行规定》进行控告、申诉；二是依据《中华人民共和国行政复议法》提起行政复议；三是依据《中华人民共和国行政诉讼法》提起行政诉讼；四是依据《中华人民共和国国家赔偿法》提请国家赔偿。

第三节　司法警察与司法制度

一、司法制度

【案例1－2】

甲、乙两公司签订了一份货物购销合同。在合同的最后，两公司约定，一旦合同的履行发生纠纷，由广州市仲裁委员会对纠纷进行仲裁。后来，在履行合同的过程中，交付货物的甲公司出现了货物的迟延履行，于是乙公司向广州市仲裁委员会提起仲裁，但甲公司认为应当向法院提起诉讼。

【问题思考】

1. 仲裁行为是否属于司法行为?

2. 乙公司提起的仲裁行为是否有效？合同的双方是否有权约定仲裁？

【应知应会】

（一）司法的含义

作为一种国家活动，司法早在国家和法律产生时就有了。司法是一项最古老的国家职能，是国家法律活动的最基本形式。从法律发展史的角度来看，有法律就有司法。在国家和法律形成初期，国家的重要职能是惩罚犯罪，国家惩罚逐渐代替私人复仇，就是最初的国家司法。在中国古代社会，司法与行政从来就是合为一体的。从奴隶社会“司寇”官职的设置到封建社会的“听讼断狱”，都体现出我国古代司法这一国家法律活动的产生和发展。司法随着国家的社会制度、历史背景、文化传统和经济发展程度的不同而存在差异，有时甚至差别很大。因此，在不同的国家、不同的时代，司法的概念会有某种不同，甚至发生变化。但不管差异多大，“司法都离不开三个基本要素：一是它以社会关系上的纠纷为对象，司法是解决纷争的；二是由第三者出面解决纠纷，即主要由官方的法官来解决；三是解决纠纷的尺度是法律，即以成文法律、判例、习惯为解决争议的是非标准”。在传统中国社会，侦查、检察和审判在地方是没有区分的，而且司法与行政是合一的，因而，行政机关处理诉讼案件的活动就是司法。在中央，许多朝代都有诸如大理院、刑部、御史台等部门，它们处理、复核诉讼案件，当然主要是刑事案件，其职能活动无疑是司法，这些部门也是当时专门的司法机构；中央专门的司法机构和地方行政机构，在中国古代被统称为“官府”。在民间，被称为“细故”的民事纠纷多由申明亭、息讼会、乡社之类的组织调处解决，这种调处活动理应认为是司法活动。中国古代的司法涵盖了官府听讼断狱和乡社调处止争两个方面。

但中国古代并无“司法”这一概念，司法一词是清朝末年从西方引进的。

资产阶级启蒙思想家孟德斯鸠第一次论述了“司法”问题。他认为：每个国家都有三种权力，即立法权力、关于国际事项的行政权力、有关民事法规事项的行政权力。“我们将后者称为司法权力，而第二种权力则简称为国家的行政权力。”资产阶级在革命取得胜利后，按照孟德斯鸠的“三权分立”学说建立起资本主义的政治体制，设立议会、总统（内阁）、法院，分别行使立法权、行政权和司法权，并使之互相制约，以达到国家权力的平衡。因此，在实行三权分立的国家，司法是与立法、行政相对应的一项国家活动，即国家适用法律解决纠纷的活动。在这些国家，所谓司法就是审判。相应地，司法权就是审判权，司法机关也就仅指法院。至于检察权，则是作为行政权的一部分，因而检察机关隶属于政府行政系统。如在美国，检察机关和司法行政机关合二为一，联邦总检察长即为司法部长；在法国和德国，其检察机关虽然附设于法院，但受政府司法行政机关的领导和指挥；在日本，其检察机关虽独立设置，但仍受法务大臣的一般领导。

在我国，新中国成立后，政治体制上借鉴苏联的经验，实行人民代表大会制度，不搞“三权分立”。人民代表大会是国家权力机关，各级行政机关、审判机关和检察机关都由同级人民代表大会产生，对其负责，受其监督。人民法院是审判机关，行使审判权；人民检察院是法律监督机关，行使检察权，它们共同构成我国的司法机关。

根据上述我国司法机关范围的确定，我国的司法就是指人民法院和人民检察院依照法定的职权与程序适用法律处理诉讼案件的专门活动，具体包括人民法院对刑事案件、民事案件、行政案件的审判执行活动以及人民检察院在刑事案件、民事案件和行政案件中的检察活动。

（二）司法制度

司法制度，有狭义和广义之分。狭义的司法制度，在实行三权分立的国家是指审判制度，在我国则是指审判制度和检察制度。但一国仅有审判制度或检察制度，显然不足以保证司法机关充分、及时、有效地行使审判权或检察权，亦不能保证司法职能的切实实现。为此，各国在设立审判制度和检察制度的同时，又建立了一系列司法辅助制度，以对司法权的行使起到辅助、促进或保障的作用。故而对司法制度一般应从广义上来理解，而不应局限于狭义的范围。

在我国，广义的司法制度包括侦查制度、检察制度、审判制度、监狱制度、司法行政管理制度、人民调解制度、律师制度、公证制度、国家赔偿制度、法律援助制度等。就广义的概念而言，司法制度是指司法机关及其他的司法性组织的性质、任务、组织体系、组织与活动的原则以及工作制度等方面规范的总称。其中，司法机关是指审判机关和检察机关，而司法组织，则应包括律师组织、公证组织、仲裁组织等。后者虽不是司法机关，却是司法系统中必不可少的链条和环节。

二、司法警察的概述

【应知应会】

（一）司法警察的不同含义

世界各国对于司法警察的含义及其职能有着不同的解释与理解。在日本，学者把警察活动大体分为行政警察活动和司法警察活动；而法国学者提出：警察部门的作用，从总体上来说，主要是保障具有治安性目标的立法条例与个人签署的规章得到遵守。行政警察的主要使命在于维护治安，适用各种各样的行政法规，司法警察的主要使命在于侦破犯罪，适用刑事诉讼法。行政警察与司法警察的分立，也是大陆法系之通例。

在某些国家，司法警察特指为法院审判活动和检察院检查活动提供强有力的警务保障的人员。如俄罗斯联邦司法警察主要负责保证法官和诉讼参与人员的安全、拘传证人到庭以及保障法官和诉讼活动的正常开展。美国的司法警察除了上述职责外，还负责保护证人及追捕诉讼期间脱逃的被告人或犯罪嫌疑人等工作，以保障诉讼活动的顺利进行。

（二）我国司法警察的概念和特征

我国的司法警察是指隶属于司法机关，依照法律规定可以使用特殊强制手段维护司法场所安全与司法活动秩序的执法人员。它包括人民法院的司法警察和人民检察院的司法警察两大类。它具有以下特征：

1. 专属性

司法警察在行政隶属关系上必须专属于司法机关。它是属于人民法院和人民检察院内部的一个独立部门，是司法机关直接管理的一支武装性质的司法力量，其他任何组织和部门无权设立司法警察机关或司法警务人员。

2. 警政性

司法警察尽管隶属于司法机关，但是从性质上说，其仍然归属于人民警察调整的范畴，是一个独立的警种，是警察的一个分支，其所承担的职责仍然属于警政范围。司法警察根据职责的要求和保障司法工作的需要，不但要具备一定的法律专业知识，还要具备较高的专业技能。司法警察代表国家执法，必要时可以使用警用械具，体现国家和法律的强制性。司法警察在行使职责时，要面对形形色色、不同程度触犯法律的犯罪嫌疑人和与案件有关的各种当事人，各类暴力抗法事件随时都有可能发生，怎样防止这些事件的发生，确保国家法律的尊严和检察机关的权威，是对司法警察具备专业技能的强烈要求。

3. 辅助性

相对于公安等其他人民警察可依照相应的执法程序主动行使警察权、履行职责，司法警察在履行职责的过程中，要接受司法官的指挥和调遣。一般情况下，司法警察是根据司法官的指令来开展自己的职务活动的。比如要有法官的明示，司法警察才能将证物交给当事人辨认；没有司法官的指令，司法警察不能随意开始行动等。国家赋予司法机关检察权和审判权，而司法警察的职责履行和职能发挥都是为了辅助司法官完成司法程序，其职能从属于司法官的职能。

第四节　司法警察业务工作概述

一、司法警察业务工作的概念和特征

【案例 1－3】

2010 年 6 月 8 日，南方某县法院开庭审理一起离婚案件。在宣判时，被告和被告的姑姑因不服判决结果，在法官宣读判决书时，不停地在法庭上大声喧哗叫骂，法官指令法警阻止。在法警警告后，被告的姑姑不仅不听从法警的警告，还猛然从旁听席冲过法警的阻拦，冲上审判席，把手中的皮包砸向法官，在她还想进一步殴打法官时，被立刻赶来的法警拖开。最后，被告的姑姑被处以 5 日的司法拘留。

【问题思考】

1. 司法警察的业务工作有哪些特征？
2. 司法警察在值庭过程中享有哪些职权？其依据是什么？

【应知应会】

司法警察的业务工作，是指人民法院、人民检察院的司法警察履行国家法律、法规所确定的职责而从事的具体的专门性活动。它具有以下特征：

（一）法定性

司法警察业务工作的范畴由法律、法规规定。其中，《人民法院司法警察条例》、《人民检察院司法警察条例》中对司法机关司法警察的业务工作内容作出了明确而具体的规定，包括了各项职责和为保障职责的履行而具有的各项职权。同时，司法警察在执行任务的过程中也要严格依照法定程序和步骤，有秩序地进行，不得超越法律权限

行使职权。法警参与办案工作的程度、协助配合的方式等，都是在法定的条件和场合下进行的。

（二）突发性强

司法警察工作往往具有不可预见性，多是事发突然，随时都有出警的可能。从实践上看，突发事件的发生，主要有四个方面的原因：一是因为案件承办人的工作态度或裁判认识问题，而引发的当事人不满，在司法机关大吵大闹，影响办公秩序；二是因为个别当事人为了达到某一诉讼目的而引发涉诉群访事件，给司法机关施加社会压力；三是因为案件裁判不公或当事人无理取闹而引发缠诉事件；四是因为个别不法分子对社会不满而引发袭击司法官事件。这些事件的发生往往没有预兆，事发突然。

（三）不可替代性

司法警察的业务工作范畴虽然不是司法机关具体的审判行为或检察行为，但作为司法机关里唯一的一支武装力量，其所承担的职责是以武装强制为特点，以特有技能为基础的，其独有的职业行为，是其他人员所不能代替的。

（四）任务重

一是工作环节多。司法警察工作涉及押解看管被告人、执行强制措施、执行死刑、保护犯罪现场等任务，而每一次任务又分不同阶段，大到预案的制定、事件的处置，小到装备的检查等，非常复杂。二是接触人员多。司法警察不仅要与被告人、诉讼参与人打交道，而且还要接触旁听人员和来访群众，接触面十分广泛。三是工作变化多。司法警察的工作不像审判或检察业务具有相对的专一性，它主要是随着事件的发生而不断变化。经常在执行某一任务时，又有其他任务出现。这样，就要随时调配警力，做到两不误，使有限的警力得到充分利用。

二、法院司法警察业务工作的主要内容

【应知应会】

《警察法》第18条明确规定：国家安全机关、监狱、劳动教养管理机关的人民警察和人民法院、人民检察院的司法警察，分别依照有关法律、行政法规的规定履行职责。但目前并没有专门的法律或法规来规定司法警察的职责履行，而是散见于一些诉讼法和相关的司法解释。2012年12月1日，新的《人民法院司法警察条例》颁布后，成为我国各级法院司法警察履行职责的主要依据。《人民法院司法警察条例》第7条规定了人民法院司法警察的8项职责，由此也明确了人民法院司法警察业务工作的范围和方向，确定了司法警察业务工作的重点。

（一）维护审判秩序

审判法庭是法院代表国家依法行使审判权的场所，也是公诉机关依法履行职责，公民、法人为维护自身利益而进行诉讼的场所，因此审判法庭需要一个庄严肃穆、安静有序的审判环境。这就需要司法警察通过警卫、值庭等勤务工作来维护审判场所的秩序，保证审判活动顺利进行。

（二）对进入审判区域的人员进行安全检查

安全检查是司法警察根据审判工作的需要，依法防止限制物品、管制刀具、易燃易爆物品、强腐蚀性物品等危险物品进入审判场所，保证参加庭审活动人员的人身安

全和审判工作顺利进行的职务行为。对进入审判区域的人员，必须进行安全检查，拒不接受安检的人员，司法警察有权拒绝其进入审判区。

（三）刑事审判中押解、看管被告人或者罪犯，传带证人、鉴定人和传递证据

在刑事诉讼过程中，司法警察应当按时、准确、安全地将被告人或罪犯押解到指定的地点；而看管的任务是司法警察监视被看管人的活动，制止被看管人的违章或不法的行为。在刑事审判过程中，司法警察应当在审判长或独任审判员的明示下，传带证人、鉴定人出庭，向诉讼参与人传递证据。

（四）在生效法律文书的强制执行中，配合实施执行措施，必要时依法采取强制措施

司法警察依法履行职责，通过维持现场秩序，保障执行人员安全，看护被查封、扣押的财产等措施，参与配合需要人民法院强制执行的、生效的判决、裁定。在被执行人或其他人员出现针对强制执行的违法行为甚至是暴力抗法行为时，司法警察可以依法采取强制约束、强行带离等强制措施，保证执行工作的顺利进行。

（五）执行死刑

执行死刑的工作任务是根据生效的死刑判决或裁定和最高人民法院院长签发的执行死刑的命令，依照法定的执行死刑程序，在刑场或指定的羁押场所，司法警察采用枪决或注射等方法，依法剥夺被判处死刑的罪犯的生命。

（六）协助机关安全和涉诉信访应急处置工作

当前，我国正处于社会转型期，各种社会关系交错震荡，矛盾多发，冲突增多，而法院作为解决各类社会纠纷的场所，也往往容易成为各类矛盾爆发的场所。近年来，涉及诉讼的突发事件也随之增多，如当事人行凶、冲击法庭、集体结伙围攻司法机关和司法人员、到上级法院集体上访或聚众堵塞交通、静坐、上访人自杀等，都严重影响了人民法院审判工作的正常进行。司法警察作为人民法院唯一的一支武装力量，是国家强制力在司法机关的具体体现，维护司法机关的安全也成为其工作职责中的应有之义。根据《人民法院司法警察条例》，司法警察在应对涉诉信访的突发事件时具有更大的自主性，“在法院区域内或法院门前，遇当事人、涉诉信访人员或其他人员实施自杀、自伤等行为时，人民法院司法警察应对其采取约束性保护措施”，及时处置突发事件，避免事态恶性扩大。

（七）执行拘传、拘留等强制措施

强制措施的实施是司法警察强制性的又一体现。拘传是指对必须到庭的被告，经人民法院两次传票传唤，无正当理由拒不到庭的，可以派出司法警察强制其到庭。拘留是指人民法院对严重妨害诉讼的行为人予以强行关押，在一定期限内限制其人身自由。

（八）法律、法规规定的其他职责

随着形势的发展和规范司法警察职责的法律制度的逐步完善，司法警察业务工作的范畴必将不断拓宽，为此《人民法院司法警察条例》在最后一条作出弹性规定，以适应不断发展的形势需要。

【特别提醒】

相比废止的《人民法院司法警察暂行条例》，新的《人民法院司法警察条例》中关于司法警察职责的内容有两个大的改变：一是取消了司法警察送达法律文书的职责；二是将对进入审判区域的人员进行安检明确为司法警察的法定职责之一。

三、检察院司法警察业务工作的主要内容

【应知应会】

同法院的司法警察一样，检察院的司法警察履行职责的主要依据是最高人民检察院颁布的《人民检察院司法警察条例》和《人民检察院司法警察执行职务细则（试行）》（以下简称《细则》），据此，检察院司法警察的业务工作的主要范畴包括：

（一）保护由人民检察院直接受理的犯罪案件的现场

人民检察院不仅是国家公诉机关和法律监督机关，根据《中华人民共和国刑事诉讼法》第 18 条规定："贪污贿赂犯罪，国家工作人员的渎职犯罪，国家机关工作人员利用职权实施的非法拘禁、刑讯逼供、报复陷害、非法搜查的侵犯公民人身权利的犯罪以及侵犯公民民主权利的犯罪，由人民检察院立案侦查。对于国家机关工作人员利用职权实施的其他重大的犯罪案件，需要由人民检察院直接受理的时候，经省级以上人民检察院决定，可以由人民检察院立案侦查。"此外，人民检察院还是上述刑事案件的侦查机关。

有犯罪必然有犯罪现场，当检察院对这些案件进行侦查时，负有武装强制力的司法警察应当负起对犯罪现场保护的特定职责，保证检察官的侦查活动顺利进行。

保护现场，是指人民检察院的司法警察根据检察官的指令和要求为防止犯罪现场受到自然的或人为的破坏而进行的专门性的保卫和防护工作。其目的是使犯罪现场能保持案件发生、发现时的状态，防止人为或非人为的因素破坏，便于侦查人员能顺利进行现场勘验检查活动，提取证据，保证现场的勘查质量。犯罪现场的物品和痕迹都可能是查获犯罪分子的关键线索，因此，及时发现和严密保护好现场，是做好勘查的前提。

（二）执行传唤、拘传

执行传唤，是人民检察院使用传票，由司法警察送达有关当事人，要求受送达人在指定的时间到指定的地点接受人民检察院的调查、询问的活动。这是人民检察院为了查明案件的真实情况、保证诉讼活动的顺利进行而对当事人所采取的一项活动。根据人民检察院所涉及的案件性质的不同，又可以分为刑事诉讼的执行传唤、人民法院判决后案后监督的民事案件、行政案件的执行传唤。

传唤是诉讼活动中常常采用的一种方法，但司法警察在执行传唤时应当注意，传唤不同于拘传，它本身不是一种强制措施，因而在执行传唤时，对被传唤人不能使用械具，不能押送到案。

执行拘传是指司法警察根据检察官的指令，凭拘传票对未被逮捕、拘留的犯罪嫌疑人、被告人依法强制其到指定地点接受讯问的一项强制措施。拘传须由 2 人以上的司法警察共同执行。

（三）参与搜查

《人民检察院司法警察条例》第 8 条规定："人民检察院司法警察在检察官的指导下履行职责"，表明检察官与司法警察的关系是决定与执行、指挥与服从、主办与协助

的关系，这种从属关系决定了司法警察在检察活动中的从属地位。在办案中，检察官拥有对案件的决定权，而司法警察只拥有对检察官决定的执行权。因此，指挥与服从、决定与执行就是检察官与法警在自侦案件搜查中的地位与分工，两者既互相联系，又互相监督。

关于自侦案件立案后的搜查，《细则》第19条规定："人民检察院对自侦案件采取搜查措施时，应由检察官、司法警察共同执行，制订搜查方案应有司法警察参加。"由此可见司法警察同检察官的作用原则上是相同的。《细则》第20条规定："司法警察应服从现场搜查指挥人员的统一指挥，主要负责安全警戒任务，协助进行证据的搜查和收取。"进一步明确司法警察参与搜查的主要职责如下：

1. 以负责安全警戒为主

从人民检察院的工作性质角度来讲，检察官是实施具体搜查的主体，检察官亲自执行搜查任务，法警在参与搜查时，其主要任务是围绕着检察官具体执法活动的需要，服从检察官的指挥和调遣，负责场地警戒，保护搜查人员的人身安全，预防或制止无关人员闯入现场，确保搜查或其他执法工作顺利进行。《人民检察院司法警察暂行条例》第9条规定："人民检察院司法警察为制止严重违法犯罪行为，可以依法采取强制手段；根据需要，可以依照国家有关规定使用警械。"第10条规定："人民检察院司法警察对以暴力、威胁方法妨碍检察活动的人员，可以强行带离现场，或者采取法律规定的其他强制措施。"这些规定，为法警完成参与搜查的任务，提供了有力的法律保障。

2. 可在检察官的指令下，直接对证据进行搜查和收取

在搜查现场，当出现需要司法警察直接进行搜查的情况时，在检察官的指挥下，司法警察可以进行搜查。如需要对女性犯罪嫌疑人的人身进行搜查，而现场没有女检察官却有女司法警察在场时，女司法警察可在检察官的指令下对女性犯罪嫌疑人的人身进行搜查。这样才能保证搜查工作合法顺利地进行。

（四）协助执行监视居住、拘留、逮捕，协助追捕在逃或者脱逃的犯罪嫌疑人

根据我国刑事诉讼法的规定，监视居住、拘留（指刑事拘留）、逮捕只能由公安机关执行，因此，检察院的司法警察只能协助执行，并且在协助时严格依法办事，遵循其适用条件。

协助追捕在逃或脱逃的犯罪嫌疑人是人民检察院司法警察的一项重要职责。最高人民检察院颁布的《细则》对此作出了明确规定，并要求司法警察在协助追捕逃犯时应做到：详细了解在逃人员的情况，协助制订追捕计划，准备所需要的警械或武器；采取多种方式了解在逃犯的行踪，要注意隐蔽身份，严格保密，防止走漏消息；充分利用公安机关技术侦查手段，分析思维要连贯和全面。如果捕获的犯罪嫌疑人被击伤或突发疾病时，应立即通知医院进行急救，同时向上级报告。可以看出，协助追捕逃犯对司法警察来说，有其特殊的司法属性，这就决定了在开展追逃工作中司法警察具有不可替代的优越性。近几年在抓捕自侦案件犯罪嫌疑人的过程中，司法警察发挥了中流砥柱的作用，既保证了追逃的快速性和有效性，还为办案安全提供了有效保障，保证了检察官能集中精力办案，提高办案效率。

（五）提解、押送、看管犯罪嫌疑人、被告人和罪犯

人民检察院的司法警察的这一工作内容同法院的司法警察类似。人民检察院的司

法警察应当按时、准确、安全地将犯罪嫌疑人、被告人或罪犯押解到指定的地点；在看管工作中，司法警察监视被看管人的活动，制止被看管人的违章或不法的行为。

（六）送达法律文书

送达法律文书的任务是，人民检察院的司法警察按照法定的程序和方式，将诉讼文书送交当事人、诉讼参与人或有关单位的诉讼行为。送达是诉讼程序的重要组成部分，司法警察应当准确、及时、安全地将诉讼文书送到受送达人手中。

（七）保护出席法庭、执行死刑临刑监督检察人员的安全

对于出席法庭，代表国家进行公诉的检察人员的人身安全，应当由人民检察院的司法警察予以保护。

《中华人民共和国刑事诉讼法》第252条规定："人民法院在交付执行死刑前，应当通知同级人民检察院派员临场监督。"作为法律监督机关的人民检察院派员对死刑进行临场监督，保障死刑的正确适用。检察院的司法警察参与执行死刑临场监督活动的职责是听从检察官的指挥，按时到位，保护检察官的安全，并处理可能发生的紧急情况。

（八）维护检察机关接待群众来访场所的秩序和安全，参与处置突发事件

这一工作性质与人民法院的司法警察类似，在此不再赘述。

（九）执行检察长交办的其他任务

人民检察院的司法警察应当执行检察长交办的其他任务，在接受任务时，应当明确任务的性质、目的、要求及完成的时间等，并制定相应的措施和方案，以保证任务的顺利执行。

（十）法律、法规规定的其他职责

【拓展阅读】

在新中国成立后的很长一段时间里，法学界一直认为，代表国家对危害统治秩序的行为作出否定评价，以强制力维持无产阶级的政治统治，正是司法活动的根本内容。因此，不管是侦查机关、检察机关，还是审判机关和司法行政机关，都属于司法机关的范畴。实际中也是这样，当时无论是党和国家的各级领导干部以及司法干部，还是法学教育和研究人员，都比较一致地认为我国的司法机关包括人民法院、人民检察院、公安机关（后又分出国家安全机关）和司法行政机关。1990年以后，在一些刑事诉讼法学教科书和法学研究文章中，陆续出现了"公安司法机关"的提法。这表明，人们已开始认识到，公安机关、国家安全机关、司法行政机关是各级人民政府的工作部门，依法行使相应的行政职权，属于行政系统，不具有司法的性质和地位；我国的司法机关仅指人民法院和人民检察院。党的"十五大"报告中明确指出："推进司法改革，从制度上保障司法机关依法独立公正地行使审判权和检察权。"由此，我国各界终于就司法机关是指人民法院和人民检察院达成了普遍共识。

思考题

1. 警察权是一种什么样的权力？在行使警察权时必须遵循什么原则？
2. 我国的司法警察属于狭义的还是广义的司法警察范畴？
3. 人民法院和人民检察院司法警察的业务工作分别是什么？

第二章
司法警察制度的历史与现状

【知识目标】

了解我国司法警察的发展历史

了解我国司法警察制度的基本内容

了解国外司法警察制度的内容

了解我国司法警察制度的现状和对未来的展望

【能力目标】

明确了解我国司法警察不同时期的立法

清楚掌握我国司法警察制度的定义、职权、特征

明确了解国外司法警察制度的基本内容，并与我国相关内容进行比较

明确了解我国司法警察制度的现状以及完善司法警察制度的建议

第一节　我国司法警察的建立及发展

【案例2－1】

某法院司法警察大队即将前往看守所，临行前对提押票、器械、囚车再一次进行检查。按照“二押一”的规定，由4名警员负责这次任务。到达看守所后，由一名警员首先核对两名犯罪嫌疑人的信息，然后4名警员手持探测器上下、前后、左右探测犯罪嫌疑人的身体，检查其是否携带违禁品。确认没有问题后，警员为犯罪嫌疑人戴上手铐和脚镣，将他们带出看守所。

在车上，警员要求两名犯罪嫌疑人背靠背蹲下，行车中，警员密切注视犯罪嫌疑人。返程途中，道路不畅通，当车行至一个拐弯处时，司机拉响警笛开了过去。为确保安全，中途一般不准停车，并且行车路线随时会改变，路线不会公开。

【问题思考】

1. 本案例中法警履行的是什么职责？
2. 在履行这个职责的过程中，法警还有哪些注意事项？

【应知应会】

在我国，司法警察最早出现在清朝末年，清政府在仿行宪政与变法修律的过程中，改刑部为法部，掌管全国司法行政；改大理寺为大理院和各级审判厅，相应设立各级检察厅。司法警察就是为了适应审、检两厅履行审判和检察职能的需要而设置的。1910 年，清政府颁布了《检察厅调度司法警察章程》，这是我国最早的一部司法警察章程。这个章程规定各级检察官享有调度司法警察之权。司法警察的职责是：在检察官的调度下，实施对犯罪的侦查。主要承担逮捕人犯、搜查证据、押送人犯、取保传人、检验尸伤、接受呈词等任务。

国民党统治时期，司法警察除指司法机关中的警长和警员外，还包括宪兵，铁路、森林、渔业、矿业或其他各种专业警察机关的警长、警员，海关、盐场的巡缉员警等，他们作为司法警察，接受检察官和推事（1948 年 9 月后称作审判员）的命令执行职务。

新民主主义革命时期是人民民主政权和法制建设的奠基阶段，各个革命根据地相继建立了人民的审判机关，中央设立临时最高法庭，地方设立省、县、区裁判部。抗日战争时期，抗日民主政权设立高等法院，1948 年统一称人民法院。这一时期，各审判机关虽然没有明确规定设专职司法警察，但是事实上存在司法警察这一职务，审判机关通过调用赤卫队、警卫员、民警来执行司法警察的职责。

新中国成立后，随着人民司法制度的建立和发展，司法警察也随着人民司法制度的需要而逐步产生和发展起来。1951 年 9 月 3 日，中央人民政府委员会通过的《中华人民共和国法院暂行组织条例》中规定："县级人民法院设法警，省级人民法院设法警若干人。"这是新中国成立后首次对司法机关设置法警作出的法律规定。1954 年 9 月通过的《人民法院组织法》又取消了人民法院设置司法警察的规定，在此期间，由于不设置司法警察，给审判工作的开展带来了许多实际困难，各级法院仍根据实际需要，数量不同地配备了司法警察。1956 年，公安部、财政部、司法部、国家人事局联合下达通知，将司法警察地位予以明确，决定从 1956 年 7 月 1 日起，将司法警察列为中国人民警察的警种之一，并规定司法警察的着装、工资待遇等与公安警察相同，这种做法一直沿用至今。文化大革命期间，司法警察的工作遭到极大破坏。1979 年 7 月 1 日，第五届全国人民代表大会第二次会议通过了《中华人民共和国人民法院组织法》、《中华人民共和国人民检察院组织法》，规定"各级人民法院设司法警察若干人"，"各级人民检察院根据需要可以设立司法警察"。这些法律规定为司法机关设置司法警察提供了法律依据，为司法警察的建设发展提供了保证。1992 年 7 月 1 日颁布的《中华人民共和国人民警察警衔条例》（以下简称《警衔条例》）规定，司法警察与其他警种的人民警察一样实行警衔制度，标志着司法警察队伍建设进入了一个新的历史阶段。1995 年 2 月 28 日颁布的《警察法》，将司法警察规定为人民警察的警种之一，标志着司法警察队伍的建设步入了现代化、正规化的轨道，进入了一个新的发展时期。

【特别提醒】

2012 年 12 月 1 日，最高人民法院废止了《人民法院司法警察暂行条例》，颁布了新的《人民法院司法警察条例》，2013 年 5 月 8 日，最高人民检察院废止了《人民检察院司法警察暂行条例》，颁布了新的《人民检察院司法警察条例》。这是我国司法机关司法警察体制和工作机制改革的又一次成果。《人民法院司法警察条例》的出台，凝聚了各级司法机关多年来对司法警务工作的规律认识、经验总结和科学思考，确保司法警务工作沿着法制化、专业化、科学化的轨道稳步前进。

第二节　我国的司法警察制度

【案例 2－2】

庭审准时开始，在审判长的指令下，由两名司法警察将被告章某押入法庭，并由其中一名法警为被告解开手铐。这是一起普通的刑事案件，庭审过程中，审判区两端两名法警神情严肃，被告身后两名法警端坐，法庭各出入口有数名法警就位，法庭秩序井然，审判长有条不紊地组织着法庭调查和辩论。

“你好，根据《中华人民共和国人民法院法庭规则》，旁听人员未经许可，不得在庭审过程中拍照，请关闭照相设备，谢谢配合。”庭审现场，法警小李在维持法庭秩序时发现旁听人员手持手机进行拍摄后严肃制止。

【问题思考】

1. 本案例中法警都履行了什么职责？
2. 根据现行条例的规定，人民法院司法警察的工作职责有哪些？

【应知应会】

一、司法警察制度的定义

司法警察制度指的是要求司法警察共同遵守的规程或行动准则及管理、规范司法警察的工作机制。

二、司法警察的法律依据以及职权规范

1950 年，经国务院批准，将执行不同任务的警察统一命名为中国人民警察。1956 年 5 月，公安部、财政部、司法部、国家人事局联合下达通知，决定自 1956 年 7 月 1 日起，将各级人民法院的司法警察列为中国人民警察的警种之一。1957 年 6 月 25 日，国家颁布《中华人民共和国人民警察条例》（以下简称《人民警察条例》），这是新中国成立以来对人民警察的首次立法。《人民警察条例》规定了人民警察的性质、任务、职责、权限等，特别是对司法警察的职责作了明确规定。《人民警察条例》的实施为人民法院司法警察依法执行职务提供了法律依据。1992 年 7 月 1 日《中华人民共和国人民警察警衔条例》颁布实施，人民法院司法警察与其他警种的人民警察一样实行警衔制度，标志着人民法院司法警察队伍建设进入了一个新的历史阶段。为了适应新形势的需要，第八届全国人大常委会第十二次会议于 1995 年 2 月 28 日通过了《警察法》，并在第 1 条中规定：“人民警察包括公安机关、劳动教养管理机关的人民警察和人民法

院、人民检察院的司法警察。”1997 年 4 月 26 日，最高人民法院审判委员会第 898 次会议讨论通过了《人民法院司法警察暂行条例》，随后最高人民法院政治部作出了《人民法院司法警察暂行条例若干问题解答》，更加明确了司法警察组织、建设的重要性。司法警察的职能得到明确和完善，在司法审判工作中发挥着不可替代的作用。

三、司法警察制度的特征

（一）人民民主专政的特征

我国的司法警察制度是在马克思主义国家学说和政权建设理论的指导下建立和发展的。1931 年，中华苏维埃共和国建立时就宣布：“中华苏维埃所建立的是工人和农民的民主专政的国家。”各革命根据地建立的人民司法机关是中华苏维埃组织的一部分，人民司法机关的主要任务是保卫和巩固苏维埃的政权。新中国成立后，1951 年中央人民政府通过的《中华人民共和国法院暂行组织条例》明确规定：“县级人民法院设法警，省级人民法院设法警若干人。”此后在全国建立起具有对人民民主、对敌人专政的双重职能的司法警察机关。

（二）坚持党的领导的特征

长期实践证明，坚持党对司法工作的实际领导，是我国司法警察制度健康发展的根本保证。根据我国的国情，长期实行各级司法警察机关接受同级党委和上级司法警察机关的双重领导，“条块结合，以块为主”的领导机制。

（三）群众路线的特征

群众路线，是我国党和政府一切工作的根本路线。坚持群众路线，是我们党在长期革命斗争中形成的优良传统，是三大革命法宝之一。我国《宪法》第 127 条规定：“一切国家机关和国家工作人员必须依靠人民的支持，经常保持同人民的密切联系，倾听人民的意见和建议，接受人民的监督，努力为人民服务。”《中华人民共和国刑事诉讼法》第 6 条规定：“人民法院、人民检察院和公安机关进行刑事诉讼，必须依靠群众。”我国是人民民主专政的社会主义国家，司法警察作为司法机关的组成部分，只有加强同广大人民群众的联系，深入调查研究，取得广大人民群众的支持和帮助，才能与各种违法犯罪分子作有效的斗争。同时，依靠群众，发动群众，将司法警察工作置于广大人民群众的监督之下，可以增强司法警察的工作责任心，使司法警察少犯或不犯错误。几十年来，这一工作路线和方针在贯彻中积累了许多经验。

（四）全国统一的司法警察体制的特征

伴随着新中国的成立和发展，司法警察在惩办犯罪、保护人民、规范司法警察的组织、任务、职责、权限等诸多方面，不断发展。这些都为后来建设社会主义司法警察法制提供了经验。新中国成立后，特别是在 1954 年《宪法》、《人民法院组织法》、《人民检察院组织法》颁布后，司法警察法制进入了新阶段，取得了很大成就。改革开放后，随着社会主义民主与法制建设的不断加强，司法警察法制建设也迅速发展，出台了《人民法院司法警察条例》和《人民检察院司法警察条例》，成为司法警察履行职责、行使职权、打击犯罪、保护人民、维护安定的有力武器。

（五）重视队伍建设的特征

重视政治工作，加强队伍的思想建设、组织建设和业务建设，特别是以马克思主义、毛泽东思想和邓小平理论武装司法警察队伍，建立全心全意为人民服务的队伍，以宪法和法律为活动准则，推动和做好工作，是司法警察的优良传统。在工作中，司法警察坚持以事实为依据，以法律为准绳，在坚持正面教育的同时，强调司法公正，反对各种腐败行为，坚持"从严治警"、"依法治警"的方针，坚持建设革命化、现代化、正规化、军事化的人民警察队伍的正确方向。总之，中国特色的司法警察制度，是在党和政府领导下，以马克思主义、毛泽东思想和邓小平理论为指导，坚持人民民主专政、坚持社会主义方向，从中国国情出发，维护国家安全与社会治安秩序的长期实践中形成的。我国司法警察制度所独具的特色，寓于我国司法工作的优良传统之中，寓于适应社会主义市场经济体制所创造的新鲜经验之中；反映的是司法实践经验之中的那些成功的、科学的、稳定的内容，反映的是在国际上有鲜明特点的内容。

第三节　国外司法警察制度

【案例2－3】

在美国联邦最高法院里，安检人员一丝不苟地对所有进入法院的人员进行安全检查。巡视法警对参观法院的所有人都保持着高度警觉，除非他们能判断该人员是完全安全的。庭审中，法警紧盯着犯罪嫌疑人的同时还时刻注视着旁听人员的一举一动，即便是为法官、法官助理、书记员、律师、犯罪嫌疑人提供各种服务的过程中也不停地"扫描"犯罪嫌疑人和旁听席。

【问题思考】

本案例中法警履行的是什么职责？

【应知应会】

一、美国的司法警察制度

（一）美国司法警察制度

1．组织机构

美国司法警察署受联邦司法部领导，属于提供内卫安全保障的联邦执法机构之一。它是第一届美国国会于1789年根据当年的《司法法》（*The Judiciary Act*，1789）创设的最古老的联邦执法机构，它与美国联邦法院的历史一样悠久。但司法警察署机构本身则是于1969年才成立的。

联邦司法警察署下设多个办公室和执法处，如人事总监、平等就业机会办公室、公共事务室、国会事务办公室、国际交流办公室、部（指联邦司法部）法律顾问办公室、行政管理处（内设训练科、人力资源科、信息技术科、运行支持科、财务科和资产没收科）、行动处（内设司法保安科、调查行动科、证人保护科、司法囚犯和引渡系统科、特别行动科和囚犯提押科）。在执法体制上，司法警察的执法任务由司法安全保障警察、拘押执行警察和特别行动组警察三个系列来具体承担。

2. 基本职责

联邦司法警察的基本职责包括：

(1) 为联邦法院机构提供安全保护，具体为：利用视频监控系统保卫法院建筑物的安全（必要时可以聘用私人保安公司协助执行），利用安检系统对进入法庭的人员实施安全检查，检测和阻止违禁物品被带入法庭及联邦法院的其他建筑设施；保卫法官、陪审团成员、出庭的检察官及其助理、法院其他工作人员以及旁听人员的人身安全；在公共场所护送陪审团成员。这部分职责由司法安全保障警察承担。

(2) 提解、押送、看护被联邦法院羁押的普通囚犯；完成联邦囚犯的登记落案手续；保护囚犯在审判期间的人身安全。这部分职责由拘押执行警察承担。

(3) 拘押被联邦法院通缉的逃犯；押送具有高度危险的联邦囚犯；保护有关数据；保护受到威胁的联邦证人及其家属，并为需要移居保护的证人提供基本生活、医疗费用和就业援助；查封、扣押、拍卖、没收财产；经营管理犯罪企业被扣押的财产；执行法庭签发的人身令状、命令和庭审指示；执行法院部分传票的送达（只有当法官特别要求时，司法警察才承担此项职责）；应对紧急危机的处理。这部分职责由特别行动组警察承担。

(4) 维护法庭秩序，依照法官的指令，开启和关闭法庭；在法官入庭之前确保检察官、当事人及其代理人（辩护人）、陪审团成员（如果案件引入陪审团审理时）到庭就位；宣布法官入庭以及必须遵守的法庭规则、指示其他到庭人员起立和就座。为陪审团审议案件提供警戒保护，确保审议不受外来干预，并在陪审团召集人与主审法官之间传递信息；安排陪审团成员在陪审期间的食宿；为法官和法庭提供必要的服务，诸如为法官找好停车位，在法院门口迎接法官的到来，将法官需要的书籍、手提箱、法袍、法槌、盛满水的玻璃杯等事先放置在法官坐席上。如果事先获得了有关天气、自然灾害或有碍审判进行的重大事故之信息，司法警察应当及时通知法官并做好适当的防范措施。这部分职责也是由司法安全保障警察承担。

3. 基本职权

联邦司法警察可以配备枪支和警械，必要的时候可以使用枪支和警械来应对具有高度危险性的违法人员；依照法官指令，对有关财产实施扣押、强行接管、拍卖或没收；对进入法庭的人员有权实施安全检查，并阻止可能威胁法庭秩序的人员进入；有权依法没收在安全检查时查获的违禁物品；拘留、逮捕被联邦法院通缉的逃犯；依照法官指令，对违反法庭秩序的人实施强制措施；根据法官指令，对有关人员或场所展开搜查行动。

（二）中美司法警察制度比较

我国人民法院司法警察与人民法院是隶属关系。在组织管理方面，《人民法院司法警察条例》明确了上下级法院司法警察部门之间的管理关系和管理内容，强化了司法警察实行“双重领导、编队管理”的队伍体制特点。美国司法警察与法院没有直接的隶属关系，州司法警察隶属于州地区警察总署。这种隶属关系，可以统一配发警力资源，统一进行警务训练，警用装备也是统一配发使用，从而有利于法院警务保障的加强。

我国《人民法院司法警察条例》对司法警察职权作了明确规定，司法警察没有独立的侦查权，无权自行启动侦查，检察机关和公安机关才有权自行启动侦查权。这种本质的区别是由于两国公检法机关的建构和隶属的不同而引起的。

二、俄罗斯联邦的司法警察制度

俄罗斯联邦于1997年制定并颁布了专门的《俄罗斯联邦司法警察法》，对司法警察制度作了具体规定。

（一）司法警察的组织机构

俄罗斯联邦的司法警察隶属于俄罗斯联邦司法部。司法警察纳入俄罗斯联邦司法部系统。其中，司法部副部长兼任俄罗斯联邦主任司法警察，领导司法警察工作。

在执法体系上，俄罗斯联邦的司法警察划分为两大系列：一是保障法院秩序的司法警察，即司法警察的警卫系统；二是执行法院、其他机关裁决的司法警察，即司法警察的执行员系统。

（二）司法警察的基本职责

据《俄罗斯联邦司法警察法》第10、11条的规定，司法警察承担的职责有：执行法院判决和法官关于公民依法采取强制措施的决定；依照法院的决定，查封财产、没收财产、转移和变卖已被查封的财产；执行审判长、法官和参加庭审的陪审员作出的与保持法院秩序有关的指示，拘传拒不到庭的人，保证法院安全，维持法院会议室和审判地点的秩序；保护法官、人民陪审员、案件参加人和证人的安全；检查庭审地点的准备，受法官委托保护和保全刑事案件中的物证，维护审判地点的公共秩序；与武装力量（分支机构）的军人配合，负责被捕在押人犯的安全；警告并制止违法行为，在必要的情况下将违反司法秩序的人交给警察机关；负责保证国际法庭和外国法院判决的执行等。

（三）司法警察的基础保障

为保证司法警察充分履行职责，《俄罗斯联邦司法警察法》对司法警察的资金、物质和技术保障作了相应的规定。其中，该法第22条规定："司法警察的经费由联邦财政负担。俄罗斯联邦主体立法机构有权增加本主体司法警察的经费。"第23条规定："司法警察的物质和技术保障的经费由俄罗斯联邦财政负担。司法警察物质和技术保障的程序以及形式由俄罗斯联邦政府根据俄罗斯联邦司法部的建议制定。"

作为司法警察个人，则依法享有保险和获得赔偿的权利。此外，司法警察还享有相应的工资津贴保障和其他社会保障。司法警察的执行员有权在全国范围内免费使用所有城区、市郊和地方的公共交通工具（出租车除外），免费搭乘由联邦财政负担的通往农村地区的任何交通工具；司法警察的执行员因公出差凭证明有权优先购买各种交通工具的票证，优先入住宾馆。

三、澳大利亚的司法警察制度

澳大利亚是一个联邦制国家，有联邦和州两大法院系统。虽然管辖的案件范围有所不同，但司法组织体系却大体相当，而且各州法院之间的司法运行方式也非常类似，这其中当然包括司法警察制度在内。在此，以澳大利亚的南澳大利亚州法院的司法警察制度作为代表而略作介绍。

（一）管理体制

南澳大利亚州法院的司法警察由该州的法院管理局（负责州法院管理委员会关于

司法政策和决定的发展与实施）领导。管理局下设司法警察办公室。司法警察办公室自身的在编警察为50人，另聘有合同制警员80人。

（二）基本职责

在南澳大利亚州，司法警察的法律性质是行政执法人员，具有强制执行权，其主要职责是维护司法秩序、保障法官及其他诉讼程序参与人员的安全、执行法官的司法命令。具体范围包括：

（1）管理陪审团。根据该州《陪审团法》的规定，年龄在18~70岁之间，具有选举权、居住在陪审团遴选区域的公民都有遴选为陪审团成员的资格。在南澳大利亚州法院，只有刑事案件才会引入陪审团审理，一个陪审团共由12人组成。陪审团的组建事务则由司法警察来完成。具体包括：准备具有陪审资格人员的名单，随机遴选陪审团成员候选人，召集并询问陪审团成员候选人以决定其是否适宜参与本案的审理，负责陪审团审议案件的记录、支付陪审团成员参加案件审理的费用。

（2）负责刑事被告人、罪犯的提解、押送和看护，执行刑事判决，支付刑事证人的作证费用。保障刑事被告人、罪犯出庭期间的人身安全和人道主义待遇。

（3）维护法庭审理秩序，确保庭审活动顺利进行，帮助、照顾出庭作证的证人，保障陪审团成员在陪审期间的人身安全。

（4）拘传拒不到庭的民事诉讼被告到庭应诉。

（5）负责跨州、海外的司法传票送达，执行法院签发的逮捕令，扣押、拍卖动产或查封土地；执行法院的罚款、罚金决定。

（6）在海事法院审理的案件中，依照法官命令扣押有关船舶及船上货物。

（7）执行澳大利亚联邦高等法院和联邦最高法院发出的、需要在本州辖区内实施的所有司法命令。

第四节　当前我国司法警察制度的困境与展望

【案例2-4】

某日，某市桃江法院执行局接到当事人财产线索举报，一民间借贷纠纷案件的被执行对象于春节期间在浙江某银行账户上汇入一笔现款。案情如军情，接到举报后，该院执行局三名干警不顾天气严寒、路途遥远、春运繁忙、交通不便，选择了最低廉的办案成本远赴浙江，圆满地完成了执行任务。

【问题思考】

1. 本案例中法警履行的是什么职责？
2. 法警还应当履行什么职责？

【应知应会】

近年来，随着司法改革的深入发展和司法工作的不断规范、完善，各级司法机关相继组建了司法警察队伍。司法警察在司法工作中也发挥了重要的作用。但是由于立法不完善及理论研究滞后，目前司法警察队伍的管理模式、职能权限、人事制度等不仅仍处于探索阶段，并且司法警察职能存在弱化的趋势，不能更好地辅助司法工作的顺利进行。因此，适当借鉴国外在司法警察方面的有益经验，对提高司法效率、促进司法公正、推动司法工作的发展具有十分重要的意义。

一、人民检察院司法警察制度的现状与展望

人民检察院司法警察是人民检察院行使检察权、开展各项检察活动的法定成员，也是检察官履行检察权的必要辅助力量，在检察工作中具有不可替代的作用。因此，司法警察制度的改善和司法警察队伍的改革都会更好地保障检察官依法履行职责。

（一）人民检察院司法警察制度的现状

依据《人民检察院组织法》设立的人民检察院司法警察队伍，是一支准军事化武装力量。其各项工作职责的来源是《人民检察院司法警察条例》。根据条例，人民检察院的司法警察肩负着参与搜查，执行传换、提押、押送、看管犯罪嫌疑人或者被告人，参与执行死刑临场监督等职责。各项职责贯穿整个检察活动的全过程，对打击犯罪，维护法律的尊严和保证人民检察院依法履行检察权起着十分重要、不可替代的作用。但是法律没有明确规定司法警察的职权，并且司法警察在参与检察活动时与检察官的责任和权力边界模糊不清，经常产生以检代警或以警代检等情况，不利于司法警察的工作。针对实践中出现的几点问题，归纳如下：

1. *立法方面*

（1）现行检察院司法警察立法及司法解释。《警察法》第 2 条规定：“人民警察包括公安机关、国家安全机关、监狱、劳动教养管理机关和人民法院、人民检察院的司法警察。”目前我国有六大警种，包括公安、安全、监狱、劳教、司法警察和武装警察。[①] 此外《警衔条例》第 2、23 条规定：“人民警察实行警衔制度”，“司法警察警衔授予和晋升的批准权限，由最高人民法院、最高人民检察院参照本条例规定。”这些规定明确了司法警察的性质定位，使司法警察在法律上得到了确认。而《人民检察院司法警察条例》（以下称《条例》）对人民检察院司法警察的性质、任务、职权、组织管理、警务保障等作了详细的规定，成为检察院司法警察工作的基本依据。[②] 此外《条例》还规定司法警察可以行使的五项权力。[③]

（2）存在的问题。立法中明确了司法警察的地位，以及行使权力的法律依据，从而保障司法警察能够正常行使职权。但是具体的法律职权的界定以及法律职权中实体权力如何行使都规定得比较模糊。比如，《条例》规定了司法警察的职责，但是职责内容规定得较为狭窄，主要是关于安全保卫方面，没有更多地涉及检察业务以及司法警察队伍的结构、编制、规范和管理，规定还不够完善。此外《条例》规定的司法警察可以行使的五项权力中，每一个强制措施的执行程序、方法以及手段也没有具体说明。

我国还没有出台“司法警察法”，但是在《警察法》和相关司法解释中明文规定

---

① 通常所说的“警种”是指根据警察的具体任务和业务性质划分出来的若干种类。见：金川．司法警察概论．北京：中国政法大学出版社，2005. 18.

② 见《暂行条例》第 2 条。

③ 采取强制手段权、使用警械权、使用武器权、强行带离现场权和采取法律规定的其他强制措施权。

司法警察是人民警察的一个重要警种，是维护审判、检察秩序，保证司法公正有效的重要力量。而为了保障司法警察充分发挥其应有的职能，规范司法警察的执法活动，保障司法警察的根本利益，完善和健全警察法律体系，即“司法警察法”的出台，则显得格外的重要。而且司法警察本身所具有的性质和特征，也需要“司法警察法”来明确。这主要体现在以下几个方面：

①司法警察权是由国家权力派生的。国家权力是由人民赋予的，代表人民、代表国家行使的，所以这种权力是要由法律明确规定的。任何人行使这种权力必须要有法律的明确授权，这就是宪政制度。而警察权就是其中的一种权力，因此必须由法律明文规定才能行使。司法警察权是警察权的重要组成部分，当然必须要有法律授权，才能明确其法律地位。

②司法警察的武装强制性和不可替代性。司法警察和其他警察一样是一支武装力量，具有武装强制性。司法警察武装的目的是与违法犯罪分子作斗争，保障检察工作的顺利进行，法警工作是司法工作的法定组成部分。司法警察的职责主要是传唤、送达、参与搜查、拘传、协助执行强制措施、提讯、押解、看管等。这些职责和任务决定了司法警察是不可替代的。其工作性质是武装性兼具专业法律性，其他司法人员不能替代。实践中出现的其他司法人员代行法警职责则是越权，均属违法。司法警察的这些职责和特性，与相邻法律存在诸多的重合之处，所以责权不能分明，就更需要单独制定“司法警察法”来加以明确司法警察的法律权责。

③制定“司法警察法”是划分警察职权的需要。根据不同的职权，世界各国都将警察划分成不同的种类。我国按照职能部门的不同将警察划分为公安机关的警察、国家安全机关的警察、监狱的狱警、劳教管理机关的警察、法院和检察院的司法警察等。根据《中华人民共和国立法法》的有关规定，[①] 涉及国家职能的国家权力的行使应当由法律规定。据此国家先后颁布了《警察法》、《国家安全法》等相关职能部门法，那么“司法警察法”的出台也是顺理成章的。

④完善“司法警察法”有重要意义。从法学基础理论上讲，我国属于社会主义法律体系。我国法制建设的目标是建立和完善具有中国特色的社会主义法律体系。为这一任务添砖加瓦是法律工作者的一项重要责任。所以我们要尽快完成“司法警察法”的制定和完善，制定符合国情的“司法警察法”，填补法律的空白和漏洞。

2. 实践中的具体问题

（1）司法警察应建立统一的管理体系。检察院司法警察人员编制结构不合理，人员缺编和司法警察队伍老龄化现象严重，并且在编人员同聘用制人员的文化素质、专业素质和体能素质参差不齐，不利于司法警察职责的履行和职能的发挥。如，2011 年陕西省长治市城区检察院有政法专项编制 67 人，由于年龄结构不合理等，相当一部分检察人员到龄退休，加上招录的 10 名公务员和 7 名事业在编人员，也只有 54 人，人员缺编情况与城区年平均 800 余件案件且逐年增加的现实形成鲜明的对比。[②]

---

① 2000 年 3 月 15 日第九届全国人民代表大会第三次会议通过并于同年 7 月 1 日起施行的《中华人民共和国立法法》第 8 条规定，“各级人民代表大会、人民政府、人民法院和人民检察院的产生、组织和职权”事项只能制定法律。

② 赵宏伟，付金辉．基层检察员法警队伍现状分析．http：//www. jcrb. com/jcpd/jcll/201011/t20101101_460826. html.

检察院司法警察人员没有统一的管理模式。检察院内部没有设立一个核心的司法警察管理机构，司法警察分散在不同科室，实行分散分管，各个部门调动警力的随意性大，所以不利于文化、专业和体能的综合素质的训练及提高，不利于司法警察职能的发挥和司法警察队伍科学化、规范化、专业化的发展。

（2）司法警察不能独立行使职权。检察官与司法警察的职能在法律上没有明确的界定，所以“越界”现象时有发生。而且一些检察院分管权责不明，管理意识淡薄，造成检警工作不分，司法警察不能独立行使职权。出于保密原因，一些基层检察院的检察官仍旧承担着传唤、提押等一些本应由司法警察执行的工作。而法警还承担了一些与其性质不符的职责，如法律文书的送达。检察业务所涉及的法律文书有一百多种，除了部分有危险性质的送达外，大量送达任务会增加司法警力的负担。

（二）未来人民检察院司法警察制度的展望

1. 完善司法警察法律体系，正式确立司法警察的法律地位

（1）尽快出台“司法警察法”，从宪政理论角度正式确立司法警察的法律地位和履行司法职责的法律依据。且“司法警察法”和新的司法解释中对法警职责的具体规定要根据实践详细规定。如现行《条例》和《人民检察院司法警察执行职务细则（试行)》规定司法警察的职责的第9项：执行检察长交办的其他任务。其他什么性质的任务，在什么范围内行使，行使权利的流程是怎样的都要有具体的规定。

（2）在“司法警察法”明确检察机关司法警察的工作职权范围的基础上，同检察官的职责严格区分，防止以警代检、检警不分情况的出现。并赋予其一定的职权，拒绝接受与本职职责无关的工作，这有利于改善司法警察检警不分、责权不明的情况。

2. 司法警察队伍实行统一的管理体系

（1）统一的司法警察管理体系。在司法系统内单独设立司法警察的管理部门。在司法系统内部设立司法警察的总部，然后在检察系统和审判系统分别设立司法警察的分部。总部的职能是管理司法警察的编制、警力资源的宏观调配、对司法警察的保障体系统一管理、对法律法规和国家政策的指导以及重大事件的处理等。分部对检察系统司法警察内部系统的具体事务进行统一管理，包括人员调配、具体工作事务等。

分部实行级别负责制。在具体的工作中，下一个级别只对直属的上一个级别的领导负责，实行层层管辖负责的金字塔式的责任制，并单设一个部门用来解决紧急事件的处理。当遇到紧急事件时，这个部门可以发挥作用，减短上报过程和时间，直接出台应对策略，调派警力外出执勤，并及时和总部相呼应，同其他分部保持联系，协作应对。金字塔体制有利于具体问题的处理，而单设的部门在遇到紧急情况和事件时，也可发挥其应有的作用。分部内部的管理体系也参照总部的管理体制，在各个检察分院设立下级管理体系。应当注意的是在各个基层检察院应当常设一定数量的司法警务人员充当机动人员，以备总部和分部在紧急事件时抽调。

（2）统一的司法警察保障体系和淘汰机制并存。为了提高司法警察的工作效率，更好地为司法系统服务，建立如上所说的统一司法警察保障体系是十分重要的。体系的内容涉及司法警察的统一经费管理、统一训练保障和统一警用装备管理等。具体讲，首先在统一经费管理中，将财政预算的拨款进行统筹规划。讲求效率与公平的统一，减少管理体系内部的分配不均衡状况。如，警械配备的预算同警务人员训练设施的预算各投入多少，应当考虑实际情况，在讲求法律经济效益的基础上，统筹分配。其次，

在警务人员统一训练保障中，警务人员定期的训练保障是提高法警政治业务素质的根本保证。建立统一的保障体系，要求在规定的时间、规定的地点进行规定的训练，并且达到规定的标准。训练包括法律职业培训、警务训练和政治思想讲座。对长期不能胜任之岗位，又不能通过训练而达到工作适用标准的人员，应当转岗或者优化。这就是统一的保障体系和淘汰机制的并存。这种机制有利于司法警察队伍整体综合素质的飞跃和优化。但是值得注意的是，被优化的人员应当作出具体而适当的安排，否则不利于警察队伍和谐而有序的发展。最后，建立统一的武器装备管理。武器装备可以在执行任务时统一调度，结束任务时统一收库，这样能及时了解装备的真实情况，有利于安全性和效率的提高。尤其是在紧急事件的处理中会更显示出这种统一管理的高效率性，这也是我国在处理重大事件中已经应用的有效的管理方式之一。

（3）建立完善的人事管理制度。司法警察人员的进出机制、人员流动、变动以及司法警察人员的组成结构均由司法警察总部和分部来统一安排部署。上下两级的法警部门可以建立相关的配套档案制度，相互协作，任意调用。

（4）规范聘用制警察的标准。聘用制警察可以有效缓解司法警察队伍编制不足的问题，但是要规范聘用制警察的标准，保证司法警察队伍素质的稳步提高，实践中要做到以下几点：

①严格按照考核标准进行。符合年龄标准、体能标准、法律职业技能标准和政治思想标准。

②对招录的聘用制人员应当同在编人员平等对待，包括同等的待遇、同等的职业培训和晋升的机会等。

③多开展全体警务人员集体活动，增强聘用制人员的团队意识，增强司法警察队伍的凝聚力。

④革新司法警察理念，明确司法警察的职能和自身价值的重要性，培养爱岗、敬业、尽职尽责的理念。

二、人民法院司法警察制度的现状与展望

人民法院司法警察部门是保障和维护人民法院各项工作顺利运行的职能部门。司法警察的主要职责是保障审判活动的顺利进行，确保司法机关安全、有效运作。人民法院司法警察担负着安全检查、处置突发性事件安全保卫工作，要完成押解、看管、值庭等刑事、民事、行政审判辅助工作，要参与执行死刑、执行拘留等多项工作任务，非常复杂和繁重。因此司法警察的存在对于打击犯罪、保护人民群众、维护司法秩序以及保障司法公正与效率具有特殊的职能和重要作用。

（一）人民法院司法警察制度的现状

随着我国社会主义法制建设的不断推进，人民法院的审判工作日趋繁重，受案范围越来越大，判决执行力度需要不断加大，人民法院司法警察对法院审判活动的服务保障作用也日益突出。

1. 立法方面

我国没有独立的“司法警察立法”，但是2012年12月1日起正式实施的《人民法院司法警察条例》（以下简称《条例》）对《人民法院司法警察暂行条例》进行了改革，在司法警察的职权和管理体系方面有了飞跃，是一个大的举措。在职责职权方面，

《条例》根据《刑事诉讼法》、《民事诉讼法》、《警察法》等有关法律，取消了司法警察送达法律文书的职责，对司法警察执行安全检查、配合民事执行等职责的定位作出了相对细化、准确的表述；明确了司法警察在履行职责过程中具备的七项职权，尤其是明确了司法警察在法官指令下履行职责的具体情形。

2. 司法警察队伍的现状

（1）没有统一的管理体系。法院系统司法警察仍旧没有设立统一的组织领导机构。相对于《人民法院司法警察暂行条例》，在组织管理方面，《条例》明确了上下级法院司法警察部门之间的管理关系和管理内容，强化了司法警察实行“双重领导、编队管理”的队伍体制特点，改变了以前司法警察分别隶属于不同的庭室，分散管理致使管理不齐，工作职责混乱的状况。但是《条例》还是没有设立统一的专门机构，从宏观上对司法警察事务统筹规划，并设立处理重大紧急事件的枢纽中心。

（2）司法警察队伍的具体问题。首先，目前司法警察人员缺编和司法警察队伍老龄化现象严重，难以应对庞杂繁重的工作任务，警力远远不足。

从总体上看，司法警察队伍在不断壮大，但从人民法院的改革和发展态势来看，司法警察队伍的“单位配制”则严重不足，难以形成整齐警力。据最高人民法院政治部警务部统计，到2009年底，全国法院共有司法警察53 000多人，其中，中央政法编制27 609人，地方编制5 724人，临时聘任制司法警察近20 000人。而且，由于司法警察出口不畅、无法及时补充年轻的警员等，导致各级人民法院的司法警察年龄老化现象比较严重。据最高法院公布的信息，到2009年底，全国法院系统的司法警察年龄情况为：25周岁以下的占11%；25～33周岁的占24%；33～43周岁的占31%；43～50周岁的占22%；50周岁以上的占12%。

其次，女性法警所占比例极小，这使一些特殊工作不能顺利开展。

最后，司法警察的学历层次普遍不高。尽管学历不能完全代表能力，但作为综合素质的组成部分，具备一定的学识和文化素养是保证司法警察正确理解法律含义和进行文明执法的基础条件。由于司法警察的来源渠道比较广泛，有军队转业干部、退伍军人、社会招干、内部招干、法院内部人员调整、聘任制司法警察，而从正规的警察专业、法律院校（系）毕业的“科班”出身的人员却少之又少，进而导致司法警察教育层次、文化水平参差不齐。很多法警均以函授、远程教育等方式取得本、专科毕业证，而真正全日制大学毕业的大学生很少进入法警队伍。

（二）未来人民法院司法警察制度的展望

1. 司法警察立法

出台“司法警察法”，从宪政理论角度正式确立司法警察的法律地位和执行司法职责的法律依据。当司法警察依法履行职责的时候，要赋予司法警察一定的职权。让司法警察有自主权，有权拒绝参与和司法警察本职无关的工作。

值得一提的是，《人民法院司法警察条例》对司法警察履行职务过程中，对于错误的决定和命令如何处理作出规定。这在立法上是一个质的飞跃。

2. 司法警察管理体系

（1）统一的司法警察管理体系。如前所述，在司法系统内部设立司法警察的总部，然后在检察系统和审判系统分别设立司法警察的分部。总部的职能是管理司法警察的编制、警力资源的宏观调配、对司法警察的保障体系统一管理、对法律法规和国家政策的指导以及重大事件的处理等。分部对司法警察内部系统的具体事务进行统一管理，包括人员调配、具体工作事务等。分部内实行金字塔式的级别负责制，并单设紧急事务部门处理重大事件。遇到紧急突发状况时，制定策略、调派警力并与总部和分部保持联系，同其他部门协作应对。分部内部的管理体系也参照总部的管理体制，在各个下级法院设立下级管理体系。应当注意的是，在各个下级法院应常设一定数量的司法警务人员充当机动人员，以备总部和分部在紧急事件发生时抽调。

（2）建立完善的人事管理制度。司法警察人员的进出口机制，人员流动，变动以及司法警察人员的组成结构均由司法警察总部和分部来统一安排部署。上下两级的法警部门可以建立相关的配套档案制度，相互协作，任意调用。

（3）司法警察内部分工明确。人民法院司法警察的职责可以分为：安全保卫，维护审判秩序职责；辅助庭审活动职责，包括带证人、带鉴定人、传递证据、执行拘留、拘传、押解、看管等职能；辅助执行工作；执行死刑的专门职责等。可以看出司法警察职责多而杂。司法警察的工作职责可按照安全保卫、辅助庭审、执行工作和执行死刑等方面具体分工定岗，分别安排相应素质的人员上岗。职责分工做到多且精，杂且专。在一定年限岗位职责固定不变，不实行轮值，如同流水作业，属于重复性的劳动，有利于工作效率的强化。对于自己的职业有所规划的高素质人员可以安排相应的培训考核，符合一定的标准后允许换岗，以利于司法警察整体素质的稳步提升。

（4）严格责任制，并赋予司法警察一定的自主权。在本岗位执勤的警务人员不能擅自离岗或者从事其他岗位人员的工作，也不得接受其他领导的指派做与本职责无关的工作，以改变司法警察在其位不谋其政的情况，如司法警察应值庭，但因为顶替书记员的工作而没有值庭。[①] 这不仅会造成庭审过程没有司法警察的参与，诉讼当事人随意走动交换证据，继而导致法庭程序不合法，而且安全保卫工作也存在隐患。司法警察的工作职能之一是辅助庭审活动，在执行此任务时，其职责带有依附性，是依附于法官的指令而执行的。所以赋予司法警察一定的职权，使其可以拒绝接受与本职职责无关的工作，有利于改善司法警察在其位不谋其政的情况，同时加强司法警察的责任教育。

3. *司法警察的保障体系*

参照前面所述的检察系统司法警察的保障体系，建立法院系统司法警察的统一保障体系，更好地管理分配警务资金，配备管理警用装备，进行统一的在职培训和定期的训练，为司法警察提供必要的物质保障。统一的物质保障体系，更有利于警务资源的调配和统筹规划，为司法警务制度提供强有力的后盾和保障。

【特别提醒】

关于聘用制人员问题。聘用制能有效缓解司法警察缺编的问题，但是《人民法院司法警察条例》用法律明文的形式规定，今后人民法院司法警察必须由拥有国家专项编制的人员担任，并实行警官、警员职务序列。并且《人民法院司法警察条例》对司法警察的编制、准入资格、职务序列、录用、晋升等方面进行了更为科学准确的表述。所以聘用制司法警察所带来的问题将不会出现。但是现有的聘任制司法警察的“出路”

① 见《人民法院司法警察值庭规则》第2条。

问题如何解决，则是一个亟待解决的问题。

【拓展阅读】

法律经济效益是指司法警察执法过程中的收益与成本耗费比较所取得的综合效果。市场经济条件下，以较小的成本获得较大的经济效益的经济学原理，同样适用于法律领域。当代法律的基本使命，不仅讲求法律的公平正义，而且要注重法律的效益性。所以司法警务的资源配置从注重法律经济效益这一观点出发，可以有效地避免社会资源的浪费，用更大的性价比服务于司法警务保障，为司法警察全面履行职责提供了坚强的后盾。

思考题

1. 简述我国司法警察制度的发展。
2. 试述我国司法警察制度的法律依据和职权规范。
3. 简述我国司法警察制度的特征。
4. 试述人民检察院司法警察制度的现状。

第三章
司法警察的职责与职权

【知识目标】

了解司法警察的性质

了解司法警察在司法机关的地位和作用

掌握司法警察权的概念和内涵

【能力目标】

能明确掌握我国司法警察的职责

能准确理解我国司法警察的职责与职权的关系

能明确掌握我国司法警察的职权

第一节　司法警察的性质、地位及作用

一、司法警察的性质

【案例 3－1】

2009 年 9 月 17 日，某市南城区法院审理一起杀人案件，在庭审中，值庭法警向某发现旁听席上有人（穆某）在偷偷对庭审过程进行录音录像，他立即将这一情况报告给审判长。审判长指示法警没收穆某的录音录像设备，但遭到穆某的拒绝，并当庭大声喧哗吵闹。审判长命令法警将穆某强行带离法庭。在法警将穆某带离法庭之后，穆某在法院突发疾病，面色苍白、口吐白沫，倒在地上。此时，法警向某立刻主动将穆某送往附近医院抢救，为他垫付了医药费，并及时通知了法官和穆某的家人。原来穆某从小患有癔症，情绪激动导致此次发病。抢救回来后，穆某主动对自己的违法行为承认了错误。

【问题思考】

1. 本案例中体现了司法警察履行职责时呈现什么样的特点？
2. 如何理解司法警察履行职责的辅助性和主动性之间的关系？

【应知应会】

司法警察属于人民警察，具有人民警察的一般特性，如阶级性、强制性、武装性等。与公安机关人民警察等其他警种相比，司法警察参与司法机关的活动，又有其自身的特性。具体而言，司法警察的性质，可从如下几个方面理解：

（一）职能上的司法性与管理上的行政性

与行政警察日常从事治安、户政等行政管理事务不同，司法警察在司法官的指导下，参与司法活动，日常从事审判和检察的相关事务，其职能具有司法性。司法性是司法警察区别于其他警种的本质特征，也是司法警察的职能与司法机关内的其他辅助人员的职能区别所在。同时，司法警察实行编队管理，实行上级司法警察机关领导下级司法警察工作的领导体制。在管理上，司法警察具有鲜明的行政性，在机构设置上属于行政直属机构。司法警察编队管理的行政性与公安机关人民警察等警种相似，而与司法机关相对独立地履行职责相区别。

（二）职责上的辅助性与制约性

《人民检察院司法警察条例》第 8 条规定，司法警察在检察官的指导下履行职责。强调司法警察履行职责的从属性。虽然新颁布的《人民法院司法警察条例》中取消了第 8 条“人民法院司法警察在法官的指令下履行职责”，但仍然规定：“在法庭审判过程中，人民法院司法警察应按照审判长或独任审判员的指令，对违反法庭规则或哄闹、冲击法庭，侮辱、诽谤、威胁、殴打人民法院工作人员、诉讼参与人或旁听人员，严重扰乱法庭秩序的，依法予以训诫、强行带离、罚款或拘留。”可以看出，新条例仍然肯定司法警察应在法官的指令下履行相应职责。

从理论上来说，司法官是行使司法权的主体，司法警察不属于司法官，当然不能独立行使司法权，只能辅助司法官行使司法权，在司法官的指导下参与司法活动。因此，司法警察并不是行使司法权的主角，其职责有鲜明的司法辅助性。

但是，司法警察的辅助性，并不意味着司法警察完全从属于司法官，是司法官的附庸。司法警察是司法机关的法定成员，在法律地位上与司法官是平等的，其辅助司法官行使司法权是依法履行职责的体现。在履职过程中，司法警察与司法官既互相配合，又互相制约，在辅助司法官履行职责的同时，又监督制约司法官依法履行职责。

（三）职权上的强制性与武装性

人民警察是国家的武装力量，司法警察也不例外，司法警察依法可以配备和使用警械、武器，依法可以采取强制手段和强制措施。作为司法机关唯一的武装力量，司法警察的职责基本属于带有强制内容的事项，具有武装性与强制性的特征。司法警察的武装性实质上表现了警察的暴力作用，他们配备武器和警械，着统一的制式服装；具备良好的军事素质，并具有集中统一的指挥系统和机动快速反应能力的战斗体制。这是司法警察区别于其他一般国家机关的工作人员的重要属性。此外，国家还通过法律赋予司法警察与履行职责相适应的各项强制手段，如强行带离、执行拘传、参与搜查等，以使司法警察有足够的强制力去履行法律赋予的职责。

二、司法警察的地位和作用

【应知应会】

（一）人民法院司法警察的地位和作用

1. 人民法院司法警察的地位

（1）司法警察是人民法院的重要组成部分。其职能和作用对审判工作的保障性是任何一个部门都无法替代的。主要表现在以下三个方面：第一，组织上合法，编制上明确。《人民法院组织法》第 41 条第 3 款明确规定：“各级人民法院设司法警察若干人。”人民法院司法警察是重要的司法审判辅助人员。《人民法院组织法》第三章规定了人民法院的审判人员和其他人员。“审判人员”是指有权审理和判决案件的人员，包括正副院长、正副庭长、审判员和助理审判员。“其他人员”是指除审判人员以外与办理案件直接有关的人员，包括司法警察、书记员、执行员和法医。最高人民法院 1992 年法人第 35 号文件规定：“人民法院专职司法警察按所在法院干警控编数的 12% 配备。”这些规定赋予了司法警察在人民法院的合法地位。第二，组织形式独立，职能分工重要。各级人民法院的司法警察都是一个独立的部门，其职能分工与法院的其他部门有着明显的不同。特别是在保障审判、确保安全、严惩罪犯、捍卫法律的尊严等方面，显示出其独特的作用。第三，审判工作中是配角，警务保障时当主角。司法警察工作的性质和分工决定了其工作的指导思想应是服从并服务于审判工作。的确，从人民法院的全局来看，无疑审判业务庭（合议庭）是审判任务的主要承担者，而司法警察是配合者。但是，司法警察在执行其法定的任务，如提押犯人、值庭（警卫）、安检等工作时，又是主要承担者，在实际警务保障时是主角。

（2）司法警察是人民警察在法院的特殊形式。最高人民法院颁发的《人民法院司法警察条例》称，司法警察是中华人民共和国人民警察的警种之一。其性质是一支准军事性的武装力量，是人民民主专政的工具，是国家机器的重要组成部分，司法警察是以人民警察的身份，从事人民法院赋予的工作，是人民警察在法院的特殊形式。主要表现在如下三个方面：第一，编队管理。司法警察部门的称谓与法院其他部门有所区别，实行的是人民警察的编队称呼，即高级人民法院称司法警察总队；中级人民法院称司法警察支队；基层人民法院称司法警察大队。第二，司法警察实行双重领导制度。《人民法院司法警察条例》第 18 条规定：“人民法院司法警察接受所在人民法院院长和上级人民法院司法警察部门的领导，接受所在人民法院司法警察部门的管理。”这种双重管理体制体现了司法警察在人民法院的特殊性，是人民警察存在于法院之中的特殊形式。第三，司法警察与人民警察一样实行警衔制度。司法警察虽在人民法院工作，但不属于法官系列，实行的是警衔制度。统一的警服，不同的衔级，区分警员之间的上下级关系等。

2. 人民法院司法警察的作用

人民法院司法警察是隶属于人民法院直接管理的一支武装性质的司法力量，其作用主要是维护国家的尊严、保障审判工作顺利进行、保卫审判机关的安全等三个方面。司法警察的日常工作，从其职能上能较好地体现了武装力量的震慑作用，体现了法律的强制作用；从工作的形式上起到了对审判工作的保障作用。

（1）完成法律赋予的神圣职责。《人民法院司法警察条例》明确规定了司法警察的职责，这是法律赋予司法警察的神圣职责，是司法警察在人民法院中的作用与地位的具体体现，也是司法警察武装性质的必然要求。司法警察通过忠实地履行职责，发挥四个方面的作用：

一是押解和值庭，保障庭审作用；二是参与民事强制执行，充分发挥在民事强制执行中的尖兵作用；三是负责安全警卫，确保人民法院和法官安全的作用；四是执行死刑，严惩罪犯，捍卫法律尊严的作用。

（2）司法警察的武装力量作用是人民法院严肃执法的重要保障。其体现在三个方面：①人民法院司法警察代表国家执法，必要时可以使用械具，体现了国家和法律的强制性。法律规定，司法警察在人民法院这个环境中，是唯独可以使用警械工具或武器对罪犯实施强制的人，这种具有法律允许的职权本身就具有强制性和震慑力。②人民法院司法警察自身的优势、灵便的指挥，为制止突发事件的发生奠定了基础。司法警察要有良好的身体素质、较强的对抗能力、快速的反应能力以及克敌制胜的能力。司法警察队伍总的来看还是一支年轻的、充满活力的队伍。特别是近几年随着机构改革、聘任法警制度的出台，队伍战斗力明显提高。③人民法院司法警察实行编队管理、双重领导，可以紧急调警，具有分兵作战、联合作战的机动性。《人民法院司法警察条例》规定："人民法院司法警察实行编队管理"；上级法警部门还有权"协调跨地区的重大警务活动"，这种管理体制在实际工作中对跨地区司法警务协助发挥了积极的作用。

（3）司法警察的窗口形象作用是维护法院为人民服务的形象，提高法院公信度的具体体现。司法警察在人民法院中服务保障的作用和地位，就是法院为人民服务的一个窗口。服务质量的高低，直接影响着人民法院的形象，进而影响司法形象。而法警的形象应是人民法院内部具体形象的标志杆。司法警察统一的着装、严整的警容、刚毅的外表、良好的礼仪，使其在法院内部具有标准形象的作用。司法警察每天都要和许许多多的群众、当事人以及当事人家属打交道，其严格执法、文明服务的形象也有助于对外树立良好的法院形象。

（二）人民检察院司法警察的地位和作用

人民检察院的司法警察是依法设立的武装性质的执行法律监督任务的司法力量。根据《人民检察院组织法》第27条规定，司法警察是人民检察院法定组成人员之一，有着独立的、不可替代的组织建制、工作内容和要求。检察机关的人员构成是由检察员、书记员、司法警察三大部分组成的一个整体，由这个整体来共同担负法律监督的职责和任务。司法警察与检察官作为检察机关内部不同职责的承担者，他们在办案中的关系是：司法警察服务于检察官的职务行为，检察官不能代替司法警察的职务行为。两者统一于法律监督之中，不可厚此薄彼。他们均以监督法律实施为目标，稳定在各自的岗位上，既相对独立，又相辅相成，是一种各司其职、各负其责的平行关系。

虽然司法警察在各级检察院属于辅助型的人员，对检察业务的实质问题没有决定权，但是，司法警察以其特有的工作方式履行着法律赋予的保护犯罪现场、押解犯罪嫌疑人、参与搜查、协助追逃等职责，对各级检察院完成各项检察任务起到重要的作用。主要表现在：一是维护国家法律的尊严；二是保障各项检察工作的顺利进行；三是保卫检察机关的安全。

第二节　司法警察的职责

一、司法警察职责的概念

【应知应会】

（一）司法警察职责的概念

司法警察的职责，是指国家以法律形式确定的，司法警察机关及司法警察依法在其权限、管辖范围内应当承担或履行的责任和义务。警察机关的职责，是由司法警察的性质和任务所决定的。

我国人民法院司法警察的任务是预防、制止和惩治妨碍审判活动的违法犯罪行为，维护审判秩序，保障审判工作顺利进行。人民检察院司法警察的任务是通过行使职权，维护社会主义法制，维护检察工作秩序，保护公民的人身安全、人身自由和合法财产，保护公共财产；预防、制止妨碍检察活动的违法犯罪行为，保障检察工作的顺利进行。

司法警察的职责就是对上述任务的具体化、规范化和法律化。

（二）司法警察职责的特征

1．法律性

司法警察的职责是由《警察法》、《人民法院组织法》、《人民检察院组织法》、《人民法院司法警察条例》、《人民检察院司法警察条例》等有关法律法规明文规定的，具有法律的严肃性，是国家权力机关依照广大人民群众的意志而制定的。因此，司法警察要依法履行职责，且在履行职责时，不受其他任何机关、团体和个人的干涉。

司法警察职责法律性的另一个层次是司法警察职责的程序性。司法警察的业务工作主要是押解、值庭、看管、安检、保护现场、参与搜查等，这些工作都是严格按照程序法的规范来操作的。近年来“两高”相继出台关于司法警察值庭、看管、押解、安检等规则，是司法警察履行职责的法律基础和重要的程序规范。司法警察在履行职责过程中，必须具备一定的法律素质，树立程序公正的观念，严格按照法定程序和操作规程办事，保持严谨的工作作风，避免工作中的粗疏与随意。以司法警察执行押解职责为例，司法警察应当持有办案法官签字，加盖人民法院印章的提押票去羁押场所提押犯罪嫌疑人或被告人，如果没有提押票或是提押票上的内容如提押时间、当事人基本情况存在问题的，司法警察有权将提押票退给办案法官，待法律手续准确完备再去执行。不能不加审查就去执行押解任务，否则将会增加工作的被动性，可能出现需要自己承担的不利的法律后果，甚至会对职业生涯产生影响。

2．有限性

司法警察的职责是有范围的，超过范围，就是越权。以人民法院为例，《人民法院司法警察条例》第 7 条明确规定了司法警察的八项职责，规定了司法警察工作的管辖范围，是法警任务的具体化。相关法规对司法警察的职权与职责作出了具体的规定和界限标准，要求司法警察必须在法定范围内履行职责，为司法警察积极完成本职工作，防止不依法地履行职责，提供了法律上的保障。

司法警察作为在司法机关履行特殊任务的一支警察队伍，其职责有限性的另一层含义是警务活动范围的有限性，司法警察履行职责仅限于司法活动场所以及特定的司法活动事项所涉及的范围，警务活动领域有限，范围不大。但是，这并不排除司法警察也要履行《警察法》所规定的对所有警察都适用的职责要求。《警察法》第21条规定："人民警察遇到公民人身、财产安全受到侵犯或者处于其他危难情形时，应当立即救助；对公民提出的解决纠纷的要求，应当给予帮助；对公民的报警案件，应当及时查处。"司法警察在执行任务时，如果遇到公民向自己报警，或要求解决纠纷时，司法警察不能借口不属于自己的管辖范围而一走了之，应采取必要的处置措施，制止正在发生的违法犯罪行为，同时通知有管辖权的警察进行管辖。

3. 责任性

司法警察必须依法履行职责，如不履行职责或滥用职权，将受到纪律乃至法律的追究。司法警察职责确立了司法警察对国家、对人民在法律上应承担的责任和应尽的义务。司法警察的职责要求人民警察履行职务必须以宪法和各项法律为准则，不允许超越宪法和法律的范围；必须秉公执法，忠于职守。司法警察如不履行其法定职责或者履行职责中因违法而侵犯公民、法人的合法权益，应承担相应的法律责任。

二、人民法院司法警察的职责

【案例3-2】

2011年3月，一当事人携带农药上法院，准备在庭审情势对自己不利时喝农药自尽。无锡市中级人民法院执行安检任务的法警发现后，查获并当场没收农药，及时阻止了一起可能发生的服毒自杀事件。

【问题思考】

1. 司法警察在安检工作中主要有哪些职责？
2. 哪些人或物是安检的重点？

【应知应会】

人民法院的司法警察的日常工作可以划分为三大领域，司法警察在各个不同的领域履行相应的职责。

（一）保障审判的职责

维护审判秩序，保障审判活动的顺利进行是司法警察的首要职责。近年来，由于各类社会矛盾冲突不断加剧，随着大量社会矛盾纠纷以诉讼的形式涌入法院，法院容易成为矛盾集中爆发的场所。全国各地都不时有扰乱法庭、破坏审判秩序的事件见诸报端。诸如诉讼参与人携带管制刀具、农药等危险物品进入法院，准备在审判中发现形势对自己不利时行凶或自杀，甚至发生将法官严重砍伤的事件。还有一些诉讼参加人员（律师、当事人）和其他涉诉旁听人员利用数字录音、录像等高科技手段偷拍、偷录诉讼活动，有的出于个人目的，不如实客观地反映诉讼活动的事实，将偷拍偷录的资料断章取义，剪辑出对自己有用的部分，以此来要挟法院或法官，并由此引起缠诉或闹访。这些事件的发生，使法官的人身安全、法院的审判秩序受到影响，法院形象乃至司法权威受到损害。为了维护法律的权威，保障审判工作的顺利进行，司法警察承担的职责主要有：

1．安检

安检是保护法庭安全的第一道屏障，安全检查是人民法院司法警察根据审判工作的需要依法防止限制物品、管制物品、危险物品进入审判场所，保证参加庭审活动人员的人身安全和审判工作的顺利进行的职务行为。司法警察在执行安全检查时，必须按规定着装，高度警惕，警容严整，一般情况下不少于两个人。通过安检，禁止下列人员和物品进入审判区域：

（1）不允许进入审判场所的人包括：无证件、伪造、冒用他人证件的；未成年的（经法院批准的除外）；有精神病和醉酒的；被剥夺政治权利、正在监外服刑和被监视居住、取保候审的；拒绝接受安全检查或不听从安全检查人员安排的；其他可能妨害法庭审判秩序的。

（2）不允许带入审判场所的物品包括：未经法院允许的各种录音、录像、摄影器材等限制物品；禁止私人携带的枪支、刀具和其他具有类似功能的器械或棍棒等管制物品；易燃易爆物品、强腐蚀性物品等危险物品；其他可能妨害法庭审判秩序的物品。

2．警卫和值庭

警卫是对审判区域外部秩序的保护。司法警察通过流动巡逻等方式对整个审判区域进行大范围的警戒护卫。

值庭是对审判区域内部秩序的保护，是对具体的审判法庭内部的警戒护卫。具体职责包括：警卫法庭、维护法庭秩序；保障参与审判活动人员的安全；传唤证人、鉴定人，传递、展示证据；制止妨害审判活动的行为。

3．押解和看管

押解和看管工作直接为审判工作服务，是审判工作的一个组成部分。司法警察执行押解和看管，除了保障刑事审判工作，押解和看管刑事被告人外，还有保障其他审判工作所执行的押解和看管勤务。如对在看守所、监狱、劳动教养场所的在押人员进行押解和看管，使其能够参加正在进行的民事、行政案件的诉讼活动。

押解是指人民法院司法警察依法强制将被告人从看守所或其他羁押场所押至法庭接受审判后还押看守所或其他羁押场所，保证审判活动顺利进行的职务行为。押解分提押、法庭押解、还押三个过程。

看管是候审期间人民法院司法警察根据审判工作的需要，依法在人民法院羁押室或其他指定地点等场所，对被告人进行看守管理，保证审判活动顺利进行的职务行为。在看管过程中，对被告人一般不使用械具。对重刑犯或有迹象表明可能行凶、脱逃、自杀、自残的被告人，经批准可以使用械具。对重刑犯，应面对面进行看管。

4．执行强制措施

执行强制措施主要是指在诉讼过程中，司法警察采取的一种制止妨碍诉讼行为，排除正常进行诉讼活动的障碍，教育妨害诉讼行为人，预防妨害诉讼行为发生的措施，包括训诫、责令退出法庭、司法拘传、罚款、司法拘留等。

（二）执行生效法律文书的职责

法院的业务工作范畴不仅包括审判程序，还包括执行程序。在人民法院作出生效判决以后，实现生效的法律文书有两种方式：一种是履行，即当事人自动履行判决所确定的义务；另一种便是执行。执行又称强制执行，是指人民法院依照法定程序，对生效法律文书确定的内容，运用国家强制力，依法采取执行措施，强制负有义务的当事人履行义务的行为。法院的执行部门有权对民事案件、行政案件和刑事案件中的财产部分进行强制执行。此外，生效的死刑判决或裁定，也由法院执行。因此，司法警察在协助法院执行部门执行生效的法律文书方面具有下列职责：

1. 执行死刑

最高人民法院、公安部在《关于判处死刑、死缓、无期徒刑、有期徒刑、拘役的罪犯交付执行问题的通知》中指出："对于判处死刑立即执行的罪犯，人民法院有条件执行的，应交付司法警察执行；没有条件执行的，可交付公安机关的武装警察执行。"《人民法院司法警察条例》第7条也规定，人民法院司法警察具有执行死刑的职责。

2. 参与执行

对由法院执行部门强制执行的生效的法律文书，司法警察负责协助执行，这是维护社会主义法制权威的客观需要。在当前，生效的法律文书"执行难"已成为一个普遍性的社会问题，司法警察参与执行，对加大执法力度，解决"执行难"的问题具有重要意义。

最高人民法院在《关于人民法院执行工作的若干规定（试行）》有关执行机构及其职责中规定："执行公务时，应向有关人员出示工作证和执行公务证，并按规定着装。必要时应由司法警察参加。"可见司法警察参与执行工作有其法律依据，是法律赋予司法警察的职责。法院的执行工作实践也证明了司法警察是执行工作强有力的后盾，是一支不可替代的力量。执行工作固然需要耐心细致的法制教育，动之以情、晓之以理，但强制措施是不可或缺的。司法警察参与执行有利于更好地适用强制措施。司法警察所具有的反应迅速、装备先进、威慑力强等特点，使其在参与执行各类案件，特别是暴力抗拒执行的案件中发挥了积极和重要的作用。

司法警察参与执行包含了两方面的职责：

（1）保护协助职责。是司法警察协助执行部门强制执行，包括维护执行现场秩序；保障执行人员和装备安全；看护好被查封、扣押的财产；制止被执行人或其他人员的违法行为。

（2）直接执行。《人民法院司法警察条例》第11条规定："生效法律文书的强制执行中，人民法院司法警察可依法实施搜查、查封、扣押、强制迁出等执行行为。"也就是说，司法警察对财产的强制执行是《人民法院司法警察条例》规定的职责之一。

（三）安全保卫的职责

人民法院是国家审判机关，在打击犯罪、化解民商事纠纷、维护社会稳定等工作中肩负着神圣的使命和职责。但同时，人民法院机关和人员自身的安全却屡屡遭到侵害。近年来，各地都有发生硫酸泼法官事件；湖南某区法院的恶性枪击事件，导致6名法官3死3伤等，都为法院的安全保卫工作敲响了警钟。法院的安全保卫工作涉及司法机关正常的工作秩序、社会的安宁、公共财产的安全和法院工作人员的人身安全。司法警察作为法院唯一的武装力量，安全保卫是司法警察不可忽视的一项职责。

1. 日常的安全保卫

日常的安全保卫是指在日常的工作中，除了司法警察为保障审判活动的顺利进行而实施的保卫措施之外，还具有维护法院机关办公场所安全，维护办公秩序，防范办案安全事故，保障法官的人身安全等职责。它包括机关警卫、重大活动警卫、首长驻地警卫等。

2. 突发性紧急情况的处置

司法警察业务工作的特点之一就是突发性强，工作具有机动性。《人民法院司法警察条例》中也规定，司法警察负有协助维护涉诉信访工作秩序的职责。当在法院内或者法院门口遇有当事人、涉诉信访人员或其他人员实施自杀、自伤等行为时，人民法院司法警察应对其采取约束性保护措施，必要时可移送公安机关，使得人民的生命财产安全免遭损失。

【特别提醒】

在法庭押解中，司法警察应当密切观察被告人的动态。如遇被告人哄闹法庭，行凶、暴动、脱逃等情况时，应全力加以制服或抓捕，并可以根据《中华人民共和国人民警察使用警械和武器条例》的有关规定使用警械和武器。如遇旁听席哄闹、骚乱等突发情况，应严密控制被告人，严格履行法庭押解职能，不得擅自离开岗位。

三、人民检察院司法警察的职责

【案例 3－3】

2012 年 4 月，青岛市检察院法警支队积极整合警力资源，与即墨市检察院法警队组成联合追逃小组，经过缜密侦查和不懈努力，行程五千余公里，历时五天，在新疆伊犁地区成功将一名利用职务之便挪用公款且隐姓埋名、畏罪潜逃 11 年之久的犯罪嫌疑人抓获归案。一起影响较大的犯罪案件的告破，为检察机关顺利查办职务犯罪案件提供了强有力的警务保障；用追逃工作的实际行动，彰显了检察机关惩治腐败、打击职务犯罪的决心和力度；在案发地引起了较大的反响，收到了较好的政治、法律和社会效果。由于抓捕到该罪犯，经深挖细查，此案又获得了重大突破，从涉案 1 人、涉案金额几十万元，扩大到涉案 3 人、总涉案金额 400 多万元，已追回账外资金 300 多万元，为国家挽回了经济损失。

【问题思考】

1. 检察院司法警察主要有哪些职责？
2. 追捕逃犯属不属于检察院司法警察的职责？

【应知应会】

《人民检察院司法警察条例》第 2 条规定，“人民检察院司法警察是中华人民共和国人民警察的警种之一，依法参与检察活动”，进一步明确司法警察的性质是参与检察活动的人民警察。第 7 条以列举的方式规定司法警察的 9 项职责，《人民检察院司法警察执行职务细则（试行）》进一步补充细化，这 9 项职责可以划分为三大工作领域。

（一）刑事侦查中的协助职责

刑事侦查中的协助职责是指在检察官的指导下参与自侦案件的侦查工作，保护犯罪案件现场，参与搜查、勘验、检查，参与讯问，参与调查取证，追捕逃犯，寻找涉案当事人、证人等。司法警察主要依照检察官的指示履行职责，除非司法警察怠于履行职责或履职错误，相应的结果应由检察官负责；司法警察如果认为检察官的指示错误，可向检察官提出意见并向主管领导报告，检察官坚持执行的，司法警察应按指示执行，相应的结果由检察官负责。

（二）执行事务方面的职责

执行事务是指按照法律、司法解释的规定或检察官的指示执行检察事务，如执行传唤、执行拘传和协助执行其他强制措施、执行送达、执行死刑临场监督、执行查封、扣押物品、文件等工作。

（三）安全保卫的职责

维护群众来访场所的秩序和安全，参与处置突发事件是《人民检察院司法警察执行职务细则（试行）》规定的司法警察的9项职责之一，其主要目的在于处置需要司法警察的国家强制力来介入的群体性事件，恢复接待群众来访场所的正常秩序，保障人民检察院控告、申诉工作的顺利进行。在实践中，人民检察院经常会遇到以暴力、威胁方式进行缠访、闹访的群众。负责控告、申诉的检察官以释法说理、情绪疏导的方式往往无法控制局面，只能请求司法警察出面协助。司法警察安全保卫的职责包括维护办公场所安全，维护办公秩序，防范办案安全事故，保障检察人员的人身安全等。

第三节　司法警察的职权

一、司法警察职权的概述

【应知应会】

（一）司法警察权

1. 司法警察权的概念

司法警察权是指由国家授予司法警察机关的依照相关的警察法规范，开展司法警务活动的权力。

2. 司法警察权的特点

警察权属于国家行政公权力的组成部分，司法机关的司法警察的行为代表人民警察的行为。《警察法》赋予了司法警察依法执法的主体资格，司法警察行使权力的特征也具有积极的、主动的、单方性的和非终局性的行政公权特征。司法机关的司法警察所行使的警察权与人民警察相比，司法警察的警察权仅限于与审判、检察活动密切相关的领域，不周延到《警察法》第二章所规定的人民警察的所有职权，其行使警察权不作用于社会广泛性，只作用于审判和检察工作的保障需要，只能在其所在的司法机关和上级司法警察组织的领导下，行使有限的警察权。可见，人民法院司法警察的警察权，是在本院院长（检察长）的领导下，为审判（检察）工作服务，代表人民警察行使保障审判（检察）活动顺利进行的国家行政公权力性质的警察权，其权能表现形式是行政性质，而不是司法性质。

司法警察权大致可以包括：司法命令权、司法官指令实施权、司法指挥权、司法执行权、司法强制权等。

（二）司法警察的职权

1. 司法警察职权的概念

司法警察职权是指司法警察机构及司法警察人员为完成法律赋予的任务，在履行职责过程中所享有的国家权力。司法警察职责的履行，决定其具有神圣的执法权，这种权力是司法警察工作的基本保证。

2. 司法警察权与司法警察职权的关系

司法警察权与司法警察职权是两个既有联系又有区别的概念。司法警察权是一个总概念，是司法警察职权的集合体和抽象；司法警察的职权是司法警察权的具体化，是国家以宪法、法律、法规等形式规定的司法警察机构及司法警察在职责和管辖内实施各项警务活动可以具体行使的权力。司法警务职权由权力主体、权力内容和权限范围三个基本要素构成，它与司法警察机构及警务人员的法律层级、职责和任务相适应，表现出层次性、多样性、广泛性，并随后者的变化而变化。司法警察权作为司法警察机构依法从事司法警务活动的权力，其内容多且复杂具体，有的专业性很强，它必须定位到具体的司法警察机构及其警务人员身上，才能得以实施，因而，司法警察职权是司法警察权的具体配置和转化形式。司法警察权和司法警察职权是一般与个别、抽象与具体的关系。

3. 司法警察职责与司法警察职权的关系

司法警察职权与职责是统一的，表现在两者的终极目标是一致的。在法治的状态下，两者在关系上相互依存，在功能上彼此互补，在数量上完全对应，完整地统一于法律的规范和调整之中。司法警察的职责和职权是由司法警察的性质和任务决定的。司法警察的职责是设定司法警察职权的基础，司法警察的职权是司法警察职责实现的保障。有权必有责，司法警察在拥有职权的同时必须拥有司法警察职责，没有职权的职责和没有职责的职权都是法治精神所不允许的。不仅如此，司法警察职权和司法警察职责还有密切的对应性，两者在量上是等值的，有多少的司法警察职权就必须设定多少的司法警察职责，有多大的司法警察职权也必须有多重的司法警察职责。

二、人民法院司法警察的职权

【案例3－4】

王某和李某因在履行合同过程中发生纠纷，王某将李某起诉至开发区法院，并申请诉前财产保全。某日，法官和法警来到李某的家具店，要求查封库存的成品家具等财产。李某以影响经营为由，提出其在市西区有一处房产可供查封。执行法警见其闪烁其词，怀疑有假，便将计就计，在附近埋伏等待。法警一离开，李某便雇人将店内的大部分财产搬到车上，试图转移财产。待车辆装满后，法警出现在汽车前拦截该车辆，当场从车上清点出床架20个，衣柜20个及其他物品。

【问题思考】

1. 法警是否有权参与诉前财产保全的执行？
2. 本案中法警将计就计的做法对法警的执行工作有何启示？

【应知应会】

根据人民法院组织法、人民法院司法警察条例和人民法院规则等法律、法规的规定，人民法院司法警察依法行使下列职权：

（一）警卫法庭权

司法警察在履行警卫法庭任务时，为了保障审判场所的安全，对进入审判场所的非依法履行职务的人员，有权进行安全检查，对那些不宜进入审判场所或有违法犯罪嫌疑的人员，有权依法进行盘查并采取相应的措施；对违反法庭规则的人员，根据法官的指令，采取强制措施，包括训诫、强行带离、强行收缴等。司法警察依法行使上述职权，以确保审判活动的有序进行。

（二）看押权

看押权的对象是针对在押的犯罪嫌疑人和罪犯所适用的，它包括押解权和看管权，这是司法警察在工作中最大量使用的权力，在实际工作中，由于行使这两项权力时责任重大，危险性极强，所以法警必须要高度警惕，并要主动排除可能发生危险的一切隐患，人员一定要配足，械具要装备齐全。警队领导要严密组织和部署，严防任何事故的发生，并且要积极探讨、研究、实施，对突发事件的处置，做到万无一失，防患于未然。此外，要严禁不文明看管和体罚犯罪嫌疑人或罪犯等行为。

（三）执行拘传和司法拘留权

这是对应审判活动中需要拘传和采取司法拘留而赋予司法警察的职权，执行拘传和拘留时，必须持有院长签发的拘传票和拘留决定书，方可实施。

（四）参与司法执行权

所谓司法执行权是指人民法院依据生效的判决、裁定，依法对财产实施查封、扣押、冻结、划拨和没收的职权。人民法院是唯一能在民事执行过程中行使司法执行权的国家机关。根据有关规定，司法警察也是实施司法执行权的主体。对于具有给付内容的生效法律文书进行强制执行，人民法院司法警察可依法实施搜查、查封、扣押、强制迁出等执行行为，有执行实施权；而在其他的强制执行中，则享有执行现场管理权，包括强制清障、强行拆除、强行驱散等。

（五）执行死刑权

执行死刑权是一种依法剥夺死刑罪犯生命的权力。根据法律规定，司法警察是执行死刑的人员，法律对此有特定的严格的身份要求和法定程序要求。司法警察在行使这一权力时，必须严格按规定的程序办理，精心组织、周密布置，对一切意外、突发事件必须立即处理，防止出现任何事故。

（六）临场处置权

对于扰乱法院审判秩序或工作秩序，危害法院工作人员人身安全和法院机关财产安全或以暴力、威胁或者其他方法阻碍人民法院工作人员执行职务的，司法警察拥有临场处置权，包括控制违法人员、强行带离、强制约束等，并有权进行询问、提取、固定相关证据。

（七）使用警械、武器权

司法警察在执行提解、押送被告人或拘传时，为防止被告人脱逃、行凶、自杀等，可以使用手铐、警绳等械具；司法警察在遇到脱逃、拦劫囚车、抢夺枪支或其他暴力行为的紧急情况时，可依照国家有关规定使用警械；使用警械不能制止或者不使用武器制止可能发生严重后果的，可依照国家有关规定使用武器。

（八）安全检查权

为保障庭审安全，人民法院司法警察对于进入审判场所的非依法履行职务的人员，应当进行安全检查，不得使违禁物品、危险物品等进入庭审现场。对妇女要由女性司法警察来行使安全检查。

（九）其他司法警察权

这是有关司法警察职权的一个未尽条款，由于司法警察权具有行政性，其拥有的一些行政权力不能详尽列出，比如组织一些大型的宣传活动或在进行大型执行活动时，需司法警察实施交通管制权和现场指挥权。还有，司法警察作为人民警察的一支，在执行职务的过程中，也可以享有人民警察法赋予所有警察都可以享有的职权，如紧急征用权和使用权。所以，这一补充是必不可少的。

三、人民检察院司法警察的职权

【应知应会】

人民检察院司法警察的职权与法院司法警察的职权有部分重合之处，也有检察院司法警察特有的职权。根据《人民检察院组织法》、《人民检察院司法警察条例》和《人民检察院司法警察执行职务细则（试行）》等法律法规的规定，人民检察院的司法警察主要享有下列职权：

（一）与人民法院司法警察类似的职权

人民法院同人民检察院的司法警察在职权上有部分重合的，包括看押权、专门场所的警卫权、强制措施的实施权、紧急情况处置权、警械、武器使用权等，在此就不多作赘述。

（二）人民检察院司法警察特有的职权——协助侦查权

在人民检察院自侦案件的侦查过程中，法律赋予了检察院的司法警察协助侦查权。人民检察院的侦查工作主要由依法任命的检察官，即检察员和助理检察员承担，人民检察院的司法警察只是协助检察官对案件进行侦查。在整个侦查过程中，采取每一项法律措施、侦查工作每行进一步的决定权都不是由人民检察院司法警察决定的，而是由该案的承办人，即检察官依法报请批准后进行的。司法警察的协助侦查主要是通过两种方式进行：一种是参与权。参与权就是对侦查工作的各项具体工作，如调查、讯问等，在统一组织指挥下，根据工作需要，人民检察院的司法警察可以配合工作，这些侦查工作，主要由人民检察院的检察官从事，司法警察则处在配合、协助的地位。另一种是执行权，就是在侦查工作中采取侦查措施如现场保护、传唤当事人、拘传、追逃、保护证人等，由人民检察院司法警察直接执行。

【特别提醒】

新《刑事诉讼法》加强了对证人的人身安全保护，虽然没有明确承担该项任务的主体，但根据目前基层司法机关的实际情况，由人民检察机关的司法警察承担起保护证人的职责，具有一定的法理基础和实际可操作性。一方面这是由司法警察制度的设计初衷决定了其核心价值就是保证办案安全，这不仅包括保障办案安全，更应当包括保障犯罪嫌疑人、被告人以及其他诉讼参与人的人身安全。另一方面对于检察机关公诉人来说，把出庭的证人交由本院法警保护，相对于交由公安机关保护更具有可操作性。

【拓展阅读】

司法警察积极参与执行，能够大力推动执行工作。随着公民法律意识的提高和社会主义市场经济的不断发展，大量的民事、商事法律不健全等，使得法院执行工作成为“老大难”问题，也成为社会公众所关注的一个严重的社会问题。由于这个问题长时间未能得到很好的解决，法院神圣的裁判文书成为“法律白条”，执行难现象损害了法院的司法权威和社会形象。解决执行难问题需要社会共同参与，创造一个良好的法制环境。法院应深挖自身的潜力，用足、用好法律所赋予法院的权利和法律措施，应充分发挥司法警察在执行工作中的积极作用，推动法院的执行工作。

人民法院的司法警察在人民法院机构中处于一个独特的地位，其形象更直接地体现了国家强制力。从我国的国情来看，警察长期以来对社会事务的广泛介入，特别是对司法、执行事务的介入，使得司法警察参与法院的执行工作，更能为我国公众的主流观念所接受；从国际上看，如美国法院部分判决执行就是由当事人申请，由警察去执行的。警察参与执行工作，从一个层面上体现了法律的威严，保证了法院裁判的权威性，震慑了部分藐视法律的当事人；从另一个层面上，执行工作不同于审理活动，法官审案强调法官超然公正、中立的立场，是原、被告权益冲突的裁决者，而非权益冲突的一方。案件一旦进入执行阶段，担负着执行工作的人民法院和被执行人之间处于对立的地位。如果由原来处于中立地位的法官执行案件，执行工作的强制性、独立性与法官的公正、中立的形象就可能发生冲突，甚至会造成公众对法官公正、中立形象的怀疑和否定，而执行工作的强制性与司法警察的地位角色更加吻合。司法警察积极参与执行，往往会起到事半功倍的效果。

思考题

1. 司法机关的司法警察的职责与职权的关系是什么？
2. 法院司法警察的职责与职权有哪些？
3. 检察院的司法警察有什么样的职责与职权？

第四章
司法警察警务活动原则

【知识目标】

掌握司法警察警务活动原则

掌握司法警察警务活动原则的内涵及其特点

【能力目标】

能正确理解政治优先原则和国家优先原则

能在警务活动中正确地运用法律优先与司职优先原则

能在警务活动中正确区分和运用纪律优先原则和效率优先原则

第一节 政治和国家原则

警务活动是警察和警察机关履行自己的法定职责时所开展的业务与勤务活动的总称。不同警种的警务活动各有其特殊的规范要求和法律限制。作为人民警察独立警种之一的司法警察，是人民法院、人民检察院的重要组成部分，肩负着为国家审判机关、国家检察机关保驾护航的任务。司法警察的警务活动以人民法院、人民检察院工作为中心，开展业务和勤务活动，其行为具有强制性、执法性、公务性，必须遵守司法警察的警务活动原则。司法警察的警务活动原则是司法警察履行法定职责所依据的法则，是警务活动决策时应当共同遵循的基本准则，也是各级指挥官在决策、指挥实践中应当把握的基本宗旨和方向。

【案例 4 - 1】

2012 年 6 月，A 市东城区法院在对本院判决的一起民事案件中，对某厂的财产进行强制执行时，不明真相的工人在别有用心的抗法者的煽动下，对执行的法官和法警进行了围攻。由于参与围攻的人数较多，2 名执行法官的人身自由受到了限制，仅有的 2 名法警的力量不足以应付。法官打电话回法院求助，但此时东城区法警队已经没有多余的机动警力，于是，东城区法警队立刻打电话向 A 市中级人民法院法警支队求助，中院法警支队立刻派出由 8 名法警组成的队伍前往支援，成功地将被围困的法官和法警救出。

【问题思考】

1. 此次中院法警的出警体现了司法警务活动的什么原则?
2. 这种警务协作的主要形式有哪些?

一、政治优先原则

【应知应会】

(一) 政治优先原则的内涵

政治优先原则，即政治利益原则。邓小平认为，社会主义国家的政治利益，集中体现在坚持四项基本原则，反对资产阶级自由化，保护政局稳定，保持社会稳定，促进民族团结，坚持政策的连续性，不断推进社会主义的民族法制建设，在党的领导下积极稳妥地推进政治改革。

警察与政治是紧密相连的。警察是国家机器的重要组成部分，它是人类社会发展到一定阶段，伴随国家的产生而出现的；它是实现统治阶级政治统治的有力工具。任何把警察游离于政治之外，把它归类到“公益性”、“福利性”、“全民性”范畴的做法，都是幼稚的、违背科学规律的。从警察的本质属性出发，警察是国家机器的重要组成部分，维护本阶级最高的政治利益是其天职。政治优先原则要求在策划和实施警务活动的过程中，始终要保持敏感的政治嗅觉，把维护政权和政治的稳定列为首要任务，不仅不准危害国家的政治利益，而且要通过自己的警务活动，对一切危害国家安全、政治稳定及统治阶级利益的行为予以有力的干预、制止、镇压。在维护国家政治利益时，警察应当冲破一切可以冲破的束缚，义无反顾地去实现本阶级的政治目标。保持高度的政治敏感，强化政治嗅觉，坚持维护国家政治稳定，是警务活动决策的首要准则。统治阶级的政治利益，在不同时期内容也会发生某些变化。在我国现阶段，发展生产力、发展经济、增强综合国力是全党的工作重心，为经济建设创造稳定的政治环境和安定的社会环境，就成为警务活动的重心。

无论警务活动的重心随形势变化而出现什么变化，它最终都是由“政治优先”原则派生的，是针对特定时期统治阶级的特定政治需要而产生的警务活动具体目标。具体目标可以随形势而变化，但政治优先原则是永远不变的。如果偏离了这个原则，警察就改变了本质属性，它也就没有存在的必要。政治优先原则体现在司法警务工作中的核心，就是坚持党对司法警察工作的绝对领导。具体体现在：第一，党对司法警察工作的绝对领导，是指司法警察工作的领导权属于中国共产党，在我国的各种政治力量中，只有中国共产党领导司法警察工作。第二，司法警察服从中国共产党的领导具有绝对的、无条件的、全面的意义。绝对不允许出现司法警察以任何借口或利诱来削弱、摆脱、抵制或损害党的领导的现象，这是党对司法警察工作领导的无条件性；同时，司法警察要全面地接受党的政治领导、思想领导、组织领导和工作领导，这是其全面性。第三，司法警察应接受各级党委对司法警察工作的实际领导。

(二) 新时期如何加强司法警察思想政治工作

思想政治工作是实现党的领导的一个重要途径。人民法院、人民检察院是国家的审判机关、监督检察机关，保障改革、发展、稳定和社会主义经济建设的健康发展是法院、检察院的中心任务以及工作大局。加强司法警察的思想政治工作就要坚定不移地围绕中心，服务于审判、监督检察工作，服从于审判、监督检察工作。

1. 党组重视是加强司法警察思想政治工作的前提

司法警察肩负着保障人民法院审判、人民检察院监督工作和其他各项工作顺利进行的重要使命，与人民法院、人民检察院的各项工作息息相关，是人民法院、人民检察院的一支武装力量，是国家法律的捍卫者。同时，担负着预防、制止和惩治妨碍审判、检察监督活动和执行中的违法犯罪行为。司法警察不仅要有较高的专业技能和法律知识，更重要的是要有过硬的政治素质和良好的工作作风。

司法警察的队伍建设、思想建设、作风建设要列入各级法院、检察院法警部门的议事日程中，坚持“从严治警，从优待警”的原则，从抓好司法警察思想政治工作和职业道德教育入手，有计划、有目的地结合法警工作的性质、任务、特点开展政治思想教育，对队伍中存在的各种消极思想，有针对性地、深入细致地开展法警职业道德教育。

2. 健全制度是做好法警思想政治工作的基础

健全制度，是为了保障审判、监督检察活动，而抓好司法警察的思想政治工作，则是保障审判和监督检察的基础。要建设一支“政治合格，品格优良，作风过硬，纪律严明”的法警队伍，首先，是要加强政治理论和法律知识的学习，学习邓小平理论和“三个代表”重要思想，学习党的十八大会议精神，积极开展各类司法警察职务行为检查活动，把党风廉政建设教育和职业道德教育作为首要的学习任务，并形成制度，使每个干警都能树立正确的人生观、世界观和价值观，增强干警的光荣感、使命感，养成警容风纪严整，执行任务坚决，完成任务迅速的工作作风，从而提高执法水平，提高在履行职权中观察、防范的能力，提高对违法人员的控制、强制约束的能力，提高对突发事件中的快速处置、平息的能力，充分展示司法警察的良好形象，适应司法工作的需要。其次，是进行一系列制度的建设，用制度来管人，用制度来教育人，用制度来约束人，使其达到管之有据，管之有力，管出水平，管出效益，管出成绩的目标。通过制度建设、思想建设和规范化管理，全体干警都形成心往一处想、劲往一处使，发扬遇见困难不叫苦、不怕累的精神，增强队伍的战斗力和凝聚力。

3. 落实措施是加强司法警察思想政治工作的保证

贯彻落实各项措施，是加强司法警察队伍建设、作风建设的重要保证。规章制度太多，不加强落实，不贯彻执行，就形同虚设。要结合法院与检察院开展的“公正与效率”司法大检查，“司法公正树形象”和“司法警察职务行为检查”等活动，认真贯彻落实各项措施。一是认真学习“五条禁令”，明确“五条禁令”在司法警察工作中所包含的内容及违反禁令可能造成的严重后果，提高干警对执行“五条禁令”的思想认识。二是认真排查，结合最高人民法院于2012年12月1日新颁布实施的《人民法院司法警察条例》，最高人民检察院颁布实施的《人民检察院司法警察条例》来开展司法警察职务行为检查。三是签订各种责任书，司法警察与大队负责人，大队负责人与分管院长签订执行“五条禁令”、“目标管理”、“党风廉政建设”等责任书，并自觉接受社会各界、院纪检、监察部门的监督。四是建立机制，提高认识，为落实各项措施提供重要的保证。

二、国家优先原则

【应知应会】

（一）国家优先原则的内涵

国家优先就是国家利益优先。国家利益，是一个高度抽象的概念，主要分为对内和对外两重含义。对内是相对于个人利益、集团利益和区域利益来说的，国家利益是一个国家民族和人民的整体利益的体现。对外是指一个主权国家在国际社会中生存利益和发展利益的总和。现代国际社会研究的国家利益更多的是着眼于在国际关系中的国家地位、国家生存和发展的利益。

（二）国家利益的特征

按照马克思主义国家学说的观点，国家利益都具有民族性、阶级性、多维性、动态性和至上性的特征。

1．国家利益的民族性

国家利益的民族性是指国家利益要充分反映全民族的意志和需求，体现本民族独特的传统、信仰和价值观念等，并得到国内民族的理解和认同后才能确立。民族利益是国家利益的本源，国家利益是民族利益的集中体现，包括多民族国家中各民族的整体利益。在现存的国际公法条件下，只有维护国家利益，各民族的利益才得以维护，境外的本民族成员的利益才有保障。

2．国家利益的阶级性

国家利益的阶级性是指国家利益往往体现的是占国家统治地位的统治阶级集团的利益，国家决策者作为一个国家在形式上的“代表”，把维护统治阶级的政治制度和意识形态等视为国家利益，并体现在对内对外的政策之中。如果这个统治集团是一个能够代表这个国家最广大人民群众利益的代表者，那么其国家利益的人民性和阶级性是统一的；如果这一统治集团仅仅代表着少数统治阶级的利益，那么其国家利益则是狭隘的、极端自私的，其所奉行的对外侵略武力扩张的国家利益拓展也是违反国际通行准则的。

3．国家利益的多维性

国家利益的多维性是指国家利益的存在既反映了一个国家各民族、各个阶层、各个团体、各种势力的共同利益需要，也反映了一个国家在人类社会各个领域的利益要求，不仅包括陆域、空域、海域、太空、电磁空间的有形利益，也包括一个国际的主权、发言权、参与国际事务的权力等无形利益要求。

4．国家利益的动态性

国家利益的动态性是指在不同的历史时代和不同的国家环境下，国家利益的构成和构成要素的重要程度是可变动的。从陆地走向海洋、大气层、深层空间是人类生存的四大步骤，随着航空、航海、航天及信息技术等现代科学技术的飞速发展，人们认识国家利益的视野也有了极大的拓展，开始从一维空间转向陆地、海洋、天空、太空、电磁等多维空间，关注的重点也从生存利益向发展利益转变。

5．国家利益的至上性

国家利益的至上性是指国家利益是处理国际事务的基本准则，关系到民族生存、国家兴衰，应当成为处理国家间关系的最高准则。邓小平曾明确提出：“考虑国与国之间的关系主要应该从国家自身的战略利益出发，着眼于自身长远的战略利益，同时也尊重对方的利益，而不去计较历史的恩怨，不去计较社会制度和意识形态的差别。”这一论断是马克思主义国家利益学说在当代的最新阐述。

（三）司法警察在工作中怎样坚持国家优先原则

警察是国家机器的重要组成部分，它代表国家行使职权，因而在策划和实施各种警务活动时，必须把维护国家整体利益放在优先地位。司法警察是国家审判机关和监督检察机关的重要组成部分，代表国家行使职权。人民法院司法警察的任务是预防、制止和惩治妨碍审判活动的违法犯罪行为，维护审判秩序，保障审判工作的顺利进行；人民检察院司法警察的任务是通过行使职权，维护社会主义法制，维护检察工作秩序，保护公民的人身安全、人身自由和合法财产，保护公共财产；预防、制止妨碍检察活动的违法犯罪行为，保障检察工作的顺利进行。在执法工作中，必须坚决服从本国的法律、政令和指挥，自觉维护国家的整体利益。警察永远是国家利益的忠实捍卫者。

目前，我国正处在由计划经济向市场经济转轨的阶段，国力尚不充裕而经济发展又不平衡，导致某些地方的局部利益同国家整体利益存在一些矛盾，而这些地区的、局部的利益可能同当地警察机关、警察个体的一些切身利益密切关联。警察机关如果不能从实质上脱离地方利益的保护，履行法定职责的条件就会受到制约，那它就不会完全遵循警务活动的国家优先原则，这对于国家的政权建设和法制建设是极不利的。

司法警察工作的开展也要遵循国家利益、整体利益优先的原则，其中一项重要的表现就是加强区域间警务协作。

区域间警务协作是指，根据审判和执行工作的需要，经法院领导批准，辖区周边多个法院之间，在执行警务任务过程中，在人员、装备及其他方面予以协助、支援、保障或者根据外地法院的请求代替完成某项警务任务的司法活动。

在市场经济高速发展和大力构建和谐社会的大环境下，经济市场向多元化、利益化方向发展，人们的经济往来不断扩展，法律意识不断增强，在合法权益受到侵害时要求采取诉讼方式解决的案件会不断增多。在这样的情况下，人民法院司法警察执行任务的区域和困难也就会增大，跨地区的警务活动也会增多。因此必须充分认识开展区域间警务协作的重要意义，强化法院之间、警队之间的协作意识，充分借鉴公安机关办案协作的做法和经验，确立高效的协作机制，建立和完善协作措施，强力推进警务协作工作的开展。

1. 区域间警务协作的主要内容

作为一项重要的司法活动，区域间警务协作的形式大致可以分为三种：一是辖区内平级法院法警队之间的协作；二是辖区内上下级法院法警队之间的协作；三是跨辖区的警务协作。根据人民法院司法警察所担负的任务，以及在实际工作所遇到的情况来分析，区域间警务协作的主要内容有：查封、扣押财产；异地执行司法拘留；协助维护执行现场秩序；解救被围困的执行法官；护送执行法官和被执行财产出境；群体性抗法事件的处置；提供交通工具和警用装备；交流警务工作经验；对法警工作的理论问题进行研讨等。对于上述情况，只有充分有效地发挥区域间警务协作形成的新合力，才能形成强大的威慑力和执行力，使依法进行的公务活动得以顺利进行，从而维护当事人的合法权益，平息各种突发事件，维护法律的尊严、法官的形象和社会的公平正义。在这里，警务协作主要是协助方根据被协助方的请求和案件的实际需要，提供必要的、精干的警力和良好的装备，形成“异地执行公务有难，当地法院支援”的执法局面，形成一个强有力的执行体，这样就能比较好地克服各种困难，防止出现不良后果，保证任务的完成。

2. 加强区域间警务协作的原则

在明确区域间警务协作重要意义的基础上，要不断完善警务协作的措施，坚持警务协作的原则，充分发挥协作双方的积极性和主动性，高质量地完成警务任务。要做好区域间警务协作工作，必须坚持以下四项原则：一是用警就近的原则。即在协作时，迅速调动距离执行地或事发地最近的法院的法警参与配合和协助，避免由于距离远、调警时间长而耽误战机。二是确保高效的原则。即协作双方要相互支持、相互配合，发挥协助一方的优势，确保快速出警、措施到位、高效率完成任务。三是快速保障的原则。即协作方要根据被协作方的申请和要求，排除各种困难，积极准备，快速行动，提供最强的警力和良好的装备给予支持和保障，尽到、尽完、尽好协作方的职责。四是严格依法原则。即进行协作时，要严格遵守相关的法律规定和制度，明确责任界限，文明执法，做到有理、有利、有节，严格落实各种法律手续，防止在程序上出现瑕疵，造成执法不公，产生不良后果。

第二节 法律和纪律原则

一、法律优先原则

【案例 4－2】

司法警察王某在某日接到法警队队长李某的命令，让其去执行机关警卫任务。王某认为队长的命令有误，他们平时都是每两天轮班一次执行机关警卫任务，而自己昨天刚刚执行过这一勤务。于是，王某没有去大门执勤，而是继续待在办公室，准备等会见到队长时再告诉他其命令有误。

【问题思考】

1. 王某的行为对吗？有无违背什么原则？
2. 遇到类似的情况，王某应该怎么做才是正确的？

【应知应会】

（一）法律优先原则的内涵

“法律优先”或称“法律优越”，要求行为不得超越于法律之上，不得与法律相抵触。其基本含义是行为与法律“不抵触”，不得违背法律法规。

法律是上升为国家意志的统治阶级意志，司法警察在警务活动中坚持法律优先原则，就是把本阶级的、党和国家的最高意志列为警务活动的首要目标，它包括坚决维护法律秩序和严格依法办事。我国《宪法》第 5 条规定：“一切国家机关和武装力量、各政党和各社会团体、各企业事业组织都必须遵守宪法和法律。一切违反宪法和法律的行为，必须予以追究。”“任何组织或者个人都不得有超越宪法和法律的特权。”《警察法》第4条规定：“人民警察必须以宪法和法律为活动准则，忠于职守，清正廉洁，纪律严明，服从命令，严格执法。”2012年12月颁布实施的《人民法院司法警察条例》第5条规定：人民法院司法警察必须以宪法和法律为活动准则，全心全意为人民服务，忠于职守，清正廉洁，服从命令，严格执法。这些都充分诠释了人民警察的核心价值观。

司法警察机关是重要的执法机关，保护公民的人身权利和其他合法权益，打击犯罪活动是其重要的执法职能。在履行自己职务的活动中，必须模范地遵守国家法律法令，严格依照法律程序办事。为了保证警察本质职能的充分发挥，从有利于高效打击犯罪和有效维护社会安定的角度而言，应当尽快完善警察职能和权力的立法，在法定范围内强化执法力度，维护法律的严肃性。同时必须严格立法，任何警务活动都必须遵守法治原则。

（二）司法警察在执法工作中如何坚持法律优先

1．忠于职守

忠于职守就是忠诚，忠诚于国、忠诚于民，是价值之魂，做信仰的坚定拥护者。忠诚是人民警察的精神核心，是警察队伍不倒的旗帜、不灭的灵魂。人民警察要永葆忠于党、忠于祖国、忠于人民、忠于法律的政治本色和价值取向，因为忠诚是价值观的“核心和灵魂”，是每一位人民警察一生中最重要的政治要求和最根本的道德标准，也是最高的价值取向和政治信仰。我们强调忠诚，是因为忠诚是一个人、一个组织乃至一个民族最重要的精神品质，是个人成功、组织发展和民族存亡的关键所在。

忠于职守就是爱岗敬业、任劳任怨、无私奉献、敢于牺牲，这是价值之基，做无私的坚定倡导者。人民警察是一支担负维护国家长治久安，保障人民安居乐业的武装力量，时刻面临着血与火的考验。因此，特殊的工作性质也就决定了警察必须具备无私奉献的精神。把无私奉献作为警察事业的价值取向，就要求警察首先把奉献当成一种责任，随时献身使命，立足本职，爱岗敬业，履行人民警察的神圣职责。

2．清正廉洁

清正廉洁就是廉洁奉公、明公正气，这是警察价值之源，做倡廉的坚毅实施者。孔子曰：“其身正，不令而行；其身不正，虽令不从。”人民警察要坚定理想信念，正确认识和使用权力，做到廉洁自律，作风正派。清正廉洁体现在两个方面：一是要自觉珍惜和维护国家、警队的荣誉，视荣誉重于生命。崇尚荣誉一旦成为警察的价值追求，对其个人的廉洁自律和警察队伍的建设及发展都会产生巨大的推动力量。二是要树立正确的廉洁观。时时处处都要牢固树立反腐倡廉思想，在执法中不越位、不越线、不越权，本着对组织和工作负责任的态度，克己奉公、防腐拒贿，清白做人，廉洁从警，在警营这块热土上实现自身的崇高价值。

3．严格执法

严格执法，就是要严明法律，做到严厉、公平、公正，正气凛然，这是价值之径，做法律的捍卫者。严格执法体现在两个方面：一是要求执法人员必须秉公执法，严肃执法，严格按照法律规定和程序办案，真正做到以事实为依据，以法律为准绳；二是要求执法人员必须尽职尽责，对发生的违法行为勇于纠正并依法处罚，不搞态度执法、关系执法、人情执法，做到有法必依，执法必严，违法必究。

二、纪律优先原则

【应知应会】

（一）纪律优先原则的内涵

纪律是在一定社会条件下形成的，一种集体成员必须遵守的规章、条例的总和，是要求人们在集体生活中遵守秩序、执行命令和履行职责的一种行为规则。职业纪律是在特殊的职业活动范围内从事某种职业的人们必须共同遵守的行为准则。它包括劳动纪律、组织纪律、财经纪律、群众纪律、保密纪律、宣传纪律、外事纪律等基本纪律要求以及各行各业的特殊纪律要求。

司法警察是武装性质的国家司法、护法力量，它具有很大的攻击性和强制力，它是一支准军事化的队伍，代表国家行使公权和镇压职能。司法警察机关靠铁的纪律保证其依法行使职权，靠铁的纪律凝聚强大的战斗力。司法警察和司法警察机关应当把纪律看成自己的生命。

（二）职业纪律的特征

1．纪律的历史性

纪律作为一种人们的行为规则，是伴随着人类社会的产生而产生，伴随着人类社会的发展而发展的，因此具有历史性的特点。在原始社会里，人们在共同生活中养成集体行动的习惯。他们总是成群结队地寻食打猎，如果没有一定的行为规则，就无法进行协同活动，甚至连抵御野兽的侵袭也不可能。所以纪律就作为人们的习惯而产生。随着生产力的发展，特别是随着大工业革命的到来，生产越社会化和现代化，分工越精密，协作越广泛，纪律就越重要、越发展。例如，在警察处置群体性突发事件的过程中，需要各个警种的协同作战，需要社会各个部门的配合，没有纪律、制度、规范、程序，就难以达到好的处置结果。由此看出，纪律的演变标志着人类的进步。

2．纪律的阶级性

纪律既然随着人类社会的发展而发展，那么，当人类社会出现阶级以后，纪律就必然打上阶级的烙印。纪律是统治阶级的权力和意志的体现，各阶级总是按照他们的需要，运用手中的权力，制定出一定的纪律。所以，纪律在阶级社会里具有鲜明的阶级性。

3．纪律的强制性

纪律既然是维持人们一定关系的规则，要求一定集体成员必须执行，那么，它就必然带有强制性。纪律是以行为的限制、以服从为前提的。无论是象征着统治阶级权力和意志的政治纪律，还是反映社会化大生产规律的各行各业的职业纪律；无论是维护社会正常秩序的规章制度，还是机关团体的各种公约章程，都具有强制性。一个集体组织的纪律一经制定，每个成员就必须执行，违反了纪律，就要受到批评或者惩罚。

（三）司法警察纪律的内容

人民警察纪律是指由法律规定的，对人民警察实施的禁止性纪律规范，要求人民警察承担不得作出一定行为的义务。《警察法》第22条，对人民警察必须遵守的纪律作出12条禁止性的规范，明确了警务人员不得作出的行为，它同样也是司法警察应当遵守的纪律规范。

根据《警察法》第22条规定，警察的纪律有以下几个方面：

（1）不得散布有损国家声誉的言论，不得加入非法组织，不得参加反对国家的集会、游行、示威等活动和罢工。这是警务人员应当遵守的政治纪律，它要求警务人员必须坚持党的路线、方针、政策，坚持四项基本原则，在政治上同党中央保持高度一致，不准参加与支持罢工、罢课、游行、请愿活动，以保证警务人员政治思想上的纯洁性。

（2）不得泄露国家秘密和审判工作秘密。国家机密是指关系到国家的安全和利益，依照法律的规定在一定时间内，仅限一定范围的人员知悉的事项。警务人员因职务关系较多地接触国家机密，一旦泄密必然会给国家利益造成危害。审判工作秘密是指在审判活动中限于一定范围人员知悉的事项。泄露审判工作秘密会对审判活动带来不良的后果，也可能给违法犯罪分子可乘之机，给国家和人民利益造成严重危害。

（3）不得弄虚作假，隐瞒案情，包庇、纵容违法犯罪活动。弄虚作假，隐瞒案情通常是某些警察为了一己私利或者为了推卸责任，用虚假事实欺骗领导和群众，使之相信虚假为真实的行为，其结果包庇、纵容了违法犯罪活动。司法警察在执行警务的过程中，要对事实负责，对法律负责，无论出于何种动机，都不得弄虚作假，隐瞒案情，包庇、纵容违法犯罪活动，不得使违法犯罪分子逃脱法律制裁。

（4）严禁刑讯逼供或体罚、虐待人犯。司法警察人员不得因犯罪嫌疑人的特殊地位，而无视其公民的基本权利。刑讯逼供或体罚、虐待人犯是封建司法制度的产物，是野蛮、愚昧、落后的象征，是违反人道、违反司法公正的举动，必须严加禁止。

（5）严禁非法剥夺、限制他人人身自由，非法搜查他人身体、物品、住所或者场所。非法剥夺、限制他人人身自由是指违反法律规定，以限制他人人身自由的方式，将相对人监禁在一定处所的行为。这是滥用职权，对法律置若罔闻，侵犯他人人权的严重违法行为。非法搜查他人身体、物品、住所或者场所是指不严格履行法律手续而搜查他人身体、物品、住所或者场所的行为。在我国，公民的合法权利受宪法的保护，《警察法》的这一规定，正是宪法精神的体现，任何人都不得违反，否则将受到法律的严惩。

（6）严禁敲诈勒索或者索取、收受贿赂。敲诈勒索是指实施威胁或者要挟的方法，向相对人强行索要财物的行为，索取、收受贿赂是指利用职务上的便利，要求他人提供某些好处、钱财或非法收受、获取不正当利益的行为。

（7）不得打人或者唆使他人打人。公民的人身权利不受侵犯，无论是打人的直接行为，还是唆使他人打人的间接行为，都是法律所禁止的。公民的人身权利是宪法赋予公民的一项重要权利。司法警察应当保护这一权利。

（8）不得违法实施处罚或者收取费用。司法警察在执行公务中，不得滥用手中的权力在办案中乱收费、滥施处罚。当前法院有乱收费、乱拉赞助的现象存在，这一现象虽与司法警察不一定有直接关系，但也不能放松相关教育，须防患于未然。

（9）不得接受当事人及其代理人的请客送礼。司法警察不得利用职务之便，接受当事人及其代理人的请客送礼，受人之托去影响、说服法官办“关系案”、“人情案”、“金钱案”，甚至索贿受贿、徇私枉法；违法查封、扣押财产，违法办案，违法执行；或是参与地方保护主义，偏袒本地当事人，侵害外地当事人的合法权益等。

（10）不得从事营利性的经营活动或者受雇于任何个人或者组织。由于职务的特殊性，要求司法警察不得超越职务范围从事营利性经营活动，或者受雇于任何个人或组织。

（11）不得玩忽职守和不履行法定义务。玩忽职守是严重不负责任、疏于职责的行为。司法警察如果玩忽职守和不履行法定义务将会给国家安全、利益或公民的生命、财产带来巨大损失。例如司法警察在值庭时，应当遵守法庭纪律，精神集中，举止端庄，行为文明，态度严肃。不得擅离岗位、玩忽职守，不得让无关人员接触当事人，不得侮辱或变相体罚当事人以及实施其他妨害审判活动的行为。

（12）不得有其他违法乱纪行为。

司法警察的纪律优先原则第一重含义是要求司法警察作为武装性质的纪律部队，必须自觉接受纪律约束，保证有统一的意志和统一的行动，以增强向心力、凝集力和战斗力。这是成就价值之保障。纪律优先原则第二重含义是服从命令。服从命令就要遵照指示做事，对上级的命令和决定，不折不扣地执行，这是人民警察的天职，是必须坚守的职业精神，是警察职业价值的要求。只有服从命令，听从指挥，人民警察才能够真正肩负起新时期的政治责任，成为和平时期共和国的钢铁长城。作为人民法院、人民检察院的司法警察，就是要一切行动听从指挥，做到有令必行，有禁必止，保证警令畅通，使上级的命令和指示得到迅速有效的贯彻执行。

第三节　效率和司职原则

一、效率优先原则

【应知应会】

（一）效率优先原则的内涵

长期以来，效率这一价值范畴主要是自然科学和经济学研究的对象，随着社会经济文化的深入发展，法律同社会经济生活的联系越来越紧密，法律已无法回避接受经济功利规则的影响与支配。

警务决策中的效率优先，主要是指警察机关的快速反应能力。在需要的时候，保证在很短时间内使自己的职能作用有效发挥。警察机关的性质和任务决定它必须讲求高效率、高速度，这也是警察机关不同于其他行政机关的重要特征。作为警务活动的决策者，要懂得效益分析，在使用警力、设备、资源上追求两个高效的统一。如果不能统一时，首先必须坚持高效率，以保证政治优先、国家优先原则的贯彻，不能片面强调效益而贻误战机。

以法院司法警察的业务工作为例，司法警察效率优先原则包含着三个层次的内涵：第一是围绕审判工作这一中心，全面做好保障工作、参与执行工作，并保证及时、准确、时间和速度的层次。执行程序要尽量缩短办案周期，迅速排除执行障碍，在单位时间内实现司法目的或司法审判工作的要求。第二是成本和效益层次。以执行案件为例，债权人启动执行程序，其首要的目的是实现债权。在法院的执行案件中，绝大多数案件是以金钱给付为内容的，这就必然涉及债权人实现债权的成本与效益。此外，司法资源也是有限的，面对法院庞大的刑事案件的审判、民事案件和经济案件的执行，要求司法警察部门要合理配置警力资源，以最低的司法成本实现保障审判和执行的目标。第三是效果和功能层次。通过押解、值庭、安全检查、执行措施的采取，确保审判工作、生效法律文书所确定内容的实现，即法律效果，并以此提高社会诚信度，维护司法权威和法律的尊严，促进经济发展和社会稳定，即政治效果和社会效果。

（二）司法警察要正确认识效率优先原则

1．*效率优先原则并不排斥司法公正这一主题*

公正与效率是21世纪人民法院的工作主题，是我国构筑现代司法制度的核心价值，也是树立新的司法理念的一个核心内容。公正与效率在不同的时期，不同的阶段和程序，根据社会利益实现的变化而此消彼长。1983年“严打”斗争中所提出的“依法从重从快”精神，就体现了当时审理刑事案件贯彻效率优先的原则。但是，这并不能排斥刑事审判工作必须坚持依法、公正的基本要求。执行工作追求效率优先，最基本的要求就是执行人员要在法定时间内最大化地完成法律规定的任务的启动、实施等程序要求，保障审判、监督程序的有序进行。如果在围绕审判监督服务性工作的过程中，由于当事人或案外人所享有的法定权利无法得到保护而造成执法错误，就会造成司法资源的浪费，则是一个没有效率的执法。同时，公正本身也包含了效率，一个不讲效率的司法不可能是公正的司法，正所谓“迟来的正义为非正义”。公正与效率的相互交叉融合，并不等于两者没有矛盾。效率注重于速度和效益，而公正着眼于过程和结果，两者从不同的出发点出发作用于同一对象，矛盾必然产生。因此，我们应在公正与效率面前，权衡各种利益进行选择，力求两者之间的平衡。

2．*司法警察工作的性质和特点决定了效率优先原则*

司法警察工作效率优先原则是由司法警务活动的性质和特点所决定的，它体现着警务的价值取向和警察制度的目的与理想。无论是警察权力的确定性，还是司法警察职责与警务程序所追求的价值目标，司法警察警务执行程序与审判程序都是不同的。审判程序需慎重地确认当事人之间的权利义务关系，因此，它更多地追求公正。而司法警察警务活动执行程序则是要实现司法公正的保障，故在公正与效率之间倾向于效率。换言之，司法警察应当奉行效率优先原则。

3．*社会的发展、市场经济的千变万化，要求司法警察工作必须贯彻效率优先原则*

司法作为社会调整系统的一个组成部分，其性质、作用和目标最终受制于并服务于社会整体。随着经济的发展，特别是我国加入WTO以后，我国经济正逐步融入国际经济之中。市场经济也随着全球化步伐的加快变得更加瞬息万变、风云莫测。这些发展和变化决定了警务工作必须适应于、服务于我国经济发展的状况。警察执法工作以国家强制力作后盾；以实现审判、监督场所安全，服务于审判、监督工作的需要；以保障审判、监督工作顺利进行为首要目的，以维护社会公正为己任，都要求司法警察工作必须贯彻效率优先原则。

二、司职优先原则

【应知应会】

（一）司职优先原则的内涵

司职优先原则是指警务活动必须在法定的范围内，以法定的方式进行，不得超越权限，滥用警力，它是由“法律优先”派生的。警察机关作为国家机器的组成部分，整部机器的良性运转，要靠各部门职能作用的良性发挥。各司其职，各尽其责，是对各职能部门的普遍要求。警务活动应当紧紧围绕自己的职责，这个职责是法律明确界定的，即“职责法定”。在警务活动决策时，不能超出职责范围，超出法定职责范围的活动属于非警务活动。滥用警察权力不仅会严重损害警察机关的形象，而且也是一种严重的违法行为。

（二）警察职能泛化问题

目前，警察职能泛化现象值得商榷。警察不是万能的，不是什么社会问题、什么群众困难都能解决的。警察作为国家武装性质的治安行政力量、国家机器的重要组成部分，其服务职能首先要建立在自己的职责基础上。评价警务活动优劣也应当有个界定范围：即是否有效地履行了自己的法定职责，发挥了它应当发挥的功能，是否做到了为人民尽职尽责。请群众评价警察机关的政绩，首先要让群众了解警察机关的职责和办事的规章制度、应遵循的法律法规，这就要求要警务公开。群众要在这个范围内对警察机关予以评价，超越这个范围的评价是毫无意义的。现在出现的警察职能泛化现象是由于过分宣传造成的，它偏离了警察本质属性确立的根本任务和法定职责，短时期可能取得群众的赞许、表扬，但长期下去会产生两个严重弊病：一是警力疲惫，削弱自身法定职能；二是会导致公众对警察机关超限度的倚赖和奢望，产生新的矛盾，使警察成为社会矛盾的集中焦点。因此，警务活动必须把自己的法定职责放在首位。警务活动的具体内容很多，不仅有不同的规范，而且有不同的专业知识。各个部门都要在自己的业务范围内成为专家，在此基础上提倡与鼓励不同警种间的配合、协作，其目的也在于更好地发挥各警种的职能作用。

司职优先的原则在司法警察的日常工作中就体现为全心全意为人民服务。《中华人民共和国人民警察法》第3条规定：“人民警察必须依靠人民的支持，保持同人民的密切联系，倾听人民的意见和建议，接受人民的监督，维护人民的利益，全心全意为人民服务。”它包括两个中心的内容：第一，司法警察必须以维护人民利益作为自己全部活动的出发点和归宿，全心全意为人民服务是唯一宗旨；第二，司法警察必须坚持一切为了群众，一切依靠群众，从群众中来，到群众中去的群众路线。这既是人民警察在长期斗争实践中形成的优良传统和政治优势，也是优势司法警察的力量源泉和胜利之本。

维护国家的政治稳定和社会安宁，既是司法警察的首要任务，也是亿万人民群众自己的事情，直接关系到人民群众的根本利益。改革、发展、稳定，是党和国家的大局。司法警察作为人民民主专政的重要组成部分，在维护国家的政治和社会稳定方面，担负着重要责任。要完成这一任务，单靠个人的力量是远远不够的，必须依靠方方面面的力量，齐抓共管。在维护国家政治稳定和社会安宁方面，人民群众中蕴藏着极大的积极性和创造力，他们能体察一切，是提供违法犯罪和社会治安信息的最广泛、最重要的来源。因此，司法警察必须相信群众，依靠群众，做深入细致的群众工作，吸引广大群众积极参与，警民共同筑起一道铜墙铁壁，汇成一片汪洋大海，使一切违法犯罪活动逃脱不了群众的视线，一切违法犯罪分子找不到藏身之处，这样才能维护国家的安全和社会的安宁。

司法警察权力，归根到底是人民给予的，同时又必须接受人民监督。权力不受监督必然导致腐败，因此，司法警察必须接受党的监督，法律的监督，人民的监督，司法机关自上而下和自下而上的监督，其中尤以人民群众的监督最为重要。司法警察生活在群众之中，工作表现得好坏，纪律作风的优劣，群众看在眼里，记在心里，最终自有评判。司法警察只有自觉置身于人民群众的监督之下，才能及时发现和改正工作中的实务和偏差，纠正不正之风，保证更好地依法履行职责。

思考题

1. 简述司法警察警务活动原则。
2. 司法警察法律优先原则的内涵是什么？在警务活动中怎样坚持法律优先原则？
3. 国家优先原则的内涵及其特征是什么？
4. 结合司法工作实践，谈谈你对效率优先原则的认识。
5. 请你结合社会实际，谈谈警察职能的泛化问题，并提出解决此类问题的建议。

第五章

司法警察的素养

【知识目标】

了解司法警察的素养

掌握司法警察的政治素养

掌握司法警察的文化和理论素养

了解司法警察的身体素养

了解司法警察的心理素养

掌握司法警察的业务素养

【能力目标】

能明确了解司法警察素养的概念和内容

能掌握司法警察政治素养的内容和提高政治素养的途径

能掌握司法警察文化素养内容

能明确司法警察身体素养的内容和提高身体素养的方法

能掌握提高司法警察心理素养的途径和训练方法

能掌握司法警察业务素养的内容和提高业务素养的途径

第一节　司法警察素养概述

一、司法警察素养的含义

【案例5－1】

江苏省某市2011年招考录用司法警察简章中，报考法院、检察机关司法警察，除符合2011年招考公务员规定的有关条件外，还应具备以下条件：

（一）自愿从事司法警察工作，具有较强的吃苦耐劳和忠诚奉献精神，服从组织分配；

（二）具有良好的道德情操和心理素质；

（三）符合招考职位所规定的专业、学历等条件和要求；

（四）年龄在18周岁以上、35周岁以下（1975年3月10日至1993年3月16日期间出生）；

（五）身体健康，体貌端正。体检标准按修订后的《公务员录用体检通用标准（试行）》和《关于印发公务员录用体检特殊标准（试行）的通知》执行。

【问题思考】

上述材料反映司法警察应具备哪些素养？

【应知应会】

司法警察素养，即司法警察所应具备的先天的身体条件、生理条件和心理品质等自然素养，以及后天习得的文化知识、业务知识、专业技能与履行职责的能力等社会素养的总和。它是司法警察值勤、完成司法警察任务、服务审判和检察工作、服务群众的主观先决条件和内在保障，也是衡量司法警察执法能力的重要指标依据，它反映着司法警察队伍的整体素养和基本战斗力。

二、司法警察素养的结构

素养具有自然和社会两个方面的内容，两者作为影响司法警察职业活动的根源性素养，表现为外部性素养、内在性素养和效能性素养三种方式。其中外部性素养是司法警察给公众留下的知觉形象，是社会公众对司法警察职业评价的一种感性认识，它处于整个素养结构的表层，包括与司法警察职业密切相关的警容、仪态和性格等表现在外的直观素养；内在性素养是司法警察职业素养社会化的直接结果，也是社会公众评价司法警察职业素养的一种理性认识，它处于整个素养结构的深层，包括司法警察的思想、知识、胸怀和能力等内在的素养；效能性素养是社会公众评价司法警察职业的一种较为稳定的理论认识，是对司法警察职业活动的总的看法和评价，它既处于整个素养结构的表层，为社会公众所直接接受，又处于整个素养结构的深层，是内在素养的终极反映。

在司法警察职业素养的结构中，外部性素养、内在性素养与效能性素养，三者共存于司法警察的个体之中，各种素养之间往往相互促进和作用。一是外部性素养在实践中往往内化为对某些内在性素养的要求，如外部性素养中的“仪态”如何，往往与内在性素养中的“知识”储量密切相关。二是内在性素养决定着外部性素养的表现方式和程度，也确定着效能性素养的方向和质量，如内在性素养中的“胸怀”和“知识”决定着外部性素养中的“廉洁”、“公正”、“效率”和“效益”。这说明在整个素养结构中，内在性素养处于决定的地位，发挥着核心的作用。三是效能性素养反作用于外部性素养和内在性素养，如效能性素养中的“效益”对外部性素养中的“仪态”和内在性素养中的“能力”都具有促进和影响的作用。一般来说，“效益”要好，首先“仪表”要美，“态度”要和善；其次“效率”要高、“能力”要强。

三、司法警察素养的类别

结合司法警察的素养结构，从司法警察素养的形成角度看，可分为先天就有的和后天补偿的，即自然素养和社会素养。自然素养包括人的神经系统和感觉器官上的先天的特点；社会素养包括通过学习、锻炼和社会活动逐渐培养和发展起来的各种良好的素养。

从司法警察素养的内容角度看，可分为德、智、体三个方面，即司法警察在社会共同生活中行为的准则和规范。德，我们提倡的是共产主义道德，它是人类最进步、最高尚的道德。智，即司法警察的认识、理解客观事物并运用知识、经验等解决问题的能力，包括记忆、观察、思考、判断等方面的能力。体，即司法警察的身体发育情况、健康情况和精力情况。

根据司法警察素养的地位和作用，可以分为基础素养或基本素养和业务素养。基础素养是作为一名司法警察应当具备的基础条件或基本条件；业务素养是在基本素养的基础上，从事司法警察工作所必须掌握的知识和能力。

根据司法警察素养的内容和性质，可以分为政治素养、文化和理论素养、身体素养、心理素养和业务素养等五个方面。

【特别强调】

司法警察素养的类别较多，本章着重从政治素养、文化和理论素养、身体素养、心理素养和业务素养等五个方面进行阐述。

第二节　司法警察的政治素养

【案例 5－2】

2012 年 12 月，震惊全国的“明胶”案件在阜城县法院开庭审理，此案件社会影响极大，被告人数众多，且都为异地羁押，需要长途押解，阜城县人民法院司法警察人员严重不足。接到请求调警支援的请示后，衡水市中级人民法院法警支队高度重视，决定由阜城县法院法警大队全力做好庭审安全检查和值庭、警卫等工作，押解被告人的任务则由中院法警支队和调用被告人羁押地法院法警大队完成。

根据被告人羁押和有关法院的警力情况，衡水市中级人民法院法警支队负责对羁押在衡水市看守所的 2 名女被告人的押解；饶阳、武强法院法警大队负责对羁押在武强看守所的 4 名被告人的押解；景县、武邑县人民法院法警大队分别负责对羁押在本县看守所的各 2 名被告人的押解。法警支队下发了调警令，并强调参战法院要领导带队，警容严整，装备齐全，确保安全。

开庭当天，大雾朦胧。参战法警于早晨 6 时左右即分别到看守所办理提押手续，经过长途押解，全部在指定时间之前到达阜城县人民法院，确保了及时开庭。案件审理持续进行，一直开庭到次日凌晨。至各路安全还押，已至次日凌晨 2 时。

在刺骨的寒风中，衡水市法院系统所有支援这起案件的参战法警在连续工作长达 20 多个小时后，圆满完成长途押解和庭审保障的工作，确保了案件重点环节的审理和全案的顺利审判。在这次庭审保障工作中，各出警单位全力以赴保障勤务，服从命令，听从指挥，克服所在法院年终庭审任务繁重、警力车辆普遍紧张等困难，积极出警参战，表现出高度的全局意识。他们精神饱满，警容严整，遵守规则，执法规范，吃苦耐劳，作风顽强，出色地完成了押解、值庭、警卫、安检等勤务，表现出了过硬的综合素质和良好的精神风貌。

【问题思考】

1. 在本案例中，体现了司法警察哪方面的素养？

2. 司法警察政治素养的内容有哪些？

【应知应会】

（一）司法警察政治素养的含义

关于政治素养的内涵，不同学者所下的定义有所区别。有学者认为，政治素养是指人的政治立场、思想观念、道德情操等方面的状况或特征。另有学者认为，政治素养是指警察必须具备的政治品质、政治立场和政治洞察力。还有学者认为，所谓政治素养，是指一个人的政治态度、政治倾向、政治觉悟与政治信念的总和，而警察的政治素养，也是从他们的政治态度、政治倾向、政治觉悟、政治信念和思想道德体现的。

在本章中，我们认为，司法警察的政治素养，是指体现在政治品质、政治态度、政治信仰等方面的素养。

（二）司法警察政治素养的内容

1. 政治品质

政治品质是司法警察在政治现象和政治事务方面所具有的或者表现出来的本质特征。换言之，政治品质是司法警察在行为方式和行为选择上所表现的在思想、认识、品性等方面的根本属性。其内容主要是坚持辩证唯物主义的立场、观点和方法，并自觉运用之。

辩证唯物主义是认识世界和改造世界的强大思想武器，是指导我们改革开放和社会主义现代化建设事业的行动指南，是我们立党兴国的根本指导思想。司法警察应当认识到，坚持辩证唯物主义的立场、观点和方法，是我们的事业不断取得胜利和成功的思想基础，是我们的思想灵魂永不迷失的理论基础，是我们能够经受住各种风浪考验的坚强保障。因此，作为一名司法警察，在政治素养方面，首先要求必须坚持辩证唯物主义的立场、观点和方法。

同时，司法警察应当自觉运用辩证唯物主义的立场、观点和方法。在新的历史时期，面对错综复杂的国际国内形势和日趋复杂的任务，要坚持辩证唯物主义的立场、观点和方法，并且必须自觉运用它。用它来观察当今世界、观察当代中国、观察新时期的司法警察工作，不断总结实践经验，不断作出新的理论概括，不断开拓前进。

2. 政治态度

政治态度是指司法警察对国家现行的基本路线、方针和政策所采取和持有的态度，其中最根本的就是坚持四项基本原则。

四项基本原则是立国之本，司法警察必须坚持四项基本原则。第一，四项基本原则是中国共产党在长期的革命和建设实践中形成和确立的，是党的一贯主张和根本立场，是中国共产党领导人民几十年革命和建设的经验的高度概括和总结。第二，四项基本原则是团结全党和全国各族人民前进的共同政治基础，也是党和国家制定内外政策的基础。第三，坚持四项基本原则，是中国历史发展的客观规律。第四，坚持四项基本原则，是做好司法警察工作的重要前提。

3. 政治信仰

政治信仰是以个体的人生观、世界观为基础的崇高的革命理想和献身精神。司法警察必须要有良好的政治信仰，这是司法警察的生命力所在，是精神的“支柱”，是全心全意为人民服务的思想基础。

司法警察必须要有以共产主义理想为指导的人生观、价值观，坚持走中国特色社会主义道路，自觉抵制各种腐朽的、落后的、不良思想的侵袭。只有这样的理想，司法警察才能让我们有共同的目标，才有明确的方向，才有前进的动力。

司法警察还应当树立全心全意为人民服务的思想。全心全意为人民服务既是共产党人的基本要求，也是当代司法警察的基本要求。司法警察要把人民的利益放在首位，一切从人民的利益出发。要清醒地认识到，人民群众永远是社会的主人，我们只能是人民群众的公仆。

良好的政治信仰，还要求司法警察具有高度的事业心和责任感，具有崇高的献身精神。事业心是成就事业的一种精神力量。人的事业成功与否，取决于其是否倾心于所从事的事业。责任感是个人对集体或单位履行义务的态度，是做好本职工作的基本条件。由于司法警察工作较为艰苦，且存在许多难以解决的实际问题，因此，要求司法警察必须有强烈的事业心和责任感，发扬敬业和献身精神，为发展司法警察事业尽心竭力，无私奉献，在平凡的工作岗位上干出惊人的业绩。

（三）提高司法警察政治素养的重要意义

提高政治素养的重要意义表现为：

（1）只有提高司法警察的政治素养，才能保证党关于日常工作的基本理论、基本路线、基本方针和各项政策贯彻到实际工作中去，保证日常工作的正确政治方向。

（2）只有提高司法警察的政治素养，才能保证司法警察准确无误地贯彻执行国家的法律、法规，做到有法必依、执法必严、违法必究，使之不犯或少犯错误。

（3）只有提高司法警察的政治素养，才能更有力地推进法治建设，并以司法警察的法制示范行为教育公民，使之强化法制意识，反过来又可以促使司法警察自觉地坚守职责、维护人民的社会生命财产与国家的安全。

（4）只有提高司法警察的政治素养，才能正确地认识和处理两类不同性质的社会矛盾，有力地打击国内外敌对势力的破坏活动和各种形式的犯罪活动，为国家经济建设创造良好的社会环境。

（5）只有提高司法警察的政治素养，才能妥善处理各种利益关系，最大限度地调动各方面的积极性，并把各方面的积极性引导好、保护好、发挥好。

（6）只有提高司法警察的政治素养，才能坚持党的全心全意为人民服务的宗旨，保证司法警察同人民群众的团结，保持和发展党同人民群众的血肉联系。

（7）提高司法警察的政治素养，对于巩固人民民主专政、坚持走社会主义道路具有保障作用；对于公民有效享有政治权利有着重要的促进作用；良好的政治素养也是司法警察形成其他素养的基础。

【特别强调】

司法警察应努力提高政治素养，增强廉洁自律意识，提高防腐拒变能力。

第三节　司法警察的文化和理论素养

一、司法警察的文化素养

【案例5－3】

林某为横县某镇某村的村民，封建迷信思想严重，欲在家中"立台做仙"，遭到其丈夫刘大某和儿子刘小某的强烈反对。"立台"未果后，她出现精神间歇性混乱，经常跑到大街上唱歌。丈夫刘大某和刘小某开始对林某进行劝说。但林某根本不听劝解，趁丈夫和儿子稍不注意就到处乱跑唱歌，丈夫和儿子觉得林某在外像疯子一样四处唱歌丢尽了刘家的颜面，就让林某安静地待在家中。但林某依然我行我素，遂遭到其夫与子的打骂。长时间的打骂，使得林某无法忍受，就乘车来到法院，欲寻求法律帮助。

2013年2月7日，林某到了法院后精神又出现混乱，坐在法院的草坪上唱起歌来。经法警大队一行人的耐心开导和劝解，三个小时后，林某的精神才稍微恢复正常。她讲述了自己的经历，想通过法院帮忙解决家事，但又不想起诉其丈夫与儿子，遂陷入了矛盾与痛苦中。法警大队了解情况后，给其儿子打电话，怎知对方态度强硬，不愿意去接其母亲回家，还扬言让其母亲在外自生自灭。法警大队请示了分管领导，考虑到天色已晚，加上林某的精神不是很清醒，为安全起见，须驱车护送其回家。家人看到被护送回来的林某，并没有感到欣喜，反而破口大骂，不愿意接纳这位家人。护送法警制止了刘姓父子的谩骂，待其平静后，对刘的家人进行耐心说教，告知他们家庭要以和为贵，要多理解，多包容，绝不能施以暴力，否则，造成严重后果的要承担法律责任。经耐心劝解，刘家父子俩认识到了自己思想和行为上的错误，最终接纳了林某，并表示以后会好好照顾她，让其安度晚年。

【问题思考】

1. 在本案中，司法警察所体现的是哪种素养？
2. 如何提高司法警察的文化素养？

【应知应会】

（一）司法警察文化素养的概述

1. 司法警察文化素养

司法警察文化素养是指司法警察根据自己的职业特点所应该具备和掌握的科学文化知识的量与质的有机结合，表现为学识程度、专业水平、审美情趣、语言表达以及良好的待人处世行为等。

2. 司法警察文化的特征

（1）政治性。警察文化属于国家文化。国家文化是行为文化的集中体现，具有明显的地域性和时间性，基本特征表现为民族性、法律性和历史性。政治是国家文化的本质，司法警察文化从属于国家文化，因而政治性是司法警察文化的重要特征之一。

（2）献身性。献身性是指司法警察文化内所凝聚的牺牲精神，并通过一系列具体的行动表现出来。司法警察机关体现着国家意志，维护着社会间各群体、各成员之间的合法权益，因而在较大程度上影响着人们的生活方式。由于我国还处于社会主义初级阶段，社会发展不平衡，局部利益之间、个人利益之间可能暂时会出现冲突，会产生各种矛盾，有时矛盾甚至会激化。要解决各种错综复杂的矛盾，司法警察机关需要使用国家公权，以强有力的手段加以协调，作为化解社会矛盾的和平使者，客观上要求司法警察应具有自我牺牲的精神。

（3）历史性。司法警察文化的历史性有两层含义：一是指与人类文化相比，司法警察文化存在的时间相对短暂；二是指司法警察文化呈现出明显的阶级性。如新中国成立后50年间，司法警察文化就呈现出两个阶段，即“文革”前和“文革”后。指出司法警察文化的历史性，目的是在建设司法警察文化时，应当充分考虑到司法警察文化在历史中的进步作用，既要表现国家文化的特点，又要跟上人类文化的进程，否则就无法融入人类大文化中而成为过眼云烟。

（4）创造性。司法警察文化的创造性，是指通过一系列的创新和发明推动司法警察文化自身的向前发展，也就是说，司法警察文化的发展或变化不是按照年月日的自然进化，而是按司法警察的群体意识来进行的。司法警察文化的创造性在社会主义实践中具体表现为：最大限度地追求自身与社会的和谐发展，进一步提高执法水平，增强人民群众的满意程度；在新时期开展一系列活动，拓宽司法警察文化的生存空间。应该说，这些行为都是有意识、有目的的表现，而有意识、有目的的行为正是司法警察文化创造性的基本特点。

（5）和谐性。司法警察文化的和谐性，是指在自身的发展过程中与其他文化相互协调，形成共同发展的良好态势。①和谐性包括两层意思：一是指寻求自身的和谐协调；二是指寻求社会的和谐协调。自身的和谐协调是基础，社会的和谐协调是目的，两者相互关联。②自身的和谐协调包括以下几个方面：司法警察的自身素养与所从事的工作以及所处的社会地位和谐协调；司法警察的思想与言行和谐协调；司法警察的内在精神气质与外在表现形式和谐协调；司法警察个人与个人、个人与群体之间（包括相应的组织形式）和谐协调。③社会的和谐协调包括以下几个方面：司法警察个人与其他社会成员以及群体间的和谐协调；整个社会与个人、个人与群体和群体与群体之间的和谐协调。以上诸种协调，正是司法警察乃至警察文化追求的终极目的，因而构成其特征之一。

司法警察文化的根本属性是人类行为文化在司法警察工作和司法警察队伍中的具体表现，政治性是基本特征，而献身性则表现为司法警察文化的外部特征。就人类文明的进程而言，历史性指出了司法警察文化在历史长河中所扮演的角色，要求它既要继承中华民族的传统优秀文化，又要赋予新的时代使命感。创造性则阐明了司法警察的文化生存、发展动力，而和谐性则是司法警察文化的终极目的。

（二）司法警察文化素养的提高

1. 提高司法警察文化素养的意义

（1）文化知识是人类从事任何生产活动不可或缺的基础。警察如果文化水平偏低，必然不能有效地打击敌人、保护人民，也不能有效地履行职责。

（2）文化知识有利于提高司法警察队伍的政治、理论、业务和法律等素养。司法警察对文字使用的频率是较高的。司法警察作为审检机关的组成成员，作为司法活动的重要参与者，要求每个警察具有较强的口头表达能力的同时，又要具备较强的文字表达能力，还要掌握法律手段，特别是熟练掌握司法文书的写作技能，写得出符合法律要求和规范的各种文书。

(3) 加强文化知识的学习，有利于陶冶司法警察的情操，培养多种情趣，扩大知识面。学习文化知识能对司法警察的思想和道德修养起到潜移默化的教育作用，可使人明白事物，提高思想境界。司法警察处在特殊复杂的工作环境中，面对形形色色的犯罪嫌疑人、被告人，如果自身思想境界不高，很难区分真、善、美与假、恶、丑，在具体工作中就可能迷失方向，悔恨终身。

2. 提高司法警察文化素养的途径

加强教育培训，营造良好的文化氛围。一方面，文化素养未达标者，要在规定的时间内达标，经学习仍未达标者，必须予以淘汰；另一方面，即使以前的文化知识曾经达标，但并不意味着现在也依旧达标。终身教育不是权宜之计，而是在知识日新月异不断更新的时代，为了跟上社会的发展，不被时代淘汰，每一个人都必须认真对待的事情，要可持续发展、与时俱进，活动老，学到老，司法警察亦然。提高司法警察整体的文化素养，主要靠发展教育事业和引进优秀人才，发展司法警察教育事业必须走专业化、正规化教育的途径。

二、司法警察的理论素养

(一) 司法警察理论素养的概念

理论素养，是司法警察应该具备的重要素养之一。较高的理论水平，是司法警察良好的政治素养的基础与保证。司法警察要自觉坚持理论修养，努力提高理论水平。

(二) 司法警察理论素养的主要内容

司法警察理论素养的主要内容有三个方面，即政治理论、审判和检察工作的基本理论以及其他社会科学理论。

1. 政治理论

学习马克思主义理论、邓小平理论、“三个代表”重要思想和科学发展观，可以帮助司法警察深刻理解马列主义、毛泽东思想、邓小平理论、“三个代表”重要思想和科学发展观的精神，领会马克思主义关于无产阶级的国家和法学的基本理论，促进司法警察自觉地把马克思主义理论与当前中国的具体实践结合起来，做好本职工作，全心全意为经济建设服务，为人民服务。

2. 审判和检察工作的基本理论

这是人民法院和人民检察院工作实践的理论总结和科学概括，是以研究司法工作及其历史、性质、基本工作规律和工作方法为对象的系统理论体系。它包括审判和检察的基础理论、基本知识和基本技能。审判和检察工作的基本理论是司法机关的司法警察必须具备的理论素养，是做好法警工作的基础与前提。提高司法工作基本理论的修养，对每个司法警察同志自觉地遵循司法工作的规律办事，自觉执行司法工作的路线、方针、政策，提高司法警察工作艺术与专业知识和技能，具有十分重要的意义。

3. 其他社会科学理论

(1) 警察学基础理论修养。警察学基础理论是研究和阐明警察的一般理论与基本规律的科学。司法警察应掌握和学习以下知识：警察史、中国警察史、警察基础理论。

（2）社会学理论修养。社会学习从变动着的社会系统出发，运用科学的方法，通过人们的社会关系和社会行为来研究社会的结果、功能、发生及其发展规律的科学。司法警察学习社会学，要认识和了解以下问题，即个人需要与社会需要的关系，人的社会化和再社会化，社会交往、社会群体、社会组织的特征与形式和类型社会分层的形式及目的，社会流向的形式，城市地区和农村地区的区别与联系，社会问题的理论与形式，社会控制的意义及职能，社会变化的过程等，从理论上和实践上提高司法警察认识社会和改造社会的能力。

（3）心理学理论修养。心理学是研究心理现象的科学。司法警察作为法院的一支成建制的武装力量参与办案，要和不同的人打交道，必须了解和掌握不同人员以及工作对象的心理状态与变化规律，才能有效地进行工作。因此，学习心理学知识，在司法警察的工作中有着十分重要的意义。心理学理论包括：警察心理学、普通心理学、犯罪心理学、被告人心理学、被害人心理学等。

【特别强调】

司法警察不仅要提高本职工作所需的文化和理论素养，还应掌握与工作相关的法律、法规知识。

第四节　司法警察的身体素养

【案例5－4】

2004年5月18日，朝阳法院在公开审理王某等11名被告人涉嫌抢劫一案的过程中，绰号“大兵”的山东人王某因家属到庭旁听，致使其情绪受到影响，庭审曾一度中断，而庭后王某两次自伤。

庭审中，法院值庭法警注意到王某的情绪变化后，遂对其实施了重点监控。庭审结束后，当王某核对庭审笔录时，趁机篡改笔录，被书记员制止，但王某拒不认错，并拒绝在庭审笔录上签字。当该案审判长要求法警将其带出法庭时，王某奋力反抗，并突然将头撞向法庭出口的墙上，但被眼疾手快的法警侧身挡住，王某未能得逞。

在押送回看守所的路上，法院的两名法警始终不离王某左右，严防王某再次实施自伤行为。不料，在抵达看守所时，王某又故伎重演，在下囚车的过程中，突然挣脱法警，将头朝下撞向水泥地面。好在法院法警早有防备，用力将其拽住，其中一名法警的右前臂被手铐划开了10余厘米长的口子，鲜血直流。而王某却假装昏迷，后经朝阳公安分局看守所体检中心检查，王某身体无异常，法警遂将其送回监所。

【问题思考】

1. 在本案中所体现的是司法警察的哪种素养？
2. 如何提高司法警察的身体素养？

【应知应会】

（一）司法警察身体素养的概述

身体素养是司法警察职业活动的必要条件之一，是有效发挥其他素养优势，能够胜任本职工作的重要基础。作为围绕审判和检察工作进行执法活动的武装力量，必须有强健的体魄才能适应工作的需要。司法警察维护法庭秩序，服务审判和检察工作，处置突发性事件，进行各类执法的活动，对身体素养有着特殊的要求。懂得身体素养的构成，重视身体素养的提高，了解身体素养的形成和完善规律，对于司法警察来说是十分必要的。

1．身体素养的含义

人体在肌肉活动中所表示出的力量的大小、速度的快慢，持续时间的长短，关节活动范围的幅度大小等机能统称为身体素养。它包括力量素养、速度素养、耐力素养、灵敏素养和柔韧素养等。司法警察的身体素养是指司法警察在执行警务活动中其肌肉活动所表现出的力量、速度、耐力、灵敏及柔韧性等机能的统称。司法警察身体素养的发展是衡量其机体机能的重要标志，也是掌握和提高专业技能的基础。

2．司法警察身体素养的要求

（1）健壮的体格。健壮的体格是指一个人生长发育良好，各器官和系统的机能正常，具有健美的体型和端正的姿态。这在一定程度上反映了司法警察身体素养的状况和内在气质及精神面貌，也是体能全面发展的物质基础。

（2）端正的姿态。这需要司法警察在体格健壮的基础上长期养成的，也是他们的思想、文化、品德修养程度的重要表露。

（3）全面发展的体能。体能是指人体各器官系统的机能在肌肉活动中表现出的能力。它包括人的身体素养及走、跑、跳、投、攀登、爬越等方面的能力。司法警察全面提高自身的身体素养，也就会具有全面发展的体能，从而增强基本活动的能力，为顺利地完成本职工作打下坚实的基础。

（4）较强的适应能力。较强的适应能力是指司法警察能够适应各种复杂的环境和条件，使自己的智力、技能等保持正常状态，发挥其应有的素养和水平。

（5）充沛的精力。充沛的精力要求司法警察不仅要具有经得起摔打的体质，而且还要具有旺盛的斗志和振作的精神，经得起特殊环境考验的身体坚持力。

（6）充沛而旺盛的精神活力。这是司法警察充分发挥其主观能动性，产生正确的感知、判断和决定的前提。司法警察在执行勤务时，具有充沛的精力就会产生强烈的自信心，增强智慧和战胜各种困难的力量，保证其作战能力的充分发挥。

3．提高司法警察身体素养的重要性

良好的身体素养是司法警察智育和德育发展的基础，它有益于健康，能丰富文化生活，能提高心理承受能力和工作效率。司法警察的职业特性需要其具备良好的身体素养，具有良好的身体素养才能适应长时间的体能工作，才能促进礼仪及精神的发展，还可以有效预防职业病，同时也是促进职业病康复的重要手段。

（二）司法警察身体素养的主要内容

1. 特殊的体能

（1）身体的基本运动素养。①力量素养。力量素养是身体基本素养的一种，指在肌肉紧张或收缩时表现出来的能力。②耐力。耐力也称“耐久力”、“支持力”，指人体在尽可能长的时间内进行肌肉活动的能力，也可看作抗疲劳的能力。③速度。速度是指机体（或机体部位）快速运动的能力。④灵敏。灵敏是人体的各种运动技能和基本运动素养在移动过程中的综合表现，是在各种变化的条件下，能够迅速准确、协调改变身体运动的能力。司法警察学习掌握和运用擒拿格斗、警械具使用和汽车驾驶技术等技能对灵敏素养有着特殊的要求。⑤柔韧。柔韧是指人体关节肌肉、肌腱、韧带等软的伸展能力。柔韧素养是司法警察从事职业活动的基本素养。特别是肩、腰髋、膝、腕、脚踝等关中位的活动幅度，对于走、跑、跳、攀登等基本活动是必需的，还有助于司法警察形成优美的姿态。

（2）运动技能。运动技能是指机体在肌肉活动中所表现出来的能力。司法警察的运动技能是在人体基本活动能力的基础上，通过学习和练习而掌握的一定技能及一种运动能力。运动技能的提高，是司法警察身体素养整体提高的核心。它的发展与有机体机能水平的提高是一致的。全面的体能发展也是机体形态、技能协调发展的重要因素，它的提高对形成司法警察强壮的体格，保持充沛的精力和增强对外界环境的适应能力，以及对疾病的抵抗力有着直接的影响作用。

（3）人体的基本活动能力。人体的基本活动能力是在人体先天的基础上，通过后天技能的学习掌握获得并不断加强的能力。体能对于司法警察的身体素养来说具有特殊的重要作用，是司法警察身体素养整体提高的核心素养。它的发展与有机体能的提高过程是一致的。例如，发展了耐力，有机体的中枢神经系统、心血管系统、呼吸系统、物质的代谢功能及肌肉的能量储备等都得到了发展。

2. 机体机能的健康水平

机体机能的健康水平是指机体各部门器官系统的机能状况。机能是身体活动的基础，某一机能水平影响着人体工作时所需要的某一方面的身体能力。健康的机体是司法警察参加正常警务工作的必要条件。司法警察的健康机体，是通过精神与体力来实现的。体力是精神的支柱，精神是体力的表现。司法警察应加强身体的锻炼，增强体能，有助于工作效率、质量的提高。

3. 充沛的精力

精力是指精神和体力，是人体在活动中表现出来的旺盛的活力，振奋的精神及能够付出的体力。它反映了人的意志、情感与身体活动的强度、速度移动性等特征。充沛的精力在实际工作中表现为：精神振作、元气充实、意志坚定、判断迅速、反应灵敏、动作果断有力，能够长时间地工作。司法警察既要始终保持威严、庄重、从容不迫、朝气蓬勃的精神面貌，不怕苦、不怕累、不畏艰难和疲劳的作风，以及和蔼可亲、潇洒自如的风度，同时还要有敏捷的判断、应变能力和果断有力的动作，这就必须具备很强的精神和体能的耐受力。充沛的精力是司法警察必备的。

4. 较强的适应能力和抗病力

对环境的适应能力，是指有机体通过自身的调节机制，在一定范围内不断调节机能的活动水平，以适应环境变化的能力。在外界环境发生变化时，人体机能随之发生的变化，总是使有机体内部形成相对恒定的环境。

（三）提高司法警察身体素养的基本方法

体育锻炼是提高司法警察身体素养的有效途径。体育锻炼是指运用各种身体练习的方法，并结合自然力和卫生因素发展身体、增强体质、增进健康、调节精神、以丰富的文化生活为目的的身体活动。体育锻炼是促进人体发展的重要手段和方法。新陈代谢的同化与异化作用是人体生命活动的基本规律。生命具有遗传和变异的规律，遗传是相对的，变异则是绝对的。在一定外界条件的作用下，特别是通过体育锻炼，人的体质是可以增强的。

1. 体育锻炼对提高司法警察身体素养的作用

体育锻炼能改善和提高中枢神经系统的机能。体育锻炼对运动系统的良好作用主要表现在：骨骼是人体的支架，体育锻炼时，由于肌肉的牵拉和重力作用，使骨骼不仅在形态上产生变化，而且使机械能也得到提高。体育锻炼对肌肉的生长发育有重要的作用，可使关节囊、韧带和肌腱增厚与加强，伸展性提高，关节活动范围增大，更灵活、牢固，有利于保持体型和姿态。此外，体育锻炼还有助于振奋精神，使人朝气蓬勃，精力充沛；有助于防治疾病，延年益寿；还有助于消除工作后的疲劳，转移大脑的兴奋点，是一种积极性休息的有效手段。

2. 体育锻炼的途径和手段

提高司法警察身体素养的途径和手段有很多，它们都能在某一方面或几方面对司法警察的身体素养起到良好的作用。球类运动能促进人体的力量、速度、灵敏、耐力等运动素养的全面发展，增强人的基本活动能力，加强感觉机能，使视野更宽阔，观察能力更强。球类运动的竞争性、对抗性、趣味性，容易激发人的兴趣，调动投入的积极性，从而形成长年坚持锻炼的习惯，并可以调整情感、愉悦身心，同时对培养勇敢、机智、集体主义等品质有很大益处，但由于对象不同，负荷波动也较大。田径运动中的短跑主要包括400 米以下的短距离跑动项目，适合青年人运动。长跑主要是指3 000米以上的跑动练习，适合中老年人运动。游泳有别于陆上运动，适合各年龄层的人锻炼。武术、散打等运动方式，种类繁多，形式多样，对人体的机能影响广泛，练习方便，不受场地等条件的限制，具有很高的锻炼价值。气功防病、健身的效果独特，而且练习方便，适用于各年龄层的警察练习。此外，坚持锻炼与卫生相结合。锻炼与卫生是紧密联系，不可分割的。如果说锻炼的任务是增强司法警察的体质，那么，卫生的目的就是保证司法警察的身体健康。因此，提高身体素养的训练必须同卫生工作相结合。

3. 体育锻炼的基本原则

（1）科学性原则。指体育锻炼要以科学的理论方法为指导，符合体育运动规律，通过锻炼有效地增强司法警察的身体素养。

（2）全面性原则。是指司法警察在进行体育锻炼时要选择全面多样的内容，恰当地运用各种训练方法，促进各种身体素养和基本活动能力得到全面的锻炼和发展。

（3）渐进性原则。是指在进行体育锻炼时，对运动内容的安排，要从司法警察的接受能力和身体的实际情况出发，循序渐进，逐步提高。

（4）经常性原则，是指司法警察进行体育锻炼必须符合人体的生理发展规律，坚持不间断地进行的原则。

(5) 严格性原则。是指司法警察在进行体育锻炼时必须从实践出发，严格训练，严格要求，以提高其在作战环境和艰苦条件下的适应能力和生存能力。

(6) 区别性原则。指体育锻炼的内容、要求、方式和方法等，要符合司法警察的实际情况，区别对待，才能更有效地提高训练的质量。

总之，司法警察应根据自己的实际需要，充分利用现有的条件，合理地选择体育锻炼的内容，遵循科学的原则进行锻炼，才能达到改善自身的体质状况、增强体力的目的。

【特别强调】

司法警察的职能决定了司法警察必须要有强健的体魄，司法警察要有持之以恒的精神，坚持锻炼身体。

第五节　司法警察的心理素养

心理素养既有先天固有的心理品格，又有后天养成的因素。司法警察应当具备以下心理素养：思维灵活，反应灵敏；决心坚定，行动果断；观察细致，记忆力持久，反应准确，联想丰富；自制力强；有坚韧的毅力和耐心；爱憎分明，富有同情心。

【案例 5－5】

2010 年 3 月，金华市法警支队在兰溪法院执行一起故意杀人案宣判保障任务，当法警将被告人带上法庭时，坐在原告席上的被害人亲属突然冲过去想殴打被告人。副支队长金立伟连忙用自己的身体挡住被告人，耐心进行劝说，同时安排法警把被告人暂时带离法庭。事后，被害人的亲属看到金立伟身上多处被抓伤，愧疚地说："对不起，我们不是针对你的。"金立伟严肃地对他们说："我受点伤没关系，但你们要遵守法庭秩序，如果造成严重后果，你们要承担法律责任的。"

【问题思考】

1. 司法警察应具备哪些心理素养？
2. 如何提高司法警察的心理素养？

一、司法警察的心理素养的含义

心理素养，指人的心理状态和心理条件。司法警察的心理素养，是指司法警察在工作中表现出的认知、情感、意志等心理过程的特点和能力、气质、性格以及心理倾向等个性心理，以及整体心理的健康水平。

二、司法警察应具备的心理素养

【应知应会】

（一）良好的认识品质

从事任何实践活动，要解决的首要问题就是对客观事物的认识。因此，良好的认识品质，对于顺利进行实践活动，提高其效率，是十分重要的。

1. *初级认识品质*

（1）良好的注意力。注意力是一种特殊的心理活动，是人的心理活动对外界一定事物的集中指向。在工作中我们也把它称为警惕性。司法警察良好的注意力应包括注意的稳定性、广阔性和分配性。司法警察注意力的要求有：注意范围要广；要善于合理分配自己的注意力；要有稳定性；要善于转移自己的注意力。

（2）敏锐的观察力。观察是人在自然状态下为完成一定的任务而进行的有计划的知觉过程。善于全面、深入、正确地认识事物特点的能力，即为观察力。司法警察的观察力是指在工作过程中所形成的洞察各种事物和现象的能力。这种能力既表现在对显性异常信息的捕捉，也表现在对隐性异常现象的感知，并且深入对事物和现象的本质的认识，即见微知著，由表及里。对司法警察的观察力主要有如下要求：观察要有明确的目的和任务；观察必须以观察者具备一定的知识，掌握一定的工作方法为前提；司法警察的知识面越宽，专业知识越精，对观察所得到的现象就理解得越深刻，收获就越大；丰富的经验有助于观察成功。

2. *高级认识品质*

（1）良好的记忆力。记忆，是人脑对经验的反映，是经验的印留、保持和再作用的过程。记忆是人的心理活动中十分重要的、具有决定意义的心理特征，因为记忆是人们进行活动的重要保证，也是人们经验积累或心理发展的前提。司法警察要认真履行职责，其一切行为活动都离不开记忆。司法警察良好的记忆力也是职业需要不断锻炼出来的结果。司法警察要提高工作能力就要努力提高记忆力。完整的记忆力活动分为识记、保持、再认知和回忆四个基本过程。

（2）丰富的想象力。所谓想象力是人对头脑中的表象进行加工、改组，从而创立新思想的能力，是高度发展的认识能力。司法警察具备丰富的想象力，是根据他们的任务、职责的需要，将过去、当前所感知的事物，进行由此及彼、由表及里和纵向、横向的联想加工，想象出当前或并未感知过的事物新形象的能力。这种心理品质也是司法警察完成各种任务的一个必要条件。良好的想象力也是司法警察形成良好的思维预见所必需的。司法警察丰富的想象力不是天生就有的，它通过培养锻炼才能形成和发展。

（3）良好的思维力。思维力是智力要素中的核心，是司法警察工作能力的重要因素。思维是指人以已有的知识为中介，对客观现实的概括的间接反映。它是在人的实际生活过程中，在感觉经验的基础上，在头脑中对事物进行分析与综合、抽象与概括，形成一定概念，并应用要领进行判断和推理，从而认识事物的一般和本质的特征及规律性联系的心理过程。司法警察应具备良好的思维力，是指司法警察在感知的基础上对与本职工作有关的客观事物和对象，应用已有的知识经验和正确的思想方法，通过分析、综合、判断、推理、启发、联想的逻辑思维过程，作出符合事实过滤性结论的能力。这种能力又主要表现在思维的正确性、预见性、敏捷性以及思维的广阔性和深刻性方面。

（二）稳定的情绪品质

情绪是个体对外界刺激的、主观的、有意识的体验和感受，具有心理和生理反应的特征。它是由客观事物是否满足需要而产生的。情绪状态的类别分为心境、激情、应激；按高级情感的社会内容可分为道德感、理智感和美感。情绪和情感对人的工作、生活、身体健康甚至对人们事业的成败有很大的影响。

情绪无好坏之分，一般只划分为积极情绪、消极情绪。情绪、情感与人的生理需要和社会性需要紧密相连。当人的需要得到满足时，就会产生积极的情绪情感；而当人的需要得不到满足时，就会产生消极的情绪情感。积极的情感情绪有增力的作用，消极的情感情绪有减力的作用。但情绪不可能被完全消灭，只能自己有意识地进行有效疏导、有效管理和适度控制。

情绪智力，即俗称的情商，是心理学家霍华德等提出来的。高情商的人具备一种综合与平衡的才能，在现代社会日益激烈的竞争和复杂的条件下，情商高的人能够很好地取得感性和理性间的平衡，在处理好主观世界与客观现实间复杂矛盾的同时，求得生存与发展的空间。高情商者对自己进行情绪的管理主要包含了以下五个方面的内容：

1. 情绪的自我觉察能力

情绪的自我觉察能力是指了解自己内心的一些想法和心理倾向，以及自己所具有的直觉能力。自我觉察，即当自己的某种情绪刚一出现时便能够察觉，它是情绪智力的核心能力。一个人所具备的、能够监控自己的情绪以及对经常变化的情绪状态的直觉，是自我理解和心理领悟力的基础。如果一个人不具有这种对情绪的自我觉察能力，或者说不认识自己的真实的情绪感受的话，就容易听凭自己的情绪任意摆布，以至于作出许多不正确的甚至是遗憾的事情来。

2. 情绪的自我调控能力

情绪的自我调控能力是指控制自己的情绪活动以及抑制情绪冲动的能力。情绪的调控能力是建立在对情绪状态的自我觉知的基础上的，是指一个人如何有效地摆脱焦虑、沮丧、激动、愤怒或烦恼等因为失败或不顺利而产生的消极情绪的能力。这种能力的高低，会影响一个人的工作、学习与生活。当情绪的自我调控能力低下时，就会使自己总是处于痛苦的情绪旋涡中；反之，则可以从情感的挫折或失败中迅速调整、控制并且摆脱而重整旗鼓。

3. 情绪的自我激励能力

情绪的自我激励能力是指引导或推动自己去达到预定目的的情绪倾向的能力，也就是一种自我指导能力。它是要求一个人为服从自己的某种目标而产生、调动与指挥自己情绪的能力。一个人做任何事情想要成功的话，就要集中注意力，就要学会自我激励、自我把握，尽力发挥出自己的创造潜力，这就需要具备对情绪的自我调节与控制能力，能够对自己的需要延迟满足，能够压抑自己的某种情绪冲动。

4. 对他人情绪的识别能力

这种觉察他人情绪的能力就是所谓的同理心，亦即能设身处地站在别人的立场，为别人设想。愈具同理心的人，愈容易进入他人的内心世界，也愈能觉察到他人的情感状态。

5. 处理人际关系的协调能力

处理人际关系的协调能力是指善于调节与控制他人的情绪反应，并能够使他人产生自己所期待的反应的能力。一般来说，能否处理好人际关系是一个人是否被社会接纳与受欢迎的基础。在处理人际关系的过程中，重要的是能否正确地向他人展示自己的情绪情感，因为，一个人的情绪表现会对接受者即刻产生影响。如果你发出的情绪信息能够感染和影响对方的话，那么，人际交往就会顺利进行并且得到深入发展。

积极的情绪情感能够使司法警察产生积极的工作行为，在值勤时能精神饱满地做好工作，态度和蔼，言语文明，秉公执法。能使警察的感受性提高，使其精力充沛，体力增强，观察情况清晰敏锐，思维灵活，注意力高度集中，处事果断及时，反应迅速。警察在满意、快乐、喜欢的情绪情感体验中工作，能够提高工作效率。作为司法警察，在工作时必须善于管理自己的情绪，保持积极、稳定的情绪情感，克服消极的情绪情感，以保证工作的顺利进行；司法警察不能带着消极的情绪去工作，当由于生活或工作上的压力或挫折而出现消极情绪时，应该学会控制自己的情绪情感，通过意志的努力和平时的修养锻炼，培养良好的、积极的心境，克服消极的心境，使自己始终保持旺盛的精力，做自己情绪的主人，培养较高的情商。

（三）积极的意志品质

意志是人们改造世界不可或缺的心理因素。人们在改造客观世界的过程中，自觉地确定活动的目的，并为实现预定的目的，有意识地支配、调节其运动的心理现象，就构成了人的意志过程。意志对行动的支配和调节作用表现在两个方面——发动和制止。发动表现为推动人们去从事达到预定目的所需要的行动；制止表现为阻止与预定目的不符合的愿望和行动。意志不仅能使人的认识更加具有目的性和方向性，由于意志的努力，人能够集中注意力，进行复杂的思维，进行主动的、精细的观察；意志对人的情绪情感还具有调节作用，意志坚强的人可以控制消极的情绪，克服消极情绪的干扰，在逆境中仍能把行动进行到底。而意志薄弱者往往容易被消极情绪所压倒，使行动半途而废。

坚强的意志应包括自觉性、果断性、坚持性、自制性等内容。司法警察的意志品质主要表现为以下几个方面：

1. 自觉性

司法警察在警务工作中，应当有高度的自觉性。在遇到困难和危险的时候，能够坚定地克服困难，不惜牺牲自己的一切。具有高度自觉性的司法警察在工作中还表现出主动性和探索精神。

2. 果断性

果断性是指司法警察根据实际情况的变化，及时地毫不拖延地作出决策，并坚决地予以执行的意志品质。具有这种意志品质的司法警察，善于根据现有情况，进行分析判断，明辨是非真伪，能够迅速而正确地作出行动的决定并坚决执行。在其身上，果断性的意志品质表现为在危急时刻，能够当机立断，快速反应，置个人生死安危于不顾，挺身而出排除险情。

3. 顽强性

顽强性是指司法警察能够长时间地保持充沛的精力，以坚韧的毅力克服一切困难和障碍，实现既定目的的意志品质，也叫坚毅性。司法警察的顽强意志正是体现在能够克服内部和外部的困难，达到既定的目标，完成任务。

4. 勇敢坚强

司法警察在执行具有武装性质的任务中，常会遇到危险情况。这时领导在沉着、机智、果敢的基础上产生的处置措施或对策，最终需要司法警察以具体的行动来实现。能以献身精神排除困难险阻去夺取胜利是司法警察特有的职业作风。勇敢必须是有理智的勇敢，司法警察要大智大勇，智勇兼备。

5. 较好的自制性

所谓自制性是指司法警察在意志行动过程中善于调节和控制自己的思想、情绪、言行的一种意志品质。无论在日常工作中还是执行司法警务的某种任务中，司法警察个人常会因为某些因素的刺激而引起感情上的冲动，如果这种被刺激起来的情绪一旦失去控制就会造成工作失误。司法警察需要自制力来控制自己的情绪，使其在受到某些因素刺激时不为感情所左右，始终在理智下支配自己的言行。自制性以信念和自觉性为基础，司法警察具有坚定的职业信念和高度的工作自觉性，时刻意识到自己的责任和使命，自觉地把自己的言行举止与国家安危、群众安全、社会稳定，自己所代表的利益联系在一起，那么在工作中，就会对事物对象的真假是非作出明确的辨别，并形成一定的标准和态度，也就有能力抵制各种因素的刺激干扰，从而控制调节自己的思想情绪和言行，保持心理平衡，使意志行动沿着预定的目标方向进展。

司法警察用意志自制力和控制力调节自己的行为时，不但有克制的特点，而且还具有激励的作用。司法警察愈能激励自己坚定不移地执行决定，就愈能克制自己不良的思想情绪言行，如此又能愈加坚定不移地执行决定。

（四）完善的人格品质

人格是个体在行为上的内部倾向，它表现为个体适应环境时在能力、情绪、需要、动机、兴趣、态度、价值观、气质、性格和体质等方面的整合，是具有动力一致性和连续性的自我，使个体在社会化过程中形成给人以特色的身心组织。

1. 性格

性格是人在长期的实践活动中形成的对现实稳固的态度，以及与之相适应的习惯化了的行为方式在其心理特征上的突出反映。性格是个性中鲜明表现出来的心理特征，也是个性中最重要的心理特征。人的性格表现在许多方面，如诚实、谦虚、善良、勇敢、自豪、果断、虚伪、自负、自卑、怯懦、优柔寡断等。每个人都具有这样或者那样的性格特征，这些特征错综复杂地交织在一个人的身上，构成人的各自不同的性格。性格对做好工作有很大的影响。司法警察所从事的职业，要求他们的性格有较强的自信心和独立性，勇敢沉着，耐性要强，有责任心，有求实精神，顽强、果断、情绪稳定，有较强的自制力和坚忍不拔的毅力，有高度的组织和纪律性，谦虚谨慎，公道正派等。

2. 兴趣

兴趣是力求认识某种事物和渴求真理，与肯定的情趣态度相联系的积极的意识倾向。兴趣分直接兴趣和间接兴趣，直接兴趣是对活动本身的兴趣，间接兴趣是对活动目的的兴趣。司法警察的兴趣是指司法警察在工作中对有关事物现象的优先注意和集中注意的心理趋向。兴趣带有明显的情绪色彩，当一名司法警察对某种事物或现象发生兴趣时，他的心理活动就处于兴奋状态。保持这种兴奋状态对做好工作，提高工作效率有重要的作用。司法警察应当注重培养自己积极、广泛的工作兴趣和生活兴趣。在司法警察的兴趣中，工作兴趣专一、持久，处于主要地位，而生活兴趣丰富、广泛，处于辅助地位。

3. 动机

动机是推动人进行活动的内部原动力。动机在需要的基础上产生，当需要的强度在某种水平上，只有拥有一定的外在条件和诱因条件，才能成为实际活动的动机并导致活动的产生。动机在司法警察的工作中具有重要的意义。动机能唤起维持司法警察的工作行为，能使行动具有稳固完整的内容，并起到强化作用。司法警察在工作、生活中，动机一定要有明确性、正确性和高尚性，要杜绝不正当动机的产生。

4. 理想、信念、世界观

理想是与生活愿望相结合、符合事物发展规律并指向未来的想象。它是人们工作和学习的巨大动力，是构成创造想象的准备阶段；信念是行为的动机，表现为人们对自然和社会的理论原理、见解和知识的真实性坚定不移。信念具有深刻的情感，能指导人们为之奋斗；世界观是人们对整个世界的根本看法，具有鲜明的阶级性，它既属于哲学范畴，也是心理学的课题。人的世界观是对现实生活各方面态度的核心，是个人行为的调节器。司法警察应在生活和工作实践中努力改造自己的主观世界，不断树立正确的理想和信念，树立无产阶级世界观，培养良好的思想品质。

（五）成熟的自我意识

自我意识是对自己身心活动的觉察，即自己对自己的认识，具体包括认识自己的生理状况（如身高、体重、体态等）、心理特征（如兴趣、能力、气质、性格等）以及自己与他人的关系（如自己与周围人们相处的关系，自己在集体中的位置与作用等）。

自我意识在个体发展中有十分重要的作用。首先，自我意识是认识外界客观事物的条件。一个人如果还不知道自己，也无法把自己与周围相区别时，他就不可能认识外界客观事物。其次，自我意识是人的自觉性、自控力的前提，对自我教育有推动作用。人只有意识到自己是谁，应该做什么的时候，才会自觉自为地去行动。一个人如果能意识到自己的长处和不足，就有助于他发扬优点，克服缺点，取得自我教育的积极的效果。再次，自我意识是改造自身主观因素的途径，它使人能不断地自我监督、自我修养、自我完善。

司法警察必须具备较成熟的自我意识。具有正确的自我认识，能够正确地认识、评价自己个性的优、缺点，从而在处理自我与周围的社会关系中扬长避短；具有自尊、自信的自我情感，但又不自傲，在工作中就能够既保持司法警察应有的威严，但又不自视特殊而要特权；具有自我控制和自我调节能力，在工作、生活和人际交往中，遇到困难和挫折时，善于积极进行自我心理调控，能够保持积极向上的自我心理平衡，避免陷入不必要的烦恼与不安之中。

三、提高司法警察心理素养的主要途径

（一）学习与实践相结合

司法警察通过系统学习心理科学知识，了解和掌握自身心理活动的规律，并且运用心理学所提示的人的心理活动的普遍规律去预测和控制自身心理现象的发生。通过学习心理科学知识，可以为自己在工作实践中有目的、有针对性地培养和提高心理素养。司法警察学习了解心理学知识，认识到观察是一种有目的的知觉，目的是否明确，任务是否具体，都会直接影响到观察的结果。这样司法警察在工作中就会有意识地、独立地给自己提出观察的目的和任务，并且尽量使任务具体化，促使自己的观察成功；认识到人的观察力是在实践活动中经过长期的训练发展起来的，司法警察就会有意识地在工作中、在日常生活中加强观察学习，经常给自己提出观察的要求，在工作中总结观察成功的原因，培养自己良好的观察习惯；认识到观察力是以必要的专业知识为基础的，司法警察就应努力学习专业知识，扩大视野。

（二）加强心理训练

司法警察的心理训练是指有目的、有意识地培养和提高自己在紧张、困难、危险、劳累的工作环境里完成任务所需要的心理素养，并保持心理稳定和健康的训练。也就是运用心理学原理，模拟出类似实际工作时的环境和环境中影响司法警察心理的刺激因素，使司法警察能够产生出近似于实际工作时的心理活动，体验各种刺激因素对心理的影响，使司法警察在心理上得到锻炼，提高心理容量和心理活动水平，增强适应能力，从而能够在实际工作中对真实情况作出适应性的反应。

综观发达国家的警务工作状况，它们具备一个共同的特点，即十分重视警察心理素质，一些国家把心理素质作为选拔和训练警察的首要条件。如美国用大学教育模式对警察进行心理训练。心理训练的内容主要有自我意识，情绪控制，应急反应能力，人际交往能力，心理变态者、受害者、家庭纠纷者技能和终身心理健康训练。心理训练在警察教育中占三分之一左右的时间。而英国警察心理训练主要有自我意识，人际交往技能和社会关系训练，既重视认知训练又重视行为训练，学生是训练的中心，训练时间较长，每次晋级都要进行必要的训练。而我国警察心理训练的内容，包括认识、情感、意志等心理过程的训练和个性特征的训练。对司法警察进行心理训练，有助于提高他们的心理活动水平。进行心理训练，可以使司法警察在面对刺激因素时，形成一种对刺激的相对性的反应，学会控制自己，减少因紧张给工作造成的困难。进行心理训练，还有助于司法警察克服心理障碍，逐步培养司法警察具有适应紧张、危险状态的特定的心理，这种心理既能保证司法警察进行有效的工作，提高工作效率，又能增强其心理承受能力，有助于心理健康。

（三）树立科学的世界观和人生观

马克思主义世界观是科学的世界观。有了正确的世界观，用它来看待人生，指导工作，就能树立正确的人生观。作为司法警察，只有树立起正确的世界观和人生观，才能正确地看待工作和生活，沉着、冷静、正确地对待各种遭遇。从这个意义上讲，树立科学的世界观和人生观是养成良好的心理素养的基础。

（四）丰富业余文化生活

要设法丰富司法警察的业余文化生活，调整工作带来的精神压力，满足司法警察

健康身心、愉悦心情、公关社交和提高生活质量的需要。业余文化生活本身也影响司法警察的心理素养。

（五）加强意志培养

（1）正确的人生观是每个有政治觉悟的人不断树立自己的工作目标，奔向远大的理想，坚定信念，奋力工作的精神支柱。意志行动的动机目的是受理想、信念、世界观的支配的。牢固树立共产主义理想、信念，坚定正确的政治方向是培养意志的关键途径。要牢固树立正确的人生观，就要不断地坚持政治学习，加强自身的政治修养。

（2）培养积极健康的情感，增强意志活动的动力。人的意志行动直接受情感情绪的影响。情感不但能在认识和行动之间起桥梁作用，而且能促使人的认识深化，形成信念、意志。积极健康的情感可以激励人们确立正确的目标，鼓舞人们去行动，去克服困难实现目标。司法警察要不断增强热爱祖国，热爱人民，憎恨敌对势力，憎恨犯罪分子，憎恨不良现象的意识。

（3）在工作实践中不断磨炼意志。实践活动是人的心理产生、形成、发展和深化的基础。司法警察培养提高意志品质单有良好的愿望是不行的，还必须在具体的工作实践中加强意志的磨炼，也可以通过组织手段去磨炼。

（4）加强意志的自我锻炼。培养提高司法警察的意志品质，除了有组织、有计划、有目的地安排教育训练内容，或者有针对性地赋予某同志特定的任务外，更主要的是司法警察本身要自觉地加强锻炼。因为优良的意志品质的形成，必须通过主观努力才能形成，这是培养坚强意志品质的内因。

（5）自我锻炼不是闭门修身养性，而是要自觉地在实践中进行，要勇于解剖自己，要对自己意志品质上的优点、缺点进行自我剖析，坚持发扬好的意志，努力克服某些意志上的缺陷，这样才能不断提高意志品质。

（六）智力培养

司法警察应有意识地在工作中进行智力锻炼：在日常工作中善于动脑筋，积极培养和锻炼观察力、注意力、记忆力、想象力、思维力、创造力，使自己能够在各种刺激因素的干扰下，不但不影响思维，而且保持冷静的头脑，敏锐地作出判断和决策，机智、果断地采取行动。在进行智力锻炼中，要针对工作特点，有意设置各种造成认识和智力上困难的情境，加强空间方位感、时间感和机动方面的训练。

（七）职业性格的培养

工作中，每名司法警察的思想品格、言行举止、态度作风，都能反映他的性格特征。其性格品质的高低优劣，不但关系到工作中的主观指导方向和策略，而且关系到工作作风、警察形象等问题。优良的职业性格，往往是认真履行职责，圆满完成任务的基础。所以加强职业性格修养，提高心理品质，是做好本职工作的重要的心理保证。警察职业性格修养的重点，主要在于职业道德，对为保卫社会安全而努力认真地工作等方面的态度和行为特征的表现。具体表现为：有为保卫国家安全而坚守岗位的决心和信心，有勇于奉献的大无畏精神，有高度的正义感、责任感和义务感；在工作中或在战斗中有胆有略，勇敢坚定，机智灵活，果断顽强，严格纪律，身先士卒，以及拥有胜不骄、败不馁等性格特征。

任何事物，必须在实践中总结和发展。英勇善战的士兵必须经过千锤百炼，司法警察队伍的建设和发展也蕴含着这个道理。

四、司法警察的心理素养训练的具体方法

（一）模拟训练

模拟训练的方法是通过模拟司法警务工作中各种可能出现的行为及紧急事件，让司法警察操作和处置，帮助其减轻惊慌情绪，提高他们心理适应性的方法。模拟的情境分为两类：一是模拟外部环境，包括实验室模拟和实地模拟；另一类是模拟人的心态，即通过让受训司法警察扮演不同的角色，使他们了解不同角色的想法，以及自己应采取的措施。

（二）自我暗示训练

自我暗示训练也称语言调整法，是通过自己的语言对自己的心理施加影响的方法，目的是调整自己的情绪和意志行为。比如，可以用“我非常镇定”、“我完全相信自己”、“我很勇敢”等来增强自己的意志和情绪的稳定性，可以用“我一定能成功”、“我准备得很充分”、“我能行”等增强自己的信心。也可以用自我暗示的方法来进行自我放松，消除紧张和疲劳。总之，自我暗示可以使司法警察防止不良情绪的出现，使自己自觉地进入良好的情绪状态，又可以对紧张和疲劳的消除起一定的作用，司法警察应注意对其进行积极运用。

（三）心理咨询活动

心理咨询活动属于无形的训练范围，但其内容却十分广泛。对司法警察的心理咨询是咨询者运用适当的方法和技巧帮助被咨询者即司法警察认识自己，接纳、欣赏自己，使其适应工作，适应社会环境，协调人际关系，维持心理平衡，发挥自身潜能。

心理咨询活动是对司法警察的心理服务，是提高司法警察心理健康知识和水平，排除其心理困扰及精神压力，提升其职业心理素养的有效方法。

（四）放松训练

放松训练就是通过对肌肉的放松练习，达到控制自己的紧张情绪和应激反应的目的。有很多关于放松的方法，如深呼吸法、静思法等。持续数分钟的完全放松，比一小时睡眠的效果还好。身体放松常用的方法有游泳、做操、散步、洗热水澡；精神放松的方法有听音乐、看漫画、静坐、钓鱼等。此外，还有冥想、打太极拳等，这些方式都可以通过肌肉松弛来达到放松的目的。

【特别强调】

保持司法警察的心理健康，对保障审判、检察工作的正常进行具有相当重要的现实意义。

第六节　司法警察的业务素养

一、司法警察业务素养的内涵

【案例 5－6】

2012 年 10 月 23 日，广西壮族自治区柳州市中级人民法院法警支队顺利完成一次

长途押解、看管、值庭任务。

该案被告人覃某某、罗某某因犯故意杀人罪而被羁押于融安县看守所，后因被告人罗某某患有心脏病、高血压等疾病，被送往南宁茅桥医院进行医治。同一起案件，两名被告人却相隔两地，这无疑给法警押解、值庭等工作增加了难度。接到任务后，柳州市中级人民法院法警支队高度重视，多次与办案法官进行沟通并熟悉案情，最后决定将被告人覃某某从融安县看守所长途押至南宁市茅桥医院与被告人罗某某一起进行开庭审理。这是对柳州市中级人民法院法警支队法警们的一次严峻考验，也是对司法警察岗位技能、体能及干警素质的一次实战检验。

为防止长途押解过程中被告人脱逃，支队积极制定长途押解工作预案，并提出“三落实”要求：一是落实好警力部署工作。按照一比三的押解配警要求，选好押解、看管的法警，明确责任，落实到人。支队领导亲自带队执行此次押解任务，并于22日下午前往融安县看守所了解和掌握被告人覃某某的情绪等基本情况。二是落实好押解警械具及车辆装备。警务部门对参与押解任务车辆的油量、车况进行全面检查，并提前发放警械具，督促每一名押解法警检验各自所佩戴的警械具，确保执行任务时所有车辆、人员、装备状态良好，做到万无一失。三是落实好押解途中的各项制度。法警对长途押解的被告人实行贴身押解，按规定使用警械具，车辆行驶过程中密切观察被告人的举动及行驶的道路状况，时刻保持高度警惕，保证人员和车辆安全。

按时将被告人押解至南宁后，押解法警随即认真投入值庭任务中，并在庭审结束后，顺利将被告人覃某某押送回融安县看守所。虽然押解过程一路奔波，但柳州市中级人民法院法警支队为此次任务交上了一份满意的答卷。

【问题思考】

1. 本案例中，司法警察体现出的素养主要是哪方面的？
2. 业务素养的主要内容有哪些？

【应知应会】

业务，即个人的或某个机构的专业工作。业务素养，即专业工作的水平，包括专业工作知识（专业理论水平）、专业工作技能（专业技术水平）、专业工作熟练程度（专业训练水平）等。

司法警察的业务素养，就是工作素养的水平。业务知识是知识结构的主体部分，包括专业理论和专业技术。掌握知识的多与少、深与浅，是衡量司法警察能力的一个重要依据。在业务素养方面，要了解、熟悉与警察所担负的职责任务相关的法律、法规，掌握与审判、检察业务相关的法警业务知识以及有关的警察体育技能，能够完成、胜任本职工作。

二、提高司法警察业务素养的重要意义

（一）提高司法警察业务素养，关系到党和国家的政治声誉

国际上对一个国家的政治稳定和社会秩序的好坏也是以法制秩序的好坏作为第一影响衡量标准的。如果我们的司法警察业务素养不高，法制秩序不好，就有损我国在国际上的声誉。对此，为了维护国家民族的尊严，司法警察应不断提高业务素养，为

祖国争光。

（二）提高司法警察业务素养，是服从现代化建设和深化改革服务的需要

现代化建设是党和全国人民的中心任务，也是全国人民的根本利益所在，加强法制秩序建设就是为了给现代化建设事业创造一个安定的社会环境，使人民群众有一个安全的生产环境和工作环境。为此，创造良好的法制秩序正是司法警察的神圣职责。司法警察业务素养的高低直接关系到国家的现代化建设，提高司法警察业务素养是深化改革的需要。

（三）提高司法警察业务素养，是严峻的斗争形势和繁重的工作任务的需要

在新旧体制交替过程中，各种社会矛盾增多，刑事犯罪居高不下的趋势在短期内不会有多大改变。随着改革开放力度的加大，步伐的加快，司法警察将担负更加艰巨、繁重的工作任务，这就对司法警察提出了更高的要求，司法警察必须有为审检服务、为法制献身的强烈意识，要具备在严峻的斗争形势下适应繁重的工作任务的素养，练就一身克敌制胜的过硬本领，依法打击犯罪，保卫人民，有效地维护法制秩序的持续稳定，为改革开放和经济建设保驾护航。

（四）提高司法警察业务素养，是解决警力不足的重要渠道

有关资料表明，目前我国警察从数量上与西方国家的警察相比差距甚远。在当前国家财力仍有困难，不可能大量增加警察数量的情况下，解决警力不足的现实办法就是大力提高警察的业务素养，向素质要警力。

三、司法警察业务素养的主要内容

司法警察业务素养的范围从广义上讲，包括所有的业务；从狭义上讲，是指司法警察的文化程度、业务知识、工作技能、执法水平等素养的综合体现。是前面所述的政治素养、文化素养、身体素养、心理素养等在工作中的综合运用。具体而言，司法警察的业务素养可以分为以下几种：

（一）技能素养

技能是法警完成工作任务的基础，强化教育训练是提高技能素养的重要途径，坚持经常化是巩固和提高技能素养的重要保证。因为司法警察队伍是一支准军事化的队伍，为了提高法警队伍的综合素养，要严格按照《人民法院司法警察训练大纲》和上级法院的指示，建立一支正规化、现代化、革命化的队伍，培养一支威武强壮的，招之即来，来之能战，战之能胜的队伍，司法警察就必须具备一定的技能基础，就要加强技能训练。有了过硬的军事技能，才能服务于审判工作，才能完成各项执行任务；有了一定的技能基础，加上一定的人员编制，才能拉得出，打得胜，所以说技能训练是司法警察部门的必要课程。

（二）科学理论知识素养

司法警察具备的科学理论知识方面的素养，就是要掌握马列主义、毛泽东思想的基本原理，联系实际，学会用辩证唯物主义和历史唯物主义的世界观和方法论去观察问题、分析问题和解决问题。同时，还要掌握一定的法学、行政管理学、社会学、警察管理学、犯罪社会学、治安管理学，以及有关的社会科学知识。

（三）业务知识素养

司法警察的业务知识素养要求司法警察具备高度的政策水平，学会做群众工作。

正视自己的工作的现状，熟悉司法警察工作中的斗争方针、原则和方法，会搜集信息。熟练掌握我国宪法、刑法、刑事诉讼法、警察法等，并能运用这些法律武器正确开展同犯罪分子的斗争。司法警察要具有管理知识，领导干部更要具有科学管理知识，使司法警察管理由经验管理上升到科学管理，要具有开拓和改革精神。

四、司法警察应具备的业务能力

（一）洞察力

发现问题是司法警察工作的起点，只有及时发现问题，才能及时分析问题和迅速解决问题。对于司法警察而言，善于发现问题的关键是由表及里，透过现象看本质；见微知著，不放过蛛丝马迹。

（二）分析力

（1）分析问题的深度。事物的发展都是由几个不同的层次所构成的过程，人们对事物的认识总是从现象到本质，从初级本质到高级本质，以至于无穷。分析问题时越深刻，就越容易把握住事物的本质和事物的规律，从而也就越容易找到解决问题的方法。

（2）分析问题的广度。造成某种结果的原因是复杂的，有直接和间接原因，但直接原因并不一定就是根本原因。因此，司法警察要有科学的思维方法，做到分析问题客观、冷静、全面，具有严密的逻辑性。

（3）分析问题的速度。司法警察在执行任务时要争取时间，快堵、快查、快办，拖拖拉拉就会时过境迁。因而，司法警察应迅速判明情况，快速地决定方案，积极地采取措施，确保工作的及时性、果断性和有效性。

（三）应变力

司法警察在工作中所遇到的情况千变万化，尤其是在敌对斗争问题错综复杂的情况下，更应具备应变能力。应变能力是独立工作能力的基础，也是对独立工作能力的一种高标准要求，它在处理案件和开展对敌斗争方面显得尤其重要。它要求司法警察能够在复杂的情况下，掌握住原则，把握住方向，并灵活运用区别对待、内紧外松的工作方法，使其问题得到圆满解决。

（四）社会活动能力

司法警察的社会活动能力，是在日常工作实践中通过司法警察的多种素养表现出来的一种综合能力，主要从以下几方面来体现：

（1）调查访问能力。如为查明某种情况，检察院司法警察必须深入群众中去调查访问。但是，对同一件事，不同人进行的调查访问，客观效果是不同的，甚至是截然相反的。实践证明，社会活动能力强的司法警察，善于把握调查访问的时机，善于制造和渲染适宜调查的协调气氛，能及时发现被调查人的思想顾虑和洞察其心理活动，并能针对其思想特点，循循善诱，选择最有利的调查方式。而一个缺乏社会活动能力的人，在调查访问中就只能一味地要求被调查人快讲。

（2）说服教育能力。一个有经验的司法警察在说服教育中往往能和颜悦色，娓娓而谈。在押解、看管等工作过程中，面对因恐惧、侥幸、悔恨或不懂法而情绪波动大，可能发生意外事件的犯罪嫌疑人或被告人，他能通过自己扎实的法律知识，深刻的思想，真挚的感情，贴切的语言去晓之以理，动之以情地使其受到启迪，得到感化。

（3）社会交际能力。日常工作要接触到社会的各行各业，接触到各种各样的人。为了适应工作的需要，司法警察无论在案情的调查或同人民群众的联系中，都要迅速地理解和适应对方的心理需要与思维状态，争取得到他人的依赖。因而司法警察在人际交往中，对各种类型的人都要积极接触，融洽相处。同时，在他们有困难时要尽最大的力量去支持和帮助他们。这种人际关系一旦建立起来，就能眼观六路，耳闻八方，得心应手。在社会交往中，若不善于争取别人的理解和支持，将是一种缺乏社会活动能力的表现。

（五）思想表达能力

所谓思想表达能力，即善于通过一定的形式将自己的思想、认识、主张等向他人完整而准确地表达出来，这样才能使这种思想的价值得以体现。一名合格的司法警察，必须具备表达思想的能力。

（1）口头表达能力。在进行口头表达时，应注意这样几点：①态度自然，举止大方，神情稳定；②中心明确，观点鲜明，要求清楚且具有条理性；③语言清晰、文明，不讲脏话；④善于运用生动的材料、典型的事实和准确的数据；⑤掌握谈话的动机、场所和选择正确的谈话方式。

（2）文字表达能力。每个司法警察都要有一定的文字表达能力，把自己工作中积累的丰富经验和获得的信息文字化，这样有利于交流和自我提高。文字表述忌语言干瘪、语句不通、论据不充分、空话多和思想缺乏深度，文字书写要工整。

（六）科学预见的能力

科学预见能力，是人们在充分认识和掌握了事物发展规律的基础上，对事物的将来发展趋势所作出的正确推测和判断。

（1）科学预见是贯彻“预防为主”方针的有效途径和科学保证。“预防为主”是工作的基本出发点，是搞好日常工作的根本保证。

（2）科学预见是司法警察正确行动的先导。因为科学预见是人们深刻认识和了解事物的本质后，经过科学的思维而得出的科学预言，它是以估计、推测、设想的方法来反映发展中的事物。司法警察应具备高度的科学预见能力，绝不应被琐碎的事物所包围，而要善于通过琐碎的小事去寻找问题的根本，去分析事态形势的发展方向和可能出现的基本情况。

（3）正确的科学思维方法是科学预见的前提。科学预见是对未来事实的推测和判断，它有待于实践的检验。这就决定了科学预见只能大体上推断事物发展的基本进展，不可能准确地预报具体结果和具体细节。一般来说，科学预见的准确程度取决于人们对客观事物及发展规律的认识，取决于人们科学思维的精确程度。这就告诉我们，要提高科学预见能力，必须在认识事物的规律和科学思维上下功夫。

五、提高司法警察业务素养的重要途径

（一）司法警察人员的培训

司法警察直接担负着维护法制秩序，实现司法目的，打击敌人，保护人民的合法权益，保护现代化建设的重任。目前的司法警察有相当一部分缺乏正规的、系统的业务和科学技术培训，与其所担负的任务不相适应，必须通过院校培训这一有效途径，迅速提高业务水平，开发管理人才，调动他们的积极参与性、创造性，使之成为一支

革命化、年轻化、知识化、专业化的队伍，高质量、高效率地完成党和国家交付的任务。

（1）培训的方向和内容。①培训的方向。培训必须贯彻邓小平同志提出的“三个面向”，即面向现代化、面向世界、面向未来。②培训的内容。对司法警察人员的培训内容，必须遵循以上的培训方向来安排。主要有：马列主义的基本理论和党的路线、方针、政策和与司法警务、审检工作相关的专业知识，以及现代科学技术知识等。要学用一致，讲究实效，适应时代发展的需要。

（2）培训的方式和方法。①培训的方式，以在职培训为主，结合实际情况，坚持“业余为主，自学为主”，开辟多种渠道办学。②在职培训的方法。举办各种形式的经验交流、剖析实际案例、分析与解答疑难问题，也可做专题调查、现场实习、工作方法评价等。但是不论哪种方式或方法都要强调理论联系实际，抓住一两个重大课题进行深入的分析和研究，注重实效，防止走过场。

（二）司法警察人员的考核

1．考核的必要性

对于司法警察人员的考核，是法院和检察院政治部门人事工作的重要内容，是提拔任用干部的基础工作。实践证明，实行严格的考核制度是非常必要的：①有利于司法警察各尽其能，尽职尽责；②有利于鼓励先进，激励、鞭策后进；③有利于知人善任，发现人才；④有利于提高司法警察整体素养。考核应与司法警察的任用、升迁、晋级联系起来，形成制度，定期考核、晋级，把竞争体制引入日常管理中来。世界上多数国家的警察都有定期培训考核、晋级的制度，一般每隔3年至4年就有一次考核晋级的机会。我国警察的任用升迁也应经考核合格才任用和升迁，这样才能使警察的工作和学习经常处于竞争的机制之中。

2．考核的内容、原则和方法

（1）考核的内容。司法警察的考核内容，应按各自的岗位责任制进行德、能、勤、绩全面考核，其中考“绩”主要是考核工作效能，包括完成任务的数量、质量和效果。因为工作实绩能综合反映一个警察的品德能力和贡献大小，所以考核以考“绩”为中心。

（2）考核的原则。考核的原则是客观、全面、公平、合理，以求正确地反映司法警察的实际情况，切忌主观片面和感情用事。在考核中既要看完成任务的情况，又要看执行政策、法规、遵守纪律的情况；既要看数量，又要看质量；既要看工作热情，又要看思想作风；既要看本人的总结，又要听他人和有关部门的意见；既要看成绩，又要看不足。

（3）考核的方法，考核的方法是多种多样的，人民法院和人民检察院适合综合评议的考核方法，即根据执行岗位责任制的情况，按照所制定的考核内容和标准，采取平时考核与定期考核相结合，有步骤地进行，并作出实事求是、恰如其分的评价。考核的结果要同本人见面，准许本人提出意见和保留意见。考核资料装入本人档案，作为升降、奖惩、任用的依据。

【特别强调】

只有不断加强业务素养，提高执法水平，才能适应构建社会主义和谐社会对司法警察提出的更高标准和更严格的要求。

【拓展阅读】

在美国，每到一家法院必须做的第一件事就是无条件接受“安全检查”。美国法院的“安全检查”是由保安人员负责的，其日常管理、业务指导也属于司法警察的职能。在美国，法院除法官有专用通道可以不经过安检进出法院外，其他法院工作人员和所有外来人员都必须接受安全检查。安检要求非常严格，无论男女必须解下腰间皮带、掏空所有口袋、脱下所穿皮鞋、取出携带物品后通过安检门，随身携带的包通过机探，若有可疑物品须开包检查。对反复通过安检门仍有报警的，安检人员再用手探进行人工安检。安全检查的所有程序无一省略，主要体现在两个方面，一是安检无特例，即便是远道而来的“外国”客人，抑或是本院的正式工作人员，都无一例外地接受安检；二是安检过程认真严格。

思考题

1. 如何提高司法警察的政治素养？
2. 司法警察身体素养的要求有哪些？
3. 司法警察应具备哪些心理素养？
4. 提高司法警察业务素养的途径有哪些？

第六章
司法警察的组织管理

【知识目标】

正确理解司法警察培训的目的与内容

掌握司法警察的奖惩、晋升与考核的规定

【能力目标】

掌握司法警察的组织管理体制

熟悉司法警察的选拔和录用原则与程序

第一节　司法警察组织管理体制

司法警察是司法机关的重要组成部分，但其组织管理体制却有别于专业司法官员。本章以法院为例，介绍司法警察的组织管理。

根据最高人民法院颁布的《人民法院司法警察条例》规定，人民法院司法警察的编制、建制，由最高人民法院规定。人民法院司法警察实行编队管理。最高人民法院设立司法警察局，高级人民法院设立司法警察总队，中级人民法院设立司法警察支队，基层人民法院设立司法警察大队。

【应知应会】

一、司法警察组织管理的概念

人民法院司法警察的组织管理就是对司法警察队伍的机构设置、人事编制、职责权限、运行体制、管理方式等所作的制度设计和关系协调。

组织管理是人民法院司法警察队伍建设的前提和基础，是发挥人民法院司法警察职能的机制保障。

【资料6－1】

根据最高人民法院统计，截至2009年底，全国法院系统共有在编司法警察33 000多人，聘任制司法警察近20 000人，司法警察缺口约27 000人。

二、司法警察组织管理体制

（一）编制体制

人民法院实行司法警察政法专项编制与聘任制相结合的干部管理体制，逐步实现司法警察队伍的年轻化、知识化和专业化。

1．政法专项编制司法警察

最高人民法院关于现行司法警察的人员配置比例是这样规定的：按本级法院控编总数12%的比例进行配置，女司法警察的配备应按照本级法院司法警察总人数的20%。

据最高人民法院政治部警务部统计，到2009年底，全国法院共有司法警察53 000人，其中，中央政法编制的有27 609人，地方编制的有5 724人，临时聘任制司法警察则有近20 000人。

现在实行的配置司法警察按本级法院控编总数12%的比例是按照1992年法院的案件数量来确定的，但现在全国法院系统实际审理的案件数已增长了2.18倍，职能比过去增加了18项之多，有的法院刑事案件增加了10倍，但司法警察的编制却没有相应的增加。目前法警仍采用20世纪确定的法警编制管理体制和编制规定，把法警编制限定在法院控编数的12%以内，明显已经滞后。

因为司法警察警力的严重不足，在刑事案件的押解和值庭方面警力无法按规定配置，庭审安全存在隐患。特别是近年来，法院执行案件越来越多，如果参与法院执行工作的警力难以得到保证，遇到突发事件时，就难以集中警力来控制局面。

2．聘任制司法警察

【资料6－2】

根据司法实践的要求，审理一起案件至少要开一次庭，每开一个庭至少需要4名法警保障庭审秩序和安全，如果是刑事案件，还要增加2名法警看押被告人（按只有一名被告人计）。按广西各级法院2009年共审结各类案件18万件计，每半个工作日（按一年250个工作日计）需要开360个庭，需要庭审保障法警1 560人。

全国人大代表、广西壮族自治区高级人民法院院长罗殿龙说，广西三级法院要保障审判执行等司法活动的正常开展，最少需要配备2 309名司法警察，而目前在编法警只有1 122人，缺口警力达1 187人。

聘任制司法警察是指人民法院使用国家确定的政法行政编制或当地政府批准的财政拨款编制，面向社会公开招聘，经考试、考核合格，纳入合同制序列的聘任制干部。

为了解决司法警察警力严重不足的问题，最高人民法院指导各级人民法院试行了聘任制司法警察。

1999年，最高人民法院制定颁布的《人民法院五年改革纲要》明确提出：“探索改革司法警察的任用制度，试行部分司法警察聘任制，理顺司法警察进出渠道。”2001年10月，最高人民法院制定了《人民法院司法警察试行聘任制暂行办法》，明确了聘任制司法警察的条件及聘任程序、聘任合同的签订、聘任制司法警察的工作职责、组织管理、工资、福利及待遇等规定。

《人民法院司法警察试行聘任制暂行办法》第9条规定：“人民法院聘任制司法警

察表现特别优秀，有突出业绩、符合国家公务员条件的，按照国家公务员的有关规定办理录用手续，转为正式干部。”聘任制司法警察是在政法专项编制外、以合同约定的形式进入司法警察队伍的警务人员。

聘任制司法警察在一定程度解决了警力不足的老大难问题。聘任制司法警察聘期一般为3年。年龄在35周岁以上的一般不再续聘。聘任合同一年一签，不适合做司法警察工作的，到期可解聘；在聘期内违法违纪的，可随时解聘；合格者签续聘合同。

（二）司法警察的编队管理制度

所谓编队管理是指将司法警察人员归编为一个单列部门，实行集中管理、统一组织、统一指挥、统一使用。

人民法院司法警察实行编队管理。最高人民法院设立司法警察局，高级人民法院设立司法警察总队，中级人民法院设立司法警察支队，基层人民法院设立司法警察大队。这种归口管理和编队方式，既有利于分清专业法官与司法警察的工作性质、职责和要求，也较好地解决了保障审判工作中统一调警、联合作战的机动性。

至2011年末，全国法院司法警察共设32个总队，408个支队，3 025个大队。对司法警察进行规范的编队管理，可有效地改变各个法院分散管理的局面。

（三）司法警察的双重领导体制

人民法院司法警察接受所在人民法院院长和上级人民法院司法警察部门的领导，接受所在人民法院司法警察部门的管理。这种双重管理体制，体现了司法警察在人民法院的特殊地位。

所谓双重管理，是指司法警察的人事管理和经费使用归属于同级法院。同时在业务上，人民法院司法警察必须执行上级的决定和命令，接受上级人民法院司法警察部门的指导和监督。人民法院对司法警察的调配，应当征求本院司法警察部门的意见；司法警察部门主要负责人的任免，应当报上级人民法院司法警察部门备案。

三、人民法院司法警察组织管理体制存在的问题

（一）聘任制司法警察日常管理问题突出

1．聘任制司法警察的编制管理不当

根据最高人民法院《人民法院司法警察试行聘任制暂行办法》的规定，聘任制司法警察是指人民法院使用国家确定的政法行政编制或当地政府批准的财政拨款编制，面向社会公开招聘，经考试、考核合格，纳入合同制序列的聘任制干部。现实中各地、各级人民法院在政法编制普遍存在超编的情况下，没能用政法编制解决聘任制司法警察的编制问题。已试行聘任制司法警察的法院，大多数采用的是不占编制的合同制用工制度。

2．聘任制司法警察的素质参差不齐

由于各地财政状况及经费保障不同，各级人民法院在招聘聘任制司法警察时提出的招考范围、报名对象等都不一样。有的法院招考范围面向全国、有的面向全省、有的只面向本单位的临时人员。报名对象也有差别，有的法院只招优秀的退伍军人或武警战士，有的只招公安、武警院校毕业生。这就造成了聘任制司法警察素质参差不齐的局面。

3. 聘任制司法警察的工资待遇不统一

各地人民法院对聘任制司法警察的工资待遇不统一，有的从当地政府财政申请拨款支付，有的是本院自筹经费支付，与正式司法警察同工不同酬，大大挫伤了聘任制司法警察的工作积极性，从而影响司法警察队伍的凝聚力和警务保障能力。聘任制司法警察不属于在编的司法警察，不能评授警衔，无法使其对本职工作产生职业荣誉感和自豪感。

4. 聘任制司法警察面临再就业的困难

最高人民法院《人民法院司法警察试行聘任制暂行办法》的规定：聘任制司法警察聘期一般为3年。年龄在35周岁以上的一般不再续聘。聘任合同一年一签，不适合做司法警察工作的，到期可解聘；在聘期内违法违纪的，可随时解聘；合格者应签续聘合同。"不再续聘"对除了具备司法警察专业技能外，无其他一技之长的聘任制司法警察，意味着将面临再次就业的现实。这就造成在实际管理中难以调动其工作积极性，也极易造成司法警察队伍的不稳定。

（二）司法警察的"编队管理"制度没得到全面落实

主要表现在：一是认为司法警察可有可无，以至于有的法院至今司法警察仍未实行编队管理，即使实行编队管理也是流于形式；二是有的法院根据本院工作需要将司法警察队伍中的精干力量抽调到执行、立案等其他庭室工作，削弱了司法警察的力量，从而使司法警察队伍不能发挥其正常职能作用；三是法警机构成立迟、工作起步晚，由于编制数目少，专项招录司法警察力度不够，造成人员编制不足、年龄结构不合理的现象。

（三）司法警察的"双重领导"体制缺乏约束力

虽然上下级司法警察机构是领导与被领导、管理与被管理之间的关系，但是在具体实践中，上级人民法院司法警察部门往往只管辖警衔、组织学习训练等细微内容，对下级法院司法警察的实际管理权却非常有限。而司法警察在执行死刑、重大执行等任务时，常常要求上下一致、统一行动、整体作战，这些有时会与同级法院的要求或工作安排发生冲突。因此，法警专业化发展更要求建立法警单独序列。上级法院法警部门要加强对下级法院法警的垂直管理，建立统一调警制度、业务培训制度和集中训练制度，下级法院法警部门负责人的选拔、任用要充分征求上级法院的意见。

第二节　司法警察的选拔与录用

一、人民法院司法警察的选拔与录用标准

【应知应会】

司法警察是人民警察的警种之一，人民法院在招录司法警察时，必须符合人民警察的准入标准。《人民法院司法警察条例》第21条规定：人民法院录用的司法警察，应当符合国家规定的条件。

根据《警察法》第26条规定：担任人民警察应当具备下列条件：

（一）年满 18 岁的公民；
（二）拥护中华人民共和国宪法；
（三）有良好的政治、业务素质和良好的品行；
（四）身体健康；
（五）具有高中毕业以上文化程度；
（六）自愿从事人民警察工作。

有下列情形之一的，不得担任人民警察：
（一）曾因犯罪受过刑事处罚的；
（二）曾被开除公职的。

为解决警力不足的问题，地方各级法院招收聘任制司法警察。最高人民法院颁布的《人民法院司法警察试行聘任制暂行办法》（以下简称《暂行办法》）对聘任制司法警察的录用条件也作了相应的规定。《暂行办法》第 5 条规定：聘任制司法警察除了必须符合《警察法》、《人民法院司法警察条例》规定的条件以外，还必须具备下列条件：

（一）具有中华人民共和国国籍；
（二）坚持四项基本原则，拥护党的路线、方针、政策；
（三）年龄在 25 周岁以下；
（四）身体健康，五官端正，无残疾，身高男性 170cm、女性 160cm 以上，双眼裸视 1.0 以上；
（五）具有大专以上文化程度，具备与司法警察工作相适应的专业知识和技能；
（六）遵纪守法，作风正派，品行端正；
（七）经审查，适合在司法警察岗位工作的。

《暂行办法》第 22 条规定调任、转任到人民法院担任司法警察职务的，应当符合担任人民法院司法警察的条件和拟任职位所要求的资格条件。

此外，为了提高司法警察队伍的素质，增强执法能力，《最高人民法院关于加强人民法院司法警察队伍建设的若干意见》还强调："提高司法警察职业准入，把好司法警察入口关，对于政法编制司法警察的录用，政工部门要从警察院校毕业生中择优选拔思想品质好、文化素质高、业务技能精的热爱司法警察岗位的人员；对于聘任制司法警察的聘用，要向社会公开招考，严格考核程序及条件，确保人员素质。"

二、人民法院司法警察录用的原则

【应知应会】

《人民法院司法警察条例》第 21 条规定：人民法院录用司法警察，应当按照国家规定，公开考试，严格考核，择优选用。

《暂行办法》第 4 条规定：聘任制司法警察从应届高等院校毕业生、军队和武警退役军人中聘用。同等条件下，公安、政法院校的毕业生及具有大学本科以上学历者优先聘用。

（一）公开原则

人民法院录用司法警察的标准、条件、方法、程序、结果都应向社会公开。

(1) 通过新闻媒介发布招考公告，将招考的具体事项向社会公开；

(2) 将考试成绩、名次排名、录用情况公开；

(3) 报考人对成绩、名次排列或者考试的其他环节有疑问的，可申请要求有关方面复核。

(二) 平等原则

所谓平等原则，是指一切有符合报考条件的公民都可参加考试，享有进入司法警察队伍的机会与权利。吸收录用与否主要取决于考试成绩的优劣和考核结果的好坏，不因民族、种族、性别、家庭出身、宗教信仰、财产状况、婚姻状况等原因而受到歧视或享有特权，从而造成违法和制造人为的差异。平等原则具体包括：招考资格平等；提供的条件平等；保密措施平等；在成绩面前平等；查阅考试成绩的权利平等。凡通过考试考核合格者，又符合吸收录用条件，则担任司法警察的机会均等，都有权在平等的条件下被择优录用。

(三) 竞争原则

所谓竞争原则包括两方面的含义：一方面在平等的条件下，报考者参加竞争考试，优胜者在竞争中胜出，进入司法警察队伍；另一方面，通过报考者的竞争，应试者通过层层筛选，最终能否被录用取决于本人的政治、业务素质和考试成绩。

(四) 择优原则

人民法院通过竞争性考试，按成绩排名顺序，同时还要对其个人的政治表现、思想道德品质、身体和心理素质进行全方位的衡量考核，经过多次筛选和比较，最后选拔出优秀的人才进入司法警察队伍。

三、人民法院司法警察录用的程序

【应知应会】

根据有关法律和文件规定，司法警察录用程序包括以下几方面：

(一) 发布招考公告

在司法警察的录用考试前，人民法院应会同当地人事部门制定和发布招考公告，通过公告向社会公布。招考公告的内容包括：招考范围、招考对象和条件；录用单位、职位与计划（名额）；考试录用的方法和程序；报名时间、地点及报名时应审查的证件；笔试的科目、时间和地点；面试办法；笔试、面试成绩公布办法；录用的程序和方法；其他须向考生说明的事宜。

(二) 资格审查

资格审查就是依照吸收录用的条件，对报考人员的年龄、学历、行为表现等基本情况进行审查，只有符合规定条件者，才被允许参加录用考试。

(三) 录用考试

考试包括笔试和面试两种形式。

1. 笔试的内容

考试科目分为《公共基础知识》、《行政职业能力倾向测验》、《申论》三科。

2. 体能测评和体检

笔试阅卷结束后，由人事部门研究确定合格分数线。笔试合格人员中，按公共科目总成绩由高分到低分的顺序，按职位实际拟录用人数的一定比例确定参加体能测评人员。体能测评合格者参加体检。

3. 面试

在体检合格人员中，按公共科目总成绩由高分到低分的顺序，按职位实际拟录用人数的一定比例确定参加面试人员。

（四）考核

由招录人民法院对考试合格的且入围的应考人员，进行政治素质和业务素质考核。具体包括政治思想、道德品质、工作态度、业务能力等方面的表现。

（五）录取

招录的人民法院根据拟录取职位的要求，综合评定报考者的笔试、面试、考核、体检结果，确定拟录取的名单并报同级政府人事部门审批。被录用者持录用通知书及有效证件，在规定的时间到人民法院报到。

（六）试用

新录用的司法警察有一年的试用期。试用期内，人民法院对新录用的司法警察进行岗前培训，使他们了解法院的工作及司法警察的工作性质、任务，明确应遵守的行为规范，掌握司法警察执法技能、工作程序。新录用的司法警察试用期为一年，试用期满经考核合格的，正式任职并评定，授予相应警衔；不合格的，取消录用资格。

第三节　司法警察的教育培训

随着社会形势的变化和审判业务的发展，处于审判服务保障一线的司法警察的工作重心不断外延，除了完成传统的刑事警务保障工作外，司法警察还要承担民事执行和安全保卫等工作。这就需要一支具有专业化水平的司法警察队伍。

【案例6－1】

2012年11月20日上午9时许，襄城县法院颖桥法庭有当事人无理闹事，经法庭人员劝说无效，严重扰乱法官执行职务。在副院长唐国建带领下，法警队四名法警快速出警，事件得到妥善处置。同日上午11时许，襄城县法院七里店人民法庭当日开庭，原告遭被告及其家属围堵，在法庭派车送原告回家时仍遭到跟踪、追逐。法警队出动8人配合七里店法庭的工作人员护送当事人到其平顶山的居住地，一起不稳定因素的案件化解在萌芽状态。

【问题思考】

1. 司法警察教育培训的目的、任务是什么？
2. 司法警察体能、技能培训的内容应包括哪些？

【应知应会】

一、司法警察教育培训的目的和任务

（一）司法警察教育培训的目的

司法警察培训总的目的是培养合格的司法警察，通过培养有效提高司法警察的素质和战斗力。

人民法院司法警察教育培训的具体目的包括以下几方面：

（1）帮助司法警察正确认识本职工作的意义、职责、权利和要求；

（2）帮助司法警察树立正确的职业观念，了解必须遵守的职业道德、职业纪律和有关法律，明确行为规范；

（3）掌握司法警察必须具备的专业技术知识和实际工作能力。

（二）司法警察教育培训的任务

司法警察教育培训的基本任务是学习司法警察基本理论、警务基础知识和司法警察履行职责必备的法律法规，掌握司法警察的专业技能，培养坚强的意志、优良的作风和严明的纪律，锻炼强健的体魄，全面提高司法警察队伍的综合素质。

二、司法警察教育培训的类型

根据《人民法院司法警察培训暂行办法》的规定，司法警察教育培训的类型可分为以下几种：

（一）岗前培训

岗前培训是对新录用的司法警察进行的上岗培训，其目的是通过培训使受训者明确司法警察工作的性质、任务、职权，掌握有关法律法规，了解人民法院的基本工作程序、规章制度、岗位职责要求，并能够达到基本胜任司法警察工作的要求。

（二）晋升培训

晋升培训是指对晋升一定领导职务的警务人员或拟晋升警衔的司法警察进行培训，目的在于通过培训，使其政策水平、组织领导能力和专业知识储备达到所需水平，为胜任领导职务做好充分准备。

（三）专门业务培训

专门业务培训属于定期举行的常规培训，培训对象是全体司法警察，是对司法警察提供所需知识和技能的培训，培训的目的是使司法警察熟练掌握司法警察所需的专门业务知识和执法技能，通过培训能胜任本职工作。

（四）更新知识培训

更新知识培训是指对在职司法警察有计划地进行以更新知识为主要目的的培训。培训的对象是全体在职的司法警察，其目的在于通过培训，及时更新知识结构，提高业务水平。

三、司法警察培训的内容

司法警察培训的根本目的是建设一支革命化、现代化、正规化的人民法院司法警察队伍，为审判工作提供优质、高效、强有力和全面的警务保障，以确保审判工作这一中心任务的顺利进行。所以，司法警察必须不断加强训练以提高自身的专业知识、业务技能和执法水平。按照《人民法院司法警察训练大纲》和《最高人民法院关于加强全国法院司法警察训练工作的意见》的规定，教育培训的内容由法律知识、专业知识、入警训练、技能训练四部分组成。其中法律知识和专业知识部分适用于所有司法警察；入警训练部分适用于入警时间在两年以内（含两年）的司法警察；技能训练部分适用于入警时间两年以上的司法警察。

（一）法律知识

法律法规知识的掌握是为了使司法警察日常执行公务时能依法有理有据，做到在法律规定的范围内履行工作职责。法律知识主要包括法律和法规两部分。法律主要包括《中华人民共和国人民警察法》、《中华人民共和国刑事诉讼法》、《中华人民共和国民事诉讼法》、《中华人民共和国行政诉讼法》和《中华人民共和国枪支管理法》等。法规包括《中华人民共和国人民警察使用警械和武器条例》、《人民法院司法警察条例》、《人民法院司法警察刑事审判警务保障规则》、《人民法院司法警察值庭规则》、《人民法院司法警察押解规则》、《人民法院司法警察看管规则》和《人民法院司法警察安全检查规则》等法规。

（二）专业知识

专业知识的学习是日常工作的规范化指引，是对司法警察履行刑事警务保障工作的规范指引。通过学习，掌握相关的专业知识，履行司法警察职能，熟悉各类职能的实施方法，提高处置突发事件的能力。具体包括：

（1）押解：押解人员的职责；押解的种类、方式；押解的任务、特点；押解的动作要领及注意事项；押解的警力配备；押解的组织实施以及特殊情况的处置。

（2）值庭：值庭的任务、特点；值庭人员的职责与动作要领；值庭的组织实施及值庭中的情况处置。

（3）看管：看管的任务；看管人员的职责；看管的组织实施及情况处置。

（4）安全检查：安全人员的职责；安全检查的组织实施；安全检查中一般情况与特殊情况的处置方法。

（5）处理突发事件：熟知突发事件处理预案、人员组成、装备配置、组织协调方法。

（三）技能、体能训练

通过技能训练，掌握动作要领，养成姿态端正、警容严整的良好习惯和令行禁止、协调一致、不怕苦、不怕累的顽强工作作风，熟练掌握擒敌基础动作，增强对抗性、实用性。熟练掌握武器的射击技能，强调射击快速、准确，提高首发命中率，熟练掌握各类警械具的使用方法，保证司法警察在日常警务工作中运用自如。具体内容包括：

1. 技能训练

（1）队列训练：立正、稍息、整齐报数、跨立、敬礼；停止间转法；齐步、正步、跑步与立定；步法变换。

（2）擒敌技术：掌握格斗要领，会使用各种拳法和腿法，熟练完成擒敌拳 1 ~ 16 套动作。

（3）警械具使用：熟练掌握手铐、警棍、警绳的使用及携带方法；掌握安检器材的使用。

(4) 轻武器射击：手枪的性能、构造与保养；射击学原理；射击动作要领；手枪对25米胸环靶和50米半身靶的实弹射击。

(5) 警棍及警棍盾牌术。

2. 体能训练

体能训练的目的是通过严格训练，了解和熟练掌握训练的动作要领，增强身体素质，提高速度、耐力，培养英勇顽强的战斗作风，以适应新形势下的执勤和处置突发事件需要。

(1) 男警1分钟俯卧撑，女警1分钟仰卧起坐。

(2) 100米跑。

(3) 男警1 000米，女警800米的跑步。

(4) 男警5公里越野，女警3公里越野。

四、对人民法院司法警察培训的时间要求

根据《人民法院司法警察训练大纲》第6条的规定：全体司法警察必须参加训练，按规定完成训练任务，具备履行职能所必需的警务知识和能力。司法警察领导干部在职训练每年不少于10个训练日；不担任领导职务的司法警察每年训练不少于20个训练日；新任司法警察第一年的训练不少于30个训练日。每个训练日，按照7小时计算。年度训练起止时间为年初开始，年终结束。

《人民法院司法警察训练大纲》的规定从时间上保证了司法警察每年的培训时间，为司法警察履行职责所必需的能力与知识的提高提供了时间保障。

第四节 司法警察的奖惩、考核与晋升

【新闻链接6－1】

全国法院司法警察先进集体和先进个人表彰大会在邕召开

(广西新闻网—广西日报，南宁) 2008年11月7日，全国法院司法警察先进集体和先进个人表彰大会在南宁召开。会议表彰了全国50个司法警察先进集体和50名先进个人，观摩了广西司法警察队伍专业技能训练和处置突发事件演练。会议还举行了二、三级警监任命仪式并向已退休的优秀司法警察颁发荣誉证章。

【应知应会】

一、司法警察奖惩的目的与意义

司法警察奖惩的目的是通过对表现突出或业绩突出的司法警察给予一定的物质和荣誉奖励，对有工作过失或业绩不佳的司法警察给予处分或处罚，调动积极因素，提高工作效率和效益，发挥司法警察的职能作用。对司法警察奖惩就是表扬先进，鞭策后进，惩罚失职与违纪行为。

对司法警察实施奖惩工作的意义在于实行奖惩是加强人民法院司法警察队伍管理、进行思想政治教育的重要措施，是从严治警和提高人民法院司法警察素质和战斗力的

有力保证，是提高工作效率的重要条件，是司法警察管理部门业务建设的一项基本内容。因此，建立司法警察奖惩制度是加强人民法院司法警察的队伍管理工作的需要，也是人民法院司法警察管理部门的一项长期的任务。

二、司法警察奖惩的内容

司法警察奖惩的内容包括奖励与处分两部分。

（一）奖励

1．奖励的原则

人民法院实施奖励，坚持精神奖励与物质奖励相结合，以精神奖励为主；实事求是，好中选优；群众参与，公开透明的原则。

2．奖励的种类

奖励分为集体奖励和个人奖励。

集体奖励包括嘉奖、三等功、二等功、一等功，授予荣誉称号。其中，嘉奖、三等功、二等功、一等功适用于中级人民法院、基层人民法院及各级人民法院内设机构；荣誉称号适用于高级人民法院内设机构、中级人民法院内设机构、基层人民法院及其内设机构。

个人奖励包括嘉奖、三等功、二等功、一等功、二级英雄模范、一级英雄模范，适用于各级人民法院司法警察。

3．奖励的条件

（1）集体奖励应符合下列条件之一：

①坚决贯彻执行党的路线、方针、政策和人民法院工作方针，严肃执法，办案数量多、质量高、社会效果好；②领导班子坚强团结，凝聚力强，坚持民主集中制，重视思想政治工作，作风民主，联系群众，清正廉洁，带领队伍出色完成各项任务；③改革创新，与时俱进，人民法院各项工作科学化、规范化、制度化，队伍建设成绩显著；④完成特定任务贡献突出；⑤有其他功绩的。

（2）对司法警察个人奖励应符合下列条件之一：

①认真贯彻执行党的路线、方针、政策，忠于法律，忠于人民，忠于事实，不畏权势，不徇私情，不谋私利，在工作中成绩显著的；②坚持原则、办事公道、廉洁奉公、作风正派，热爱本职、爱岗敬业、勤政为民、无私奉献，表现突出的；③严格依法办案，及时发现、防止或纠正重大错案，事迹突出的；④刻苦学习政治理论、法律专业知识和科学文化知识，钻研本职业务，提高工作效率和质量，出色完成岗位责任制规定的任务，忠实履行职责，成绩显著的；⑤深入调查研究，认真总结经验，勇于改革创新，为人民法院改革作出显著贡献的；⑥保卫国家和人民利益，维护社会安全，勇于同犯罪分子作斗争以及在紧急关头舍身为公、舍己救人、见义勇为事迹突出的；⑦在政治、党务、司法行政和其他各项工作中，为保障审判工作顺利进行作出突出贡献的；⑧同违法、违纪行为作斗争，事迹突出的；⑨其他工作成绩突出的。

（二）处分

1．处分的原则

根据《人民法院工作人员处分条例》规定给予人民法院工作人员处分，应当坚持以下原则：

（1）实事求是，客观公正。

（2）纪律面前人人平等。

（3）处分与违纪行为相适应。

（4）惩处与教育相结合。

人民法院工作人员违纪违法涉嫌犯罪的，应当移送司法机关处理。

2. 处分的种类

处分的种类为：警告（处分期间为六个月）、记过（处分期间为十二个月）、记大过（处分期间为十八月）、降级（处分期间为二十四个月）、撤职（处分期间为二十四个月）、开除。

受处分期间不得晋升职务、级别，其中，受记过、记大过、降级、撤职处分的，不得晋升工资档次；受撤职处分的，应当按照规定降低级别。

受开除处分的，自处分决定生效之日起，解除与人民法院的人事关系，不得再担任公务员职务。

同时有两种以上需要给予处分的行为的，应当分别确定其处分种类。应当给予处分种类不同的，执行其中最重的处分；应当给予撤职以下多个相同种类处分的，执行该处分，并在一个处分期以上、多个处分期之和以下，决定应当执行的处分期。在受处分期间受到新的处分的，其处分期为原处分期尚未执行的期限与新处分期限之和。处分期最长不超过四十八个月。

3. 处分的范围

（1）违反政治纪律的行为。如有散布有损国家声誉的言论；参加非法组织或者参加罢工的；违反国家的民族宗教政策；非法出境，或者违反规定滞留境外不归的等有其他违反政治纪律行为的，给予警告、记过或者记大过处分；情节较重的，给予降级或者撤职处分；情节严重的，给予开除处分。

（2）违反办案纪律的行为。如违反规定为案件当事人推荐、介绍律师或者代理人，为律师或者其他人员介绍案件的；依照规定应当调查搜集相关证据而故意不予搜集，造成不良后果的；依照规定应当采取鉴定、勘验、证据保全等措施而故意不采取，造成不良后果的；违反规定采取或者解除财产保全措施，造成不良后果的；故意违反规定采取强制措施的；故意违反规定采取执行措施，造成案件当事人、案外人或者第三人财产损失的；私放被羁押人员的；有其他违反办案纪律行为的，给予警告、记过或者记大过处分；情节较重的，给予降级或者撤职处分；情节严重的，给予开除处分。

（3）违反廉政纪律的行为。如利用司法职权或者其他职务便利，索取他人财物及其他财产性利益的，或者非法收受他人财物及其他财产性利益，为他人谋取利益的；利用司法职权或者其他职务便利为他人谋取利益，以低价购买、高价出售、收受干股、合作投资、委托理财、赌博等形式非法收受他人财物，或者以特定关系人“挂名”领取薪酬或者收受财物等形式，非法收受他人财物，或者违反规定收受各种名义的回扣、手续费归个人所有的；行贿或者介绍贿赂的；向审判、执行人员行贿或者介绍贿赂的；挪用执行款物、罚没款物、案件暂存款、赃款赃物及其孳息等涉案财物或者其他公共财物的；接受案件当事人、相关中介机构及其委托人的财物、宴请或者其他利益的；违反规定从事或者参与营利性活动，在企业或者其他营利性组织中兼职的；有其他违反廉政纪律行为的，给予警告、记过或者记大过处分；情节较重的，给予降级或者撤职处分；情节严重的，给予开除处分。

（4）违反组织人事纪律的行为。故意拖延或者拒不执行上级依法作出的决定、决议的；对职责范围内发生的重大事故、事件不按规定报告、处理的；对职责范围内发生的违纪违法问题隐瞒不报、包庇袒护的，或者对上级交办的违纪违法案件故意拖延或者拒不办理的；在人员录用、招聘、考核、晋升职务、晋升级别、职称评定以及岗位调整等工作中徇私舞弊、弄虚作假的；弄虚作假，骗取荣誉，或者谎报学历、学位、职称的；旷工或者因公外出、请假期满无正当理由逾期不归，造成不良后果的等；有其他违反组织人事纪律行为的，给予警告、记过或者记大过处分；情节较重的，给予降级或者撤职处分；情节严重的，给予开除处分。

（5）违反财经纪律的行为。违反规定擅自开设银行账户或者私设“小金库”的；伪造、变造、隐匿、毁弃财务账册、会计凭证、财务会计报告的；违反规定挥霍浪费国家资产的；有其他违反财经纪律行为的，给予警告、记过或者记大过处分；情节较重的，给予降级或者撤职处分；情节严重的，给予开除处分。

（6）失职行为。因过失导致错误采取财产保全措施、强制措施、执行措施，或者应当采取财产保全措施、强制措施、执行措施而未采取，造成不良后果的；因过失导致被羁押人员脱逃、自伤、自杀或者行凶伤人的；因过失导致国家秘密、审判执行工作秘密及其他工作秘密、履行职务掌握的商业秘密或者个人隐私被泄露的；因过失导致案卷或者证据材料损毁、丢失的；因过失导致职责范围内发生刑事案件、重大治安案件、重大社会群体性事件或者重大人员伤亡事故的；使公共财产、国家和人民利益遭受重大损失的；有其他失职行为造成不良后果的，给予警告、记过或者记大过处分；情节较重的，给予降级或者撤职处分；情节严重的，给予开除处分。

（7）违反管理秩序和社会道德的行为。因工作作风懈怠、工作态度恶劣，造成不良后果的；故意泄露国家秘密、工作秘密，或者故意泄露因履行职责掌握的商业秘密、个人隐私的；弄虚作假，误导、欺骗领导和公众，造成不良后果的；因酗酒影响正常工作或者造成其他不良后果的；违反规定保管、使用枪支、弹药、警械等特殊物品，造成不良后果的；违反公务车管理使用规定，发生严重交通事故或者造成其他不良后果的；妨碍执行公务或者违反规定干预执行公务的；以殴打、辱骂、体罚、非法拘禁或者诽谤、诬告等方式侵犯他人人身权利的；体罚、虐待被羁押人员，或者殴打、辱骂诉讼参与人、涉诉上访人的；及有其他违反管理秩序和社会道德行为的，给予警告、记过或者记大过处分；情节较重的，给予降级或者撤职处分；情节严重的，给予开除处分。

三、司法警察考核的目的与意义

司法警察的考核是司法警察管理工作的重要环节，是各级人民法院考察了解和正确评价司法警察的思想品德、业务水平、工作能力和工作成绩而进行的经常性、定期性的一项工作。

（一）考核的目的

司法警察考核是为了在正确评价的基础上，做到量才适用，并为司法警察干部的任免、奖惩、调配、使用、培训、工资等方面提供依据。利用这种机制，调动司法警察的工作热情、工作积极性和工作责任心。

(二) 考核的意义

司法警察考核的意义在于它是人民法院对司法警察进行管理的重要环节；是激励司法警察奋发上进的有效措施；是发现人才、选拔人才的基本方法。

四、司法警察考核的原则与内容

(一) 考核的原则

司法警察考核的原则一是坚持实事求原则；二是坚持多层次考核原则；三是坚持严格考核原则。

(二) 考核的内容

德、能、勤、绩是司法警察考核的四个方面。

(1) 德，是包括政治品德、伦理道德、职业道德。政治品德具体表现为政治立场坚定，坚持四项基本原则，廉洁奉公、办事公道，要求每一位司法警察有高度的职业神圣感，把保护人民的利益，维护法律的尊严作为自己的光荣使命。伦理道德是在人与人相处时表现出来的品德，包括大公无私、具有牺牲精神。职业道德是指在从事职业活动中表现出来的责任感、事业心、原则性。在考核时重点考核其政治品德、职业道德。

(2) 能，指胜任本职工作、完成本岗位职责所要求的专业知识和技能。对于司法警察来说，除了上述知识与技能外，协调能力、团结协作能力、对事物分析判断能力、独立处理工作中遇到的相关问题的能力显得尤为重要。

(3) 勤，是指勤奋精神，勤是工作态度的基本体现。对于司法警察来说，勤应该包括纪律性、积极性、责任感及出勤率。

(4) 绩，是指成果和功业。指的是一个人的工作实绩，是综合反映个人工作能力、水平和努力程度的一个标志。司法警察的绩主要包括：对规定任务的完成情况，工作成绩突出，有创新；办事效率高，无失误等。

对于司法警察还进行心理素质的考核。由于司法警察对保障审判工作的顺利开展，具有不可忽视的作用。而且司法警察在执行任务的过程中，面对种种不可预测的危险环境，没有良好的心理素质，就不能很好地完成工作。司法警察工作是一项严肃而又充满危险的工作。特殊的职业要求决定了司法警察在执行任务时应具备警惕、勇敢、机智、顽强、果断和独立完成任务的沉稳的心理素质。所以，应把应变能力、决断能力、感情控制力等心理方面的素质作为司法警察考核的内容之一。

五、司法警察的晋升

(一) 坚持德才兼备

德是考核、晋升和任用司法警察的首要条件，主要考察其政治立场是否坚定，能否坚持四项基本原则，能否做到廉洁奉公、办事公道，有高度的职业神圣感，把保护人民的利益、维护法律的尊严作为自己的光荣使命；才，表现为能力，指胜任本职工作、完成本岗位职责所要求的专业知识和技能。

(二) 重学历不唯学历，注重实际工作能力

学历只是反映一个人所受到的教育程度和知识水平，学历的高低并不能全面反映一个人工作能力的全部。晋升任用司法警察应做到重学历但不唯学历，把个人工作能

力的高低作为考核的重点，作为晋升的重要依据。

（三）引入竞争机制，注重实效

在晋升机会面前，做到人人平等。凡符合条件的司法警察均可参加竞争，在晋升考察中着重对司法警察工作成绩和贡献的考核，做到任人唯贤，择优晋升。

【拓展阅读】

美国司法警察的任职条件包括：具有美国国籍，年龄在21~37周岁之间，拥有学士学位或有一定的相关工作经历，具有有效驾驶执照。申请入职时还必须体检合格，进行个人背景审查并且通过毒品依赖检测和面试考试。在基本技能方面，要求司法警察应当具有较好的语言表达能力、人际沟通能力和对事物的快速反应能力。

在美国，司法警察的业务培训内容依其警务的级别不同而定。一般的司法警察每年至少应在佐治亚州格林科的司法警察培训学院接受为期17周的培训。培训的科目主要包括：计算机应用、法庭诉讼程序、司法程序服务规范、法庭安保技能、武器使用、庭审的高度危险情况处置、罪犯搜查与限制方法、场景监控方法、法庭诉讼程序等。

思考题

1. 司法警察选拔和录用的原则与程序有哪些？
2. 加强司法警察技能培训的目的与意义是什么？
3. 司法警察的奖惩、晋升与考核的规定有哪些？
4. 司法警察聘任制存在哪些现实问题？

第七章
司法警察的警衔管理

【知识目标】

了解司法警察的警衔制度

掌握司法警察警衔的设置

了解司法警察执行警衔制度的相关要求

【能力目标】

掌握运用司法警察警衔制度解决问题的能力

掌握司法警察警衔的设置及评授、晋升、取消、保留的方法

第一节　警衔制度概述

【案例7－1】

2012年3月22日，某省法院司法警察授衔培训班在省会举行开训典礼，96人参训。参加本次新警培训班的96名司法警察来自全省各级法院，他们将展开为期一个月的封闭训练，进行体能、队列、射击以及有关司法警察理论与实践等内容的培训学习。

【问题思考】

1. 本案例中，体现了司法警察的警衔制度的哪些规定?
2. 对授衔法警进行培训，体现了司法警察警衔制度哪些方面的意义?

【应知应会】

一、警衔及警衔制度

(一) 警衔的概念

警衔是现代警察衔级制度的简称，是国家授予每一个警察的崇高荣誉。

警衔，也称警阶，是依据警察人员的职务和资历的差别所确定的区分警察等级、表明警察身份的称号和标志。

(二) 世界各国警衔制度的类型

现代警察衔级制度最早起源于欧洲。1829年，当法国和英国相继创建现代警察组织时，即对警察人员实行了衔级制度。此后，世界各国政府也都相继对警察实行了警

衔制度，衔级模式虽不尽相同，但是逐渐形成了全世界通行的一种警察管理制度。

世界各国警察的衔级制度，大体可以分为三种类型。即：将校尉型、非将校尉型和混合型。

将校尉型。这一类型的警衔设置名称的确定与军队实行的军衔基本相同，警衔等级是按将军（上将、中将、少将）、校官（上校、中校、少校）、尉官（大尉、上尉、中尉、少尉）、士官设置的。如俄罗斯、东欧国家、朝鲜、越南、意大利、比利时、西班牙等都是如此。

非将校尉型。这一类型警衔设置与军队设置的军衔完全不同。从衔级的名称上大体可分为四种情况。第一种是以英国为代表的许多英联邦国家，采用警察总监、警督、警司、警员等衔级，但等级设置的多少又各不相同。如英国警衔设 5 等 13 级，澳大利亚警衔设 5 等 12 级。第二种是以德国为代表的一些国家和地区，包括我国的台湾省，衔级名称比较简明。如德国警察衔级设 4 等，即警监、警督、警长、警员，每等分为 4 级。第三种是以日本为代表的少数国家，不分等，只设级。如日本设警视总监、警视监、警视长、警视正、警视、警部、警部补、巡查部长及巡查共 9 级。第四种是以法国为代表的少数国家，把警察分为两大类，每类各设警衔若干等级。如法国把警察分为警官和保安官两类，共 11 个衔级。警官分为特级和 1 至 3 级；保安官分为 1 至 6 级和见习保安官。

混合型。是属于把将校尉与警官、警员等结合起来使用，或者把担任的职务等级与警衔融为一体的一种类型。美国、丹麦、冰岛、荷兰、尼泊尔等一些国家和中国香港地区均属于此种类型。如美国纽约市警察设 10 个衔级，即总局长、分局长、助理分局长、副分局长、督察、助理督察、警长、副警长、警官、巡警。我国香港地区警察也属混合型警衔设置，为“一职一衔”类型。香港警察的警衔设置由低至高分别为：警员 Constable、高级警员 Senior Constable、警长 Sergeant、警署警长 Station Sergeant、见习督察 Probationary Inspector of Police、督察 Inspector of Police、高级督察 Senior Inspector of Police、总督察 Chief Inspector of Police、警司 Superintendent of Police、高级警司 Senior Superintendent of Police、总警司 Chief Superintendent of Police、助理警务处长、高级助理警务处长、警务处副处长、警务处处长。

（三）我国人民警察警衔制度的沿革

我国的人民警察同样也实行警衔制度。中国人民警察的警衔制度，从提出到实行经历了三十多年，大致可分为三个阶段。

（1）初创阶段。新中国成立后，对人民警察实行何种等级制度曾进行过多次酝酿。1949 年 12 月 12 日，公安部与财政部发文要在警察机关实行 2 等 6 级的警衔制。但由于当时警察队伍刚刚组建，时机未成熟就搁置了。1956 年党中央原则上同意了公安部起草的《关于在人民警察中实行警衔制度几个问题的请示报告》和《中华人民共和国人民警察警衔条例（草案）》，后因历史原因没有实行。

（2）建立阶段。1983 年 11 月 10 日，公安部再次向党中央、国务院提交了《关于人民警察实行警衔制度的请示报告》。1992 年 7 月 1 日，第七届全国人民代表大会常务委员会第 26 次会议通过，并于当日实施《中华人民共和国人民警察警衔条例》（以下简称警衔条例），标志着我国人民警察警衔制度的全面实行。

《警衔条例》第 23 条第 1 款明确规定：“国家安全部门、劳动改造、劳动教养管理部门的人民警察，人民法院、人民检察院的司法警察的警衔工作适用本条例。”这就为在新的历史条件下完善司法警察的管理，加强司法警察队伍的革命化、现代化、正规化建设提供了重要的法律保障。警衔是国家给予人民警察的荣誉，它进一步加强了人民警察队伍的革命化、现代化、正规化建设，增强了人民警察的责任心、荣誉感和组织纪律性，有利于人民警察的指挥、管理和执行职务。警衔制度的建立，是人民警察队伍建设的一件大事，标志着依法治警、从严治警进入了一个新的阶段。

（3）完善阶段。《警衔条例》颁布后，1992 年 9 月 10 日国务院批转公安部《评定授予人民警察警衔实施办法》，1992 年 9 月 14 日国务院又发布了《人民警察警衔标志、样式和佩戴办法》，1993 年 12 月 24 日公安部、国家安全部、司法部、最高人民检察院、最高人民法院发布了《人民警察警衔工作管理办法》。以上一个条例和三个办法的颁布，标志着我国人民警察警衔管理工作被正式纳入了规范化、法制化的轨道。同一时期，我国举行了人民警察首批授衔仪式。

后来，国家有关部门又陆续出台了一系列关于警衔方面的文件，不断地完善人民警察的管理制度。

二、警衔制度的重要意义

实行警衔制度，对于充分发挥司法警察的作用，具有十分重要的意义。

（一）我国警衔条例的颁布实施，标志着我国警衔制度的正式确立，标志着依法治警、从严治警进入了一个新阶段

警衔制度是人民警察正规化建设的一个方面，而且是一个重要的方面。实行警衔制度是把好公安队伍进人关、搞好队伍建设的一项重大举措。警衔制度的实施，理顺了人民警察的指挥关系，强化了管理，畅通了警令。

司法警察是人民警察系列中的警种之一，直接受人民法院和人民检察院的领导指挥，是人民法院和人民检察院依法行使司法职权的一支重要的武装性质的司法力量。人民法院和人民检察院对所属的司法警察实行警衔制度，必须在专门的机构以专人按照《警衔条例》的规定进行管理。

警衔管理模式要求警衔只能授予人民警察，非人民警察不准授予。授衔必须实行严格的审批程序，由有权授权的机关和首长批准，以防止警出多门，乱招乱聘，避免了司法警察管理上的非正常现象。《警衔条例》对警察招收、培训、考核、任用、晋升、奖惩、优抚、退休等许多重要问题作出了符合人民警察特点的规定，为进一步依法治警、从严治警提供了有利的条件。按照人民警察职务等级编制警衔，并对各个衔级的人民警察规定了不同的条件，确定了不同的审批权限，明确了领导关系。这就使人民警察队伍上下左右形成一体，大大促进了人民警察队伍（包括人民法院和人民检察院的司法警察）的集中统一管理和正规化建设。

（二）警衔制度的实施，是党和国家给予人民警察的荣誉，增强了人民警察的责任心、荣誉感和组织纪律性

警衔等级不仅是警察等级的标志，而且是国家给予警察的荣誉，是国家建立的一种对警察个人工作绩效、能力和贡献的评价，是国家对警务人员从警生涯的一种确认与肯定，是警察个人社会价值的一种规范体现。警衔的授予不同于一般的人事任免，警察个人并列存在衔级和职务两种待遇，从严格意义上讲，衔级是对个人工作价值的评价，而职务则是一种工作职责。两者的区别是：衔级是依据警务人员个人的业绩、能力、功勋等因素授予；职务是根据工作需要、职责大小、岗位性质而安排的。相对个人而言，警衔具有长期性和稳定性，职务具有短期性和不确定性。衔级制度和职务制度两者有一定的关联，但不具有从属关系。同时，司法警察佩戴的等级符号、标志，具有公开性的特点，它方便了人民群众的监督，促使司法警察自觉维护和树立自尊心及组织纪律观念，注意警容风纪，塑造良好的外显形象。通过实行警衔制度，司法警察强化了警察的责任感，提高了荣誉感和组织纪律性。

（三）我国警衔制度的实施，使人民警察教育培训制度化、规范化，提高了队伍整体素质和执法水平

我国警衔制度中关于培训的制度规定"警司晋升警督，警督晋升警监，经相应的人民警察院校培训合格后，方可晋升"。这种规定有助于实现警察教育培训的正规化、制度化，提高警察的政治素质和业务素质，促进人民警察队伍的革命化、政治化、正规化建设。

（四）我国警衔制度的实施，建立起了优胜劣汰的用人机制

警衔制度规定：警衔等级除了随着职务的升降而作相应升降外，即使职务没有升迁，在一定的条件下，还可以定期晋升或选升衔级。担任中级、初级职务的人民警察，在其职务等级警衔编制的幅度之内，到了一定的年限，经考核遵纪守法、工作称职的，就可以逐级晋升警衔，在工作中建立突出功绩的，还可以提前晋升警衔。反之，晋级年限届满，经考核不具备晋级条件的，则应延期晋升警衔。由于考虑到担任较高领导职务要求具备较高的素质而且领导职数也有限，因此，对担任高级职务的人民警察，只能根据他们的德才表现和工作实绩，实行择优选升警衔，至于违反警纪的人民警察，不论职位高低，均可给予警衔降级的处分，被辞退或开除公职的警察，则应取消其警衔。有了这种奖优罚劣、优胜劣汰的机制，干与不干、干好与干坏就不一样了。这样既可以把德才兼备的优秀人才的工作积极性调动起来，使他们更加意气风发，积极进取，自觉地为警务工作鞠躬尽瘁，又可以把不合格或不称职的人员剥离出去。

（五）实行警衔制度，有利于司法警察和国际的交流与合作

警衔制度是被国际社会确认的警察等级形式，现今无论是处于哪种社会制度下的国家，也无论是发达国家还是发展中国家的警察，全都实行各种形式的警衔制度。因此，在改革开放、建设有中国特色社会主义的新的历史时期，我国警察采用世界各国通行的警察制度，有利于处理国际交流与合作的问题，并实现与世界警察管理制度的接轨。

第二节　司法警察警衔等级的设置

【案例 7－2】

某年 8 月 3 日，从化市法院举行隆重的司法警察授衔仪式，广州市中级人民法院法警支队领导，市人大常委会主任朱炳烈，以及政法委领导等参加了授衔仪式。市法院法警大队张景赞同志被广东省高级人民法院授予三级警司警衔，邝星球等 10 名同志被授予一级警员警衔，冯树洪等3名同志被授予二级警员警衔。据悉，被授衔的13名司法警察是2002年底从部队复退军人和警校毕业生中公开招录的聘任制司法警察。法警大队始终坚持以争创“人民满意的好警队”和争创“人民满意的好法警”为目标，以创新谋发展，以规范促进步，大力加强队伍的规范化建设，短短几年内，在广州市、全省及全国的有关比赛和评比中屡创佳绩。市法院领导在授衔仪式上，对授予警衔的法警给予期望：这是你们的光荣，更是一份责任。

【问题思考】

1. 我国人民警察的警衔有哪些种类？
2. 司法警察警衔的评授有哪些规定？

【应知应会】

一、警衔等级设置的目的和意义

《警衔条例》第1条规定，制定警衔的目的和意义在于：加强人民警察队伍的革命化、现代化、正规化建设，增强人民警察的责任心、荣誉感和组织纪律性，有利于人民警察指挥、管理和执行职务。人民警察通过警衔等级，凸显警察形象，有效敦促警察的执法行为，使警察队伍的管理更明确、更科学，同时也强化了警察的职业意识，突出了人民警察作为武装力量在行为上的纪律性与一致性。

二、警衔设置的内容

警衔等级的设置，是警衔制度的核心。根据《警衔条例》的规定，公安部门、国家安全部门、劳动改造、劳动教育管理部门的人民警察，人民法院、人民检察院的司法警察均实行相同的警衔制度。根据《警衔条例》的规定，我国人民警察警衔的设置如下：

（一）警衔等级

按照《中华人民共和国人民警察警衔条例》（中华人民共和国主席令第59号）的规定：人民警察实行警衔制度。警衔是区分人民警察等级、表明人民警察身份的称号和标志，是国家给予人民警察的荣誉。人民警察警衔设下列五等13级：

1. 总警监、副总警监

总警监（上图）：总警监警衔标志缀钉一枚橄榄枝环绕一周的国徽。

副总警监（下图）：副总警监警衔标志缀钉一枚橄榄枝环绕半周的国徽。

2. 警监：一级、二级、三级

警监警衔标志由一枚银色橄榄枝和银色四角星花组成。

一级警监（上图）：缀钉三枚四角星花。

二级警监（中图）：缀钉二枚四角星花。

三级警监（下图）：缀钉一枚四角星花。

3. 警督：一级、二级、三级

警督警衔标志由二道银色横杠和银色四角星花组成。

一级警督（上图）：缀钉三枚四角星花。

二级警督（中图）：缀钉二枚四角星花。

三级警督（下图）：缀钉一枚四角星花。

4. 警司：一级、二级、三级

警司警衔标志由一道银色横杠和银色四角星花组成。

一级警司（上图）：缀钉三枚四角星花。

二级警司（中图）：缀钉二枚四角星花。

三级警司（下图）：缀钉一枚四角星花。

5. 警员：一级、二级

警员警衔标志由银色四角星花组成。

一级警员（上图）：缀钉二枚四角星花。

二级警员（下图）：缀钉一枚四角星花。

对担任专业技术职务的人民警察，在警衔前冠以“专业技术”。警衔标志佩戴在剑型肩章上，担任行政职务的人民警察的肩章版面为藏蓝色；担任专业技术职务的人民警察的肩章版面为蓝灰色。

在5等13级警衔的设置上，警监属于高级警官，警督属于中级警官，警司、警员属于初级警官。我国目前的所有警察当中，警监约占警察总人数的0.26%，警督占25.4%，警司占60.71%，警员占13.17%。三个等级警官的分布有利于形成领导指挥人员与基层实践人员的合理结构，发挥警衔制度的激励作用，调动人民警察的积极性和进取心。

（二）编制警衔

《警衔条例》第4条规定：“人民警察实行警察职务编制警衔。”编制警衔以人民警察的现任职务为主，兼顾担任现职时间和参加工作年限等条件，综合考核，评定警衔。

1. 行政职务与警衔

《警衔条例》第8条规定：担任专业技术职务的人民警察实行下列职务等级编制警衔：

部级正职为总警监；

部级副职为副总警监；

厅（局）级正职为一级警监至二级警监；

厅（局）级副职为二级警监至三级警监；

处（局）级正职为三级警监至二级警督；

处（局）级副职为一级警督至三级警督；

科（局）级正职为一级警督至一级警司；

科（局）级副职为二级警督至二级警司；

科员（警长）职为三级警督至三级警司；

办事员（警员）职为一级警司至二级警员。

2. 技术职务与警衔

《警衔条例》第9条规定，担任专业技术职务的人民警察实行下列职务等级编制警衔：

高级专业职务：一级警监至二级警督；

中级专业技术职务：一级警督至二级警司；

初级专业技术职务：三级警督至一级警员。

3. 一职多衔，职衔交叉

“一职多衔”是指担任同一行政职务的人民警察，可以有不同的警衔，如同样是处长，其警衔可能是三级警监、一级警督、二级警督。而且行政职务越低，设的衔级越多。具体分布是：厅（局）级设二级、处（局）级设三级、科（局）级和科员级设四级、办事员设五级。这种设置符合人民警察级别的结构，基层人员人数多，设级数也多，起到的激励作用更加突出明显。

“职衔交叉”是指具备同一警衔的人民警察，其所担任的职务却不尽相同，例如同样是三级警监，其行政职务可能是副厅（局）长，也可能是处长。而且将上一个职务的低档警衔与下一职务的高档警衔相交叉。由于实行一职多衔，职衔交叉，可能会出现少数职务高者在警衔上低于职务低者的现象。对此，《警衔条例》还规定：“当警衔高的人民警察在职务上隶属于警衔低的人民警察时，职务高的为上级。”

《警衔条例》明确规定按照警察所任职务等级编制警衔，每职设两个或几个衔级。一职多衔，职衔交叉可以全面衡量一个警察的德才、资历、能力、贡献等综合因素，使广大基层干警在因客观条件导致职务得不到晋升的情况下，还可以得到警衔的晋升，这有利于调动大多数基层干警的积极性，有利于新老人员的团结和交替。

三、司法警察警衔的首次评授

1992年7月至1993年，人民法院、人民检察院首次对司法警察进行了警衔评授。

（一）评定授予警衔的范围

根据《警衔条例》和《实施办法》的规定，法院和检察院评定警衔的人员，必须是各级人民法院和检察院、专门法院和检察院（军事法庭和军事检察院除外）以及派出机构的在编在职的从事司法警察工作的人员。凡录用、调入的司法警察，经培训合格，应当根据确定的司法警察职务，按照《首次评定授予人民警察警衔的标准》，评定授予相应的警衔。首次评定授予警衔的时间，为确定其司法警察职务之日。

不是专门从事司法警察工作的人员，不属于评授警衔的范围，不能评授警衔。已批准离休、退休或者在1992年6月31日已到离休、退休年龄的司法警察，以及已决定调离司法警察工作岗位的人员（包括已担任其他法律职务和行政领导职务的人员），不评授警衔。不服从组织分配、拒不到职的司法警察和其他不担任司法警察职务的人员，也不评授警衔。属于评定授予警衔范围内的人员，具有下列情况之一的，暂缓评授警衔：

（1）职务（含职级，以下同）未定的，等确定职务后评授警衔；

（2）连续病休2年以上的，待病愈恢复工作后评授警衔；

（3）工作不称职的，待培训考察合格后评定授予警衔；

（4）以工代警的，待办理干部录用手续后评定授予警衔。

因违法乱纪正在受审查的司法警察，在审查期间不评定授予警衔，待审查作出结论后，应属于授衔范围的，可以评授警衔。但对给予留用察看、行政开除、开除、党内留党察看、开除党籍处分的司法警察，属于应当调离司法警察队伍的人员，不评授警衔。

（二）评定授予警衔的标准

《警衔条例》第11、12条规定："授予人民警察警衔，以人民警察现任职务、德才表现、担任现职时间和工作年限为依据。""从学校毕业和社会上招考录用担任人民警察的，或者从其他部门调任人民警察的，根据确定的职务，授予相应的警衔。"

《实施办法》根据《警衔条例》的规定，对评定授予司法警察警衔的标准作了以下具体的规定：

（1）正厅级职务人员：德才表现较好，任现职满3年，参加工作满30年的，或者任现职不满3年，参加工作满35年的，可授予一级警监；其余的可授予二级警监。

（2）副厅级职务人员：德才表现较好，任现职满6年，参加工作满22年的，或者任现职满3年，参加工作满30年的，或者任现职不满3年，参加工作满35年的，可授予二级警监；其余的可授予三级警监。

（3）正处级职务人员：德才表现较好，任现职满5年，参加工作满32年的，或者任现职不满5年，参加工作满38年的，可授予三级警监；任现职满3年，参加工作满18年的，或者任现职不满3年，参加工作满22年的，可授予一级警督；其余的可授予二级警督。

（4）副处级职务人员：德才表现较好，任现职满3年，参加工作满22年的，或者任现职不满3年，参加工作满26年的，可授予一级警督；任现职满3年，参加工作满20年的，可授予二级警督；其余的可授予三级警督。

（5）正科级职务人员：德才表现较好，任现职满5年，参加工作满32年的，或者任现职不满5年，参加工作满38年的，可授予一级警督；任现职满2年，参加工作满20年的，或者任现职不满2年，参加工作满24年的，可授予二级警督；任现职满2年，参加工作满10年的，或者任现职不满2年，参加工作满14年的，可授予三级警督；其余的可授予一级警司。

（6）副科级职务人员：德才表现较好，任现职满2年，参加工作满26年的，或者任现职不满2年，参加工作满30年的，可授予二级警督；任现职满2年，参加工作满16年的，或者任现职不满2年，参加工作满20年的，可授予三级警督；任现职满2年，参加工作满8年的，或者任现职不满2年，参加工作满12年的，可授予一级警司；

其余的可授予二级警司。

（7）科员职务人员：德才表现较好，参加工作满 30 年的，可授予三级警督；参加工作满 18 年的，可授予一级警司；参加工作满 8 年的，可授予二级警司；其余的可授予三级警司。

（8）办事员职务人员：德才表现较好，参加工作满 20 年的，可授予一级警司；参加工作满 12 年的，可授予二级警司；参加工作满 8 年的，可授予三级警司；参加工作满 4 年的，可授予一级警员；其余的可授予二级警员。

【特别强调】

司法警察的授衔对象只能是在编、在职、在岗的司法警察，在职、在岗但不在编的不能授衔，比如聘任制司法警察是不能授衔的。

四、司法警察警衔的晋级、降级、保留、取消及审批权限

（一）司法警察警衔的晋级

根据《警衔条例》和其他有关规定，司法警察警衔晋升主要有以下几种形式：

（1）按期晋升，是指一级警督以下的司法警察，现衔级时间已满晋级期限，经考核具备晋级条件的，可在其职务等级编制警衔幅度内晋升一级警衔。根据《警衔条例》规定，按期晋升警衔的期限为：二级警员至一级警司，每晋升一级为 3 年；一级警司至一级警督，每晋升一级为 4 年。晋级的条件为：执行国家的法律、法规和政策，遵纪守法；胜任本职工作；联系群众，廉洁奉公，作风正派。只要符合以上晋级期限和晋级条件的，就可在其职务等级编制警衔幅度内，按期晋升一级警衔。

（2）提前晋升，是指对在工作中有突出功绩的司法警察，可以不受必须满 3 年或 4 年晋升一级警衔的期限限制，提前晋升一级警衔。根据有关规定，二级警员至一级警司的司法警察现衔级满 1 年、一级警司至一级警督的司法警察现衔级满 2 年，只要司法警察在自己的工作岗位上作出突出贡献，具有下列情况之一的，可以在其职务等级编制警衔幅度内提前晋升一级警衔：①现衔级期间获得一级、二级英雄称号和一等功奖励或国家、省级劳动模范称号者；②现衔级期间获得三等以上国家自然科学奖、科技进步奖、发明奖的个人或课题的一名主要贡献者；③现衔级期间获得国家和省级政府特殊津贴奖励者；④其他功绩突出者。

（3）选升，是一级警督以上司法警察警衔晋升的一种形式。是指一级警督以上的司法警察，现衔级未达到其职务等级编制警衔的最高警衔，任现职满 2 年、现衔级满 4 年，德才表现和工作实绩优秀的，予以择优选升一级警衔。

（4）晋职晋升，主要包括两个方面的内容：①指司法警察由于职务提升，其警衔低于新任职务等级编制警衔的最低警衔的，予以晋升至新任职务等级编制警衔的最低警衔；②指二级警督以下的司法警察，在职务提升前，其警衔已达到或者超过新任职务等级编制警衔的最低警衔，但现衔级时间已满晋级期限的，在晋升职务的同时晋升一级警衔。

（5）延期晋升，是相对于按期晋升而言的一种晋升形式。是指二级警督以下司法警察虽然已满晋升警衔期限，但由于不具备其他晋级的条件，而推迟晋升警衔。根据有关规定，具有下列情况之一的，予以延期晋升警衔：①受行政警告处分或党内警告

处分的，延期6个月；②受行政记过、记大过处分或者党内严重警告处分的，延期12个月；③受行政降级处分的，延期18个月；④受留党察看处分的，延期24个月；⑤不胜任本职工作、纪律松弛并造成不良后果的，可延期3至6个月。

司法警察在上述延期晋升警衔期满后，如确已改正错误，表现好的，可以按规定晋升警衔，仍表现不好的，不予晋升。有立功表现或者作出突出贡献的，延期晋升的期限可适当缩短。

（二）司法警察警衔的降级、保留与取消

根据《警衔条例》及有关的规定，司法警察警衔的降级、保留与取消主要指以下情况：

（1）警衔的降级：①指因不胜任现任职务被调任下级职务，其警衔高于新任职务等级编制警衔的最高警衔的，予以调整至胜任职务等级编制警衔的最高警衔；②指违反警纪情节严重的，给予警衔降级处分，其警衔晋级时间按照降级后的警衔等级重新计算，并收回原警衔标志。

（2）警衔的保留，是指司法警察离休、退休的，其警衔予以保留，警衔标志的授衔命令证书由本人保管，但不得佩戴警衔标志；调离司法警察工作岗位或者辞职、辞退的司法警察的警衔则不予保留。

（3）警衔的取消，是指被依法判处徒刑、拘役、管制、免予起诉、免予刑事处分和被劳动教养的，或者被开除公职、警籍、党籍的司法警察，其警衔就相应取消，警衔标志和授衔命令证书均予以收缴。

【特别提醒】

司法警察警衔的降级不适用于二级警员。

五、警衔的审批权及其程序

（一）警衔的批准权限

根据《警衔条例》的规定和最高人民法院《关于法院司法警察警衔授予和晋级批准权限的规定》和最高人民检察院《关于检察院司法警察警衔授予和晋级批准权限的规定》的通知，警衔的批准权限分为以下几种情况：

（1）首次授予司法警察警衔的批准权限为：警监、警督由最高人民法院院长或最高人民检察院检察长批准授予；警司由省、自治区、直辖市人民法院院长或人民检察院检察长批准授予；警员由省、自治区、直辖市人民法院或人民检察院政治部主任批准授予；最高人民法院机关的警司、警员由最高人民法院、检察院政治部主任批准授予。

（2）司法警察警衔晋级的批准权限与首次授予警衔的批准权限相同。警司、警员提前晋升的，由最高人民法院政治部主任或最高人民检察院政治部主任批准。

（3）司法警察警衔降低的批准权限与原警衔的批准权限相同。

（二）警衔的审批程序

根据《警衔条例》及有关规定，司法警察警衔的审批程序按以下步骤进行：

（1）首次授予司法警察警衔，先由司法警察所在单位政工（人事）部门负责对其进行鉴定，填写《评定授予司法警察警衔审批表》，按照规定的批准权限逐级上报审批，并下达授予警衔命令。

（2）司法警察警衔晋级、降级、更改的审批程序与首次授予警衔的审批程序相同。

（3）按照有关规定不保留警衔、更换警衔和取消警衔的，由县级人民法院、检察院政工部门办理手续，按照审批权限逐级上报备案。

【特别强调】

司法警察警衔的评授、晋升等，应当按照《警衔条例》及《人民警察警衔管理办法》的规定，依《人民法院司法警察警衔管理细则》和《人民检察院司法警察警衔管理细则》中规定的程序进行。

第三节　执行警衔制度的基本要求

【案例7－3】

宁夏回族自治区检察院举办宁夏检察机关2012年度拟授予、晋升警衔司法警察培训班。此次培训班为期10天，培训对象为2012年至2013年上半年拟授予、晋升警衔的和已授予警衔但根据规定须补训的司法警察，参训人员共38人。本次培训以警务技能体能训练为主，理论知识学习和课题研究为辅，开设了队列训练，擒敌基本动作，六四手枪射击理论、分解结合及实弹射击，警棍、盾牌的使用，夺凶器擒敌，快速出动与集结及各项长短距离跑步训练等培训科目，着重提高了司法警察在应对突发事件、群体性事件的处置能力。

【问题思考】

1. 根据案例分析司法警察执行警衔制度的原则有哪些？
2. 执行警衔制度有哪些要求？

【应知应会】

一、坚持警衔评授及晋升的基本原则

（一）依照规定合理配置警衔结构

结合司法警察队伍的人员结构，依照警衔的相关规定，进一步强化警衔的指挥、管理功能，发挥警衔的激励作用，落实警衔与职务挂钩的政策，保持职务等级与警监警衔合理的比例结构。

（二）坚持“五位一体”的授衔及晋升条件

对司法警察警衔的管理，应当对司法警察实行严格考核，然后根据人民警察所任衔级时间、任职条件、参加工作时间、德才表现和工作实绩五个条件结合起来，综合评价，择优晋升。

（三）根据不同岗位，正确区分警衔等级

岗位不同，担任领导职务不同，所授警衔级别也不一样。从岗位来讲，有行政岗

位和专业技术岗位。行政岗位又分部级、厅级、副厅级、正处级、副处级、正科级、副科级、科员、办事员等。专业技术岗位又分为教授级、副教授级、讲师级、助教级、技术员级。执行警衔制度需要区别对待不同岗位领导职务，对担任该岗位的领导适用正确的衔级。

（四）逢升必训，先培训后晋升

警衔晋升不仅限于衔级的提升，同时还可以使司法警察加强对政治理论和业务知识的学习，是一次提升警察综合素质的机会，因此所有警衔晋升都必须经过相应的培训，考核合格后方可晋升。

二、切实加强政治领导，发挥警衔制度的激励作用

实行警衔制度是我国民主与法制建设的一件大事，各级有关部门要切实加强领导，精心组织实施。调整警衔关系到警察的切身利益。各级警察机关党政部门应当严格执行相关规定，加强组织领导，加强群众监督，正确利用警衔制度，发挥其激励和监督的作用。

三、严格执行评授标准，正确控制授衔对象

警察授衔范围，即评定授衔的人员，必须是属于人民警察建制的在编在职的人民警察，即经有批准权限的机关的批准，有人民警察编制建制的单位内的现任人民警察职务的人员。警察建制、警察编制、现任警察职务同时具备的，才属于评授范围，凡不具有人民警察性质的单位和不担任人民警察职务的人员，不实行警衔制度。授予警衔的各级人民法院、人民检察院的司法警察，是指在人民法院、人民检察院中直接管理司法警察并担任司法警察职务的人员和从事司法警察职务的在编在职的、具有干部身份的人民警察。

司法警察的警衔授予必须严格执行警衔标准，人民警察按照警察职务等级编制警衔授予，总的标准是在坚持德才兼备的前提下，以现任职务、担任现任职务的时间和工作年限为依据，全面考虑，综合衡量，评定授予。

四、严格审查报批条件，履行合法评授程序

各级人民法院和人民检察院实行集体审核评授警衔的制度，认真审核，严格把关。审核内容包括：拟授衔人员的请示、名册和审批表；拟授衔人员的岗位培训合格证书，组织人事部门关于拟授衔人员的任职通知；录用人员考试审查资料，转任、调任人员考核、考察材料等有关情况。各单位政治工作部门应当依法履行评授的审核程序，组织授衔仪式，强化司法警察的身份意识。

【拓展阅读】

我国警衔制度发展大事记：

1992年9月，国务院批转了公安部《关于评定授予人民警察警衔实施办法》的通知，标志着评授警衔工作已进入了实施阶段。

1992年9月12日，国务院发布《人民警察警衔标志式样和佩带办法》。

1992年12月12日，国务院向人民警察授予警衔，这是中华人民共和国成立以来首次授予人民警察警衔。

1995 年 5 月 16 日，国务院发布了关于修改《人民警察警衔标志式样和佩带办法》的决定。该决定于同年 7 月 1 日起施行。

2000 年 8 月 18 日，国务院总理朱镕基签署国务院令，公布《国务院关于修改〈人民警察警衔标志式样和佩带办法〉的决定》。该决定于同年 10 月 1 日起施行。

思考题

1. 警衔的概念是什么？
2. 实施警衔制度的意义是什么？
3. 我国人民警察警衔是如何设置的？
4. 司法警察警衔的评授有哪些规定？
5. 司法警察警衔晋升有哪些形式？
6. 执行警衔制度有哪些要求？

第八章

司法警察的警务保障

【知识目标】

了解司法警务保障的概念和特征

了解司法警务保障的种类

掌握司法警务保障的内容

【能力目标】

能准确理解司法警察制度保障的内容

能准确理解司法警务资源保障的内容

能掌握司法警察权益保障的内容

第一节　警务保障概述

一、警务保障的概念与特征

【案例8－1】

2013年1月7日至8日，青海省祁连县八宝镇村民马海云等14人因盗窃、销赃、掩饰、隐瞒犯罪所得一案在青海省祁连县人民法院公开开庭审理。由于该案被告人人数众多，庭审时间长，旁听人员复杂且广受社会各界关注，法院党组高度重视此案庭审的安全保卫工作。在警力不足的情况下，抽调了本院其他干警并积极向县委、政法委汇报，取得了县武警中队的有力支持。庭审时，在法院大门、审判楼大厅、审判法庭之间设立三道警戒线，对旁听、来访人员逐一登记，规范安检，将随身携带的物品进行统一寄存、保管，并告知应遵守的法庭纪律。由于措施到位，各庭室通力协作，圆满完成了该案件的庭审工作，同时展示了司法警察训练有素、技能过硬、服务热情、纪律严明的良好精神风貌。

【问题思考】

在本案例中，祁连县法院采取了哪些措施圆满完成了审判工作？

【应知应会】

（一）警务保障的概念

警务，是警察依法履行职务活动的简称，是指警察为实现国家的目的而进行的活动。具体而言，警务活动是警察机关、人民警察为维护国家安全和社会秩序，保护公民合法权益，依照法律法规的规定所进行的各种活动的总称。警务活动是人民警察依法履行职责和行使权力的过程和状态。人民警察的警务活动不同于一般的劳动和行政工作，具有很强的法律性、专业性、对抗性和艰苦性，这就要求国家和社会对人民警察依法执行职务行为予以保障。

司法警察的警务保障是指国家对司法警察依法执行职务，有效地履行职责所给予的各种保障，是司法警察履行职责所必需的内部和外部条件。关于司法警察的警务保障的含义有广义和狭义之分。

狭义的警务保障，仅仅是指对司法警察警务活动的物质技术的支持和保证，也就是人们常常说的人、财、物的保障。广义的警务保障，是指对司法警察机关履行职责、行使职权提供全方位的支持和保证。既有政治方面的保障、法律方面的保障，又有经费保障、技术装备保障、权益保障等等。

现代警务保障已从单一的物质条件保障向政治、法制、信息、技术等综合保障转变，是广义上的大警务保障。

司法警察是伴随人民法院、人民检察院的诞生和审判或检察工作的开展而产生的，是一个特殊的群体。司法警察是人民法院和人民检察院干部队伍的重要组成部分，是参与诉讼活动的法定成员。它既是一个独立的警种，又是人民法院和人民检察院内部的一个部门。司法警察既要为审判或检察工作提供服务和保障，又要完成自己的业务工作和业务训练；既要接触案件当事人和广大人民群众，又要为人民法院和人民检察院内部其他人员服务。随着改革开放的深入发展和社会主义市场经济体制的建立健全，社会的各种矛盾和利益冲突所引起的各类案件连年增多，人民法院审判工作和人民检察院工作所涉及的领域不断扩大，任务也日益繁重，司法警察保障和服务于审判或检察工作的职能作用也越来越重要，这就给司法警察队伍提出了更高的要求。在这种新形势下，努力提高警务保障能力，以更好地适应审判或检察工作发展的需要，对维护人民法院和人民检察院的良好形象以及为审判或检察工作提供优质服务有着极为重要的意义。

（二）警务保障的特征

【应知应会】

司法警察工作的多样性、复杂性、艰苦性和危险性决定了强化警务保障的必要性，也决定了警务保障的特有特征。

1．保障原则的法定性

《警察法》、《人民法院司法警察条例》、《人民检察院司法警察条例》对警务保障的原则、措施和条件等作了明确的规定，从物质保障条件看，规定了警务活动所必需的经费、装备、设施等保障规范；规定了对人民警察物质利益待遇的保障规范。从行为保障措施来看，规定了对于妨害警务活动的错误决定、命令，有权提出异议；对于超越法定职责范围的指令，有权拒绝执行；对于拒绝或阻碍人民警察依法执行职务以及干扰警务活动的行为，依法给予治安处罚，甚至追究刑事责任等。

2．保障主体的多样性

由于警务活动的社会公共性质，实施警务保障的主体呈现出多样性的特征。提供警务保障的主体不仅包括人民法院和人民检察院，还包括国家、社会以及地方政府、法人和其他组织。其中，国家保障是基础，社会保障为辅助。警务保障的资源保障主要由国家提供和给予；公民和社会组织支持与协助警务人员依法执行职务，包括物质、行为、精神和舆论等方面。

作为司法警察，必须听从指挥，执行命令，保证警令畅通，这对保障警务活动的顺利开展具有极其重要的意义。国家和社会提供的各种保障主要是宏观上的，如法律、制度、社会舆论等。我国《警察法》第5条规定："人民警察依法执行职务，受法律保护。"法律是由国家制定的，因而这种保障的主体表现为国家。该法第34条规定："人民警察依法执行职务，公民和组织应当给予支持和协助。公民和组织协助人民警察依法执行职务的行为受法律保护。对协助人民警察执行职务有显著成绩的，给予表彰和奖励"，这种保障的主体是公民和社会组织。第37条规定："国家保障人民警察的经费。人民警察的经费，按照事权划分的原则，分别列入中央和地方的财政预算。"第38条规定："人民警察工作所必需的通讯、训练设施和交通、消防以及派出所、监管场所等基础设施建设，各级人民政府应当列入基本建设规划和城乡建设总体规划"，此种保障的主体为各级人民政府。

3．保障客体的特定性

警务保障客体是司法警察依法执行职务所必需的各种条件。警务保障的客体包括有关的警务活动过程、警务人员的身份及其权益。具体而言包括警察机关工作条件、工作秩序等；基于警察职务关系而产生的、警务人员负有的法定职责和享有的法定身份上的权益，以及警务人员的物质利益、生活待遇、执行职务条件等。

4．保障内容的全面性

警务保障的内容是根据司法机关和司法警察发挥职能作用以及正确行使职权的需要来确定的。根据《警察法》、《人民法院司法警察条例》和《人民检察院司法警察条例》等法律、法规的规定，警务保障的内容是多方面的，既包括确定司法警察的法律地位，明确司法警察的职责权限，建立健全司法警察队伍的管理，保障司法警察有效地行使职权的法律保障；也包括各有关部门对司法警察工作在物质装备、经费等诸方面提供必要的物质保障；同时，为了体现"一切权力属于人民"的宪法原则，充分发挥人民主人翁的责任感，要求广大人民群众对司法警察执行职务给予支持和协助，提供社会性保障；涉及司法警察自身利益的福利和优抚待遇等，也是警务保障的重要内容之一。

5．保障实施的强制性

警务保障规范属强制性规范。除了规定对那些拒绝或阻碍人民警察依法执行职务的行为采取直接强制性的惩处外，还对各种社会主体规定了必须履行的义务，义务人不得以任何方式加以变更或违反。比如要求司法警察必须执行上级的决定、命令，拒绝执行超越职责范围的指令，要求公民和组织应当协助人民警察执行职务，不得实施妨碍警务活动的行为等。警务保障的强制性较明显地体现在对妨害警务活动的行为通过采取强制的方法、手段予以排除。

二、警务保障的功能

警务保障是各级政府、各级司法机关以及相关社会组织，依据《中华人民共和国宪法》、《警察法》等法律法规，遵循政治经济待遇从优的原则，从保障司法警察依法执行职务的指导思想出发，对警务活动从思想、组织、法律、制度以及物质等方面加以保障，以确保司法警察队伍建设完全纳入法制轨道，真正实现司法警察队伍建设革命化、正规化、专业化的目标，保证司法警察全面正确地履行职责。

（一）国家保护功能

国家保护功能是指国家对推动警务活动的实施所发挥的效能。警务活动实质上是警察机关及其人民警察为实现国家管理的目标，代表国家而实施的管理活动。因此，警务保障必然体现国家保障的基本特性，具有国家保护的功能。司法警察是人民民主专政的重要工具之一，是国家意志的忠实执行者，它必须根据国家的法律，代表国家行使警察权力，维护国家安全，维护社会秩序和保障人民的合法权益不受侵犯。因此，国家只有大力支持和保护司法警察依法执行职务，才能有效地保证司法警察顺利地完成国家赋予的各项任务。这就要求国家对人民警察依法执行职务的行为予以物质资源等方面的保障。从总体而言，该功能应当贯穿于警务保障的全过程，涉及警务保障的各个方面。国家保护功能的具体发挥主要通过两种方式，一是通过国家立法对警务保障的法律地位以及警务保障的具体内容加以规定，使各种社会主体明确其履行警务保障的责任和义务；二是通过国家和各级政府实施的各种警务保障措施和手段，保证警务活动的有效开展，以国家保障为后盾，从而使警察机关及其人民警察增强执法信心，消除后顾之忧，认真履行其警务活动的职责，依法执行职务。

（二）群众参与功能

忠实于人民，全心全意为人民服务，保护人民群众的合法权益，是我国警察机关及其人民警察的根本宗旨。警务活动与人民群众的利益息息相关，人民群众参与警务活动实践，是警务活动的重要特色。警务活动离不开人民群众的支持、协助，这是警务保障的一项不可或缺的内容，它反映了警务保障具有人民群众参与实施的功能。这一功能对于发挥公民和组织在警务保障中的参与作用，特别是对于树立公民和组织支持和协助人民警察依法执行职务，参与警务活动实践的意识，形成警务活动良好的外部保障环境，有着不可低估的作用。

（三）杜绝功能

警务活动是警察机关及其人民警察的执法活动。对妨害警务活动的各种情况，警察机关及其人民警察需要采取措施加以制止、排除，所以具有杜绝功能。如果缺少这种功能，就可能出现执法过程中的偏差与失误，或发生不执行、错误执行或拖延执行职务的现象；或出现指派人民警察从事非职责范围的工作，使其承担超越法定范围的非警务活动。比如有些地方指派民警参与拆迁、收税、卫生检查，某些领导要求司法警察为其接送孩子上学放学等。因此，警务保障规定对于抵制和拒绝非警务活动，排除其对警务活动的干扰和影响，使司法警察机关及司法警察集中精力做好本职工作，保证执法的正确性、有效性和权威性，是十分必要的。

（四）激励功能

警务保障的重要目的之一在于调动司法警察的工作积极性和主动性，培养司法警察的敬业精神，使他们尽职尽责，积极主动地完成任务。我国有关法律法规对司法警察机关的经费、装备配置和设施建设，以及对司法警察身份权益方面的规定，其意义不仅仅是使警务活动有了坚实可靠的物质基础，使司法警察的工作需要和生活需要有了法律上的保障，更重要的是使警务人员有了尊严感和社会责任感。同时，合理且较为优厚的物质利益保障，对促进警务人员廉洁自律、严格执法、激发工作热情、提高工作效率、调动工作主动性和创造性有着重要的作用。

司法警察依法履行职责时风险极大，常常为维护法律尊严、完成法警工作任务而付出极大代价。有的负伤、致残，有的甚至献出了宝贵的生命，这是司法警察无私奉献精神的体现。由此，加强对司法警察警务保障的重视程度和投入力度，在人、财、物等方面尽最大努力给予支持和帮助，全面推进警务保障机制建设，做好基础设施和装备等方面的保障，切实解决司法警察工作中所存在的问题，进一步加强从优待警的工作，改善司法警察的工作条件，对保障司法警察自身的人身安全，减少伤亡，调动司法警察的工作积极性、主动性和创造性，并对有效和全面地完成司法警察任务具有重要的影响和作用。

第二节　司法警察的制度保障

司法警察的制度保障是整个警务保障体系中的最高层级，同其他层级的保障内容相比，它的内容相对稳定，并对其他保障内容产生影响和制约作用。具体而言，司法警察的制度保障包括了政治保障和法律保障两个方面。

【案例8－2】

某年5月30日，北京市朝阳区人民法院的一名法官和一名法警来到西大望路33号准备张贴执行通知时，遭到十多名商户的哄闹围堵，有的商户拖住法官的腿，扯坏法警的衣物。直到当地派出所警员及增援法警赶到，局面才得以控制。朝阳法院依据法律规定，经法定程序审批后，对其中4名妨碍法院依法执行公务的案外人作出了拘留15天的决定。

【问题思考】

在本案例中，体现了哪些保障司法警察行使职权的措施?

一、政治保障

【应知应会】

警务活动的政治保障的核心问题是对警察的领导权。必须牢固确立中国共产党对人民警察的绝对领导权。党对警察的领导权主要是通过警察管理体制来保障的。它由思想保障和组织保障两部分构成。

（一）思想保障

思想保障是我国警务保障体系中最具特色的保障之一。政治建警是队伍建设的首要目标，也是司法警察工作的思想保证。没有强大的思想政治工作，很难保证警务工作坚持正确的政治方向和保持强大的信仰动力。思想保障的核心是以党的先进思想理论教育司法警察队伍，不断提高全体法警的思想觉悟，正确地认识、理解和执行党的路线、方针、政策，在政治、思想、行动上始终与党中央保持高度一致，更加自觉地履行司法警察机关的职责，更好地发挥维护国家安全和社会政治稳定的职能。我国司法警察的思想保障主要通过经常性的思想政治教育、职业道德规范建设、纪律作风整顿、警营文化建设等途径实现。

（二）组织保障

组织保障是我国警务保障体系中的基础性保障。司法警察组织是履行各项司法警察任务的主体，是开展各项警务活动、执法行为的基础，也是司法警察生存和发展的依托。没有组织保障，就没有组织结构和人员分工规则，就没有制度化的权力关系，也就很难保证高度集中统一的警务活动。组织保障的核心是对司法警察的领导权和组织机构的权限划分，建立并完善具有中国特色，适应党情、世情、国情变化的权责明确、警令畅通的管理体制。组织保障的内容主要由四方面组成。一是管理体制保障，实行“统一领导、分级管理、条块结合、以块为主”的管理体制；二是领导体制保障，实行“党委领导下的行政首长负责制”；三是组织机构体制保障，实行政治机关制度，在各级各类司法警察机关设立相应的政治工作部门和专职政治工作人员；四是干部人事管理保障，实行地方党委和上级司法警察机关双重领导的管理制度。

二、法律保障

【应知应会】

（一）法律保障的含义和必要性

法律保障是国家为了使某种行为能在社会上实施并产生预期效果，以法律的形式提供的保障措施。《警察法》所说的法律保障是指国家通过法律形式对人民警察依法执行职务行为以法律形式予以保障的各种措施。

法律制度，作为要求大家共同遵守的办事规程或行动准则，其作用在于规范和约束人们的行为。没有无源之水，也没有无本之木。古人云：“不依规矩不成方圆。”没有法律保障，就没有制度约束；没有法律保障，警务保障就没有依据或规章制度可以遵循，只能是纸上谈兵。只有完善警务保障的相关法律、法规，建立警务保障机制，警务保障才能够真正得以落实。

《警察法》规定了人民警察的职责和权限，如果没有法律的强制力予以保障，人民警察的职责和权限就很难实现。所以法律保障是人民警察执行职务所必需的后盾，是人民警察排除非法干涉、保证警令畅通、处理妨碍警察公务行为的依据。

（二）法律保障的基本规定

1. 司法警察依法执行职务受法律保护

《警察法》第1条和第5条把“保障人民警察依法行使职权”、“人民警察依法执行职务，受法律保护”作为立法的宗旨之一，体现了国家保障人民警察依法执行职务的总原则。这些规定主要包括两个方面的内容：一是人民警察依法执行职务行为不受法律追究；二是对人民警察依法执行职务行为进行威胁、打击和报复的，应当依法追究法律责任。人民警察的职责、权限是国家通过法律形式赋予的，人民警察只要是在法律规定的职责范围和法律赋予的权限内实施警察行为，就应当受到法律的保护。

根据《警察法》规定的精神，《人民法院司法警察条例》第 6 条和《人民检察院司法警察条例》第 5 条对司法警察依法执行职务受法律保护的原则作了明确的规定。

同时法律也明确规定了司法警察执行职务的权限。《人民法院司法警察条例》第 9、10 条分别规定：人民法院司法警察在履行职责时，可以依法采取强制手段，根据需要可以依照国家有关规定使用警械；使用警械不能制止或者不使用武器制止可能发生严重危害后果的，可以依照国家有关规定使用武器；为保障审判场所的安全，人民法院司法警察对进入审判场所或者有违法犯罪嫌疑的人员，应当依法采取措施。《人民检察院司法警察暂行条例》第 9、10 条也作了相应的规定：人民检察院司法警察为制止严重违法犯罪行为，可以依法采取强制手段；根据需要，可以依照国家有关规定使用警械；使用警械不能制止，或者不使用武器制止可能发生严重危害后果的，可以依照国家有关规定使用武器；人民检察院司法警察对以暴力、威胁方法妨碍检察活动的人员，可以强行带离现场，或者采取法律规定的其他强制措施。

这些规定为司法警察依法执行职务提供了法律后盾，同时，也为追究和处理干涉、阻碍司法警察依法执行职务的行为提供了法律依据。

2. 司法警察必须执行上级的决定和命令，确保警令畅通

决定和命令是人民警察所在机关及其上级机关或者人民警察的上级领导依照法律规定而发布的规范性文件，或依法要求人民警察作出或者禁止作出某种具体行为的指令。《警察法》第 32 条规定：“人民警察必须执行上级的决定和命令。人民警察认为决定和命令有错误的，可以按照规定提出意见，但不得中止或者改变决定和命令的执行；提出的意见不被采纳时，必须服从决定和命令；执行决定和命令的后果由作出决定和命令的上级负责。”

根据司法警察工作的性质与特点，《人民法院司法警察条例》第 4、28 条和《人民检察院司法警察条例》第 4、26 条都作出了相关规定。根据以上规定，应当明确三点：一是这里所说的“上级”，既包括司法警察的上级司法警察机关，也包括司法警察所在机关的上级领导负责人。二是司法警察的工作性质和工作特点要求司法警察必须保证警令畅通、指挥有效，只有这样才能够统一指挥、快速反应，应付重大的警务活动，保证整体战斗力的发挥，提高工作效率，体现出执行上级警令的严肃性和权威性。三是“认为决定和命令有错误”，主要是指接受命令的司法警察认为命令的内容违背法律、法规规定或者超越司法警察的职权范围。对此可以按照规定提出意见，这是接受命令的司法警察的一项权力，但不得中止或者改变决定和命令的执行。同时“执行决定和命令的后果由作出决定和命令的上级负责”，这样的规定分清了司法警察和上级的责任，有助于解除执行命令者的心理负担，放心大胆地去执行命令，更好地完成各项警务活动。

3. 司法警察有权拒绝执行超越其职权范围的指令

根据《警察法》第 33 条规定：“人民警察对超越法律、法规规定的人民警察职责

范围的指令，有权拒绝执行，并同时向上级机关报告。”这一规定主要是针对政府和其他机关或者个人对人民警察执行职务所进行的非法干涉。人民警察执行职务的职责范围是由法律、法规明确规定的，任何人无权命令人民警察去做超越法定职责范围的事情。

同理，作为人民警察警种之一的司法警察，当然也有此权力。对超越法律、法规规定的司法警察职责范围的指令，司法警察有权拒绝执行。这一规定是司法警察排除非法干扰的重要法律依据和保障，也有助于为司法警察依法执行职务，营造良好的环境和秩序。

4. 司法警察依法执行职务优先受法律保障

警察执行职务优先是世界各国警务活动的通例。许多国家法律规定警务人员为追捕罪犯、处置紧急情况，可以随时调动组织和公民的通信工具、交通工具。

《警察法》第13条规定：“公安机关的人民警察因履行职责的紧急需要，经出示相应证件，可以优先乘坐公共交通工具，遇交通阻碍时，优先通行。公安机关因侦查犯罪的需要，必要时，按照国家有关规定，可以优先使用机关、团体、企事业组织和个人的交通工具、通信工具、场地和建筑物，用后应当及时归还，并支付适当费用；造成损失的，应当赔偿。”这一规定表明我国警察在执行抓捕脱逃犯、押解重要案犯时具有职务优先和通行优先权。人民法院和人民检察院的司法警察在执行抓捕脱逃刑事被告人或犯罪嫌疑人，押解重要刑事被告人或犯罪嫌疑人时，应当同样享有职务优先和通行优先权。

警务人员执行职务优先的前提条件是履行职责的紧急需要。在依法执行紧急任务时，经出示相应证件，可以不受公共交通部门有关订票、购票期限以及排队顺序的限制优先购票；可以优先选择交通工具的班次、航次或车次以及适合执行任务的座位等。在特别紧急的情况下，可以不凭车船机票，只出示相应证件即可乘坐交通工具。在遇到车辆拥挤或交通信号限制等情况时，可以优先通行。

警务人员因执行职务的需要，依法可以优先使用交通工具、通信工具、场地、建筑物等，即可以优先使用机关、团体、企事业组织和个人的各类交通工具、通信工具以及场地、建筑物等。

当然，警务人员执行职务优先并非不受限制。这种执行职务优先只能在法定许可的范围内享有，而且在保障警务人员执行职务优先权的同时，还应当注意保护组织或公民财产，防止在执行职务中随意使用或者在使用中侵害组织或公民合法权益的行为发生。同时，使用后应当及时归还，并支付适当的费用；如果造成损失的，还应当给予赔偿。

5. 司法警察履行职责受公民和组织的支持和协助

《警察法》第34条规定：“人民警察依法执行职务，公民和组织应当给予支持和协助。公民和组织协助人民警察依法执行职务的行为受法律保护。对协助人民警察执行职务有显著成绩的，给予表彰和奖励。公民和组织因协助人民警察执行职务，造成人身伤亡或者财产损失的，应当按照国家有关规定给予抚恤或者补偿。”这条规定表明：

（1）公民和组织支持和协助人民警察依法执行职务是应尽的义务。如果司法警察在安检过程中查验身份证时，公民应当提供自己的证件；在必要时，因执行职务的需要，经司法警察出示证件向公民和组织征用交通工具、通信工具及场所等，公民和组织应当提供。

（2）公民及组织的支持与协助行为受法律保护。其意为，一方面支持和协助行为不受法律追究，不应该受到侮辱和诽谤；另一方面，如果协助者受到打击报复的，应当依法追究打击报复人的法律责任，以保障支持协助人员的安全。

（3）对协助人民警察执行职务有显著成绩者，应给予表彰和奖励。这体现了权利与义务对等的原则，这样的规定有助于鼓励公民及组织支持与协助人民警察执行职务。

（4）公民及组织因协助人民警察执行职务，造成人身伤亡或者财产损失的，应当按照国家有关规定给予抚恤或者补偿。这是对支持协助人员造成伤亡或损失的补救措施，也有助于保障公民及组织的支持与协助行为。

6. 公民及组织应遵守法律，不得阻碍警务行为，保障司法警察依法执行职务

公民和组织的守法行为，是对警务活动的最大支持。但是总有部分人员或组织无视法律，作出违法犯罪的行为，阻碍人民警察依法执行职务。对于这些阻碍人民警察执行职务的人员或组织应当依法追究其法律责任，以保障警务活动顺利进行。

对拒绝或者阻碍人民警察依法执行职务的行为进行处罚，是保障警务活动的重要措施之一。《警察法》第35条明确规定了拒绝或阻碍行为的表现形式以及处罚措施。即“拒绝或者阻碍人民警察依法执行职务，有下列行为之一的，给予治安处罚：公然侮辱正在执行职务的人民警察的；阻碍人民警察调查取证的；拒绝或者阻碍人民警察执行追捕、搜查、救险等任务进入有关住所、场所的；对执行救人、救险、追捕、警卫等紧急任务的警车故意设置障碍的；有拒绝或者阻碍人民警察执行职务的其他行为的。以暴力、威胁方法实施前款规定的行为，构成犯罪的，依法追究刑事责任”。

【特别强调】

本小节特别注意当司法警察认为上级的决定和命令有错误时，应该怎么处理。

第三节　司法警察的资源保障

一、资源保障的含义

【案例8－3】

2011年3月1日，惠州市中级人民法院计划在惠东县人民法院开庭审理台湾籍毒贩卢志胜。惠东县人民法院从惠东县看守所提押卢志胜到法院开庭。途中，法警通过车载监控视频发现卢志胜在囚车内有异动。鉴于该犯危险性较大，中途停车处置容易发生意外，法警一边密切监视卢志胜，加速向法院驶去，一边电话报告。惠东县人民法院领导接报后，立即加派5名法警驱车前往接应，并紧急启动《惠东法院处置突发事件应急方案》。全体法警人员赶赴法院内的囚车预设停放地点待命，同时请求惠东县公安局的警力支援。

当囚车安全驶入法院后，法警打开第一道车门（该囚车有两道安防车门），对卢志胜的手铐和脚镣进行检查时，发现其左手手铐和左脚脚镣均已被挣脱。据后来了解，

该犯长期练习瑜伽，有“缩骨”功。此时，卢志胜情绪激动，拒绝戴上手铐和脚镣，并与法警对峙。后经在场法警和法官长时间的劝导后，卢志胜放弃抵抗，重新戴上手铐和脚镣。随后，卢志胜被安全顺利地还押到看守所。

【问题思考】

在本案例中，体现了哪些先进的司法警务保障设施？

【应知应会】

警务保障中的资源保障，是国家为保障人民警察完成所承担的任务和职责而提供的基本物质条件。主要包括经费、基础设施、装备和先进的科技成果等。这些资源条件与人民警察职权的有机结合，就能形成现实的战斗力。

必要的资源保障，是司法警察工作高效运行的重要保证，是司法警察履行职能的基础和依托，并可以有效增强司法警察队伍的凝聚力。要保证有一支维护审判机关和检察机关活动顺利进行的有坚强战斗力的司法警察队伍，如果没有充足的经费、完善的设施和精良的装备，那是可望而不可即的。所以资源条件的保障状况是否良好，直接影响到司法警察效能的发挥程度，关系到司法警察能否高效率、高质量地完成工作任务。因此，加强司法警务的资源保障，不仅有助于提高司法效率，也是做好司法警察工作的基本保证和重要条件。

二、资源条件保障的内容

司法警察工作的资源条件是司法警察开展警务活动必不可少的物质条件，概括而言，它包括经费保障、基础设施保障、警用装备等保障。

（一）经费保障

落实和加强警察的经费保障，是警务保障的一项重要内容，法律、法规确立了国家保障司法警察工作经费的原则，使司法警察的经费保障有了法律依据。

《警察法》第37条规定：“国家保障人民警察的经费。人民警察的经费，按照事权划分的原则，分别列入中央和地方的财政预算。”《人民法院司法警察条例》第30条规定：“人民法院司法警察工作和训练所需经费应当得到保证，并列入财政预算。”

经费的保障对改善司法警察执法条件，提高执法效能，保证警务活动的顺利进行，以及保障警务人员自身权益的实现具有非常重要的作用。根据以上规定，司法警察经费保障包含以下三层内涵：

（1）从根本上来说，司法警察的经费，由国家予以保障。司法警察的经费只能由国家保障，如果靠司法警察创收，那么就会使司法机关变成经营单位，就会影响到司法机关及警察的威信；如果没有经费保障，警察的生活待遇就无法保证，就不能使司法警察安心工作，更谈不上尽职尽责了。可见，只有由国家保障司法警察的经费，才能有效地保证司法警察工作的顺利开展与职责的履行。

（2）从方式上讲，司法警察经费以列入财政预算的方式得以保障。列入中央和地方财政预算，就能保证经费的支付，不会发生因情况的变化而得不到保障的状况。

（3）经费保障由中央和地方财政按事权划分的原则分别负担进行保障。“事权”是我国财政预算体制改革中的名词，是指凡由国家经费开支的国家机关，按机构权限划分层次，哪级政府（机关）承担的事项，经费就由哪些政府的财政开支。司法警察的经费是按警务活动的权限层次来划分的，由中央或地方财政拨付。

（二）基础设施保障

司法警察工作所需的基础设施是指司法警察开展警务工作所必须具备的办公场所及办公自动化设施、训练设施、羁押及监控设施和死刑执行设施等一系列物质条件的总和。良好的基础设施是司法警察全面履行职责和提高素质的重要保障。

《警察法》第38条规定："人民警察工作所必需的通讯、训练设施和交通、消防以及派出所、监管场所等基础设施建设，各级人民政府应当列入基本建设规划和城乡建设总体规划。"这一规定为司法警察工作所必需的基础设施保障提供了依据。同时也表明，为了保证司法警察履行其职责，各级人民政府应当保障这些设施齐备，对司法警察执行职务，必须有相应的物质条件保障，而且应当把这些基础设施建设列入基本建设规划和城乡建设总体规划之中。

1. 办公设施保障

办公设施保障包括办公场所设施保障和办公自动化设施保障两方面内容。司法警察的办公场所设施保障主要是必要的办公室、会议室、接待室，以及枪支弹药和警械具储存场所等方面的保障。办公室、会议室、接待室等场所设施，能够为警务人员提供良好的工作环境，提高司法警务工作效率。枪支弹药和警械具储存场所应着眼于坚固、安全，以确保枪支弹药与警械具（特别是枪支弹药）的安全保存。司法警察的办公自动化设施保障主要是指计算机、打印机、复印机等能节省人力资源、提高办公效率与质量的现代办公设施。其主要为警务工作中的公文处理、档案管理、资料保存与检索、数据统计等方面的工作提供保障。

2. 信息保障

信息保障是现代警务保障体系中最具时代特征的保障，是指为了在现代警务活动中充分发挥信息的作用，保障警务活动高效完成，对必备的信息设备、信息系统、信息人员、信息网络技术的应用和发展。随着信息技术的迅猛发展，信息技术已渗透到社会生活的各个方面，现代警务运行越来越需借助和依赖信息技术力量来促进警务工作信息化，而信息化必须依赖信息保障，强有力的信息保障引起了一场新的警务革命。近年来，在各地法院推行的"法院110"机制，就是对司法警察网络信息化的形象比喻。它不仅仅是指通过网络共享信息资源那么简单，司法警察作为法院的一支准军事化的武装力量，也并不仅仅是针对一个法院内部对审判、执行工作秩序正常进行的保障。司法警察实行的是双重领导，上级法院可以随时调动下级法院的警队参与各种任务。通过司法警察信息网络可以使上级法院直接从网络中清楚地知道所管辖的各警队的人员配备及装备，遇到突发事件可以迅速通过网络指挥各警队到达既定的位置完成各种任务。

3. 警务人员训练设施保障

训练是提高战斗力的根本途径，是提高法警素质的根本保障。司法警察是一支带有武装性质的队伍，要成为招之即来，来之能战的威武之师，除了严格的管理教育外，还必须通过严格的训练才能实现，而训练设施的建设与保障是重要的物质基础。司法警察要熟悉法警职责，懂检察业务，懂办案程序，会使用枪械具、会擒拿术、会微机操作等。它是审判机关和检察机关的一支武装力量，要保证在关键时刻能拉得出、用得上、打得赢，就必须具备过硬的军事素质和良好的作风。司法警察训练包括体能训练、技能培训和业务培训等方面。具有良好的体能和技能是对司法警察的基本要求。加强司法警察的体能、技能和业务训练，离不开相应的训练设施。

4．羁押及监控设施保障

司法警察特别是人民法院司法警察为了协助审判人员完成各项工作，在刑事诉讼或人民法院进行其他诉讼行为的过程中，需要将在押的犯罪嫌疑人或被告人押至人民法院的审判庭或其他处所候审，其目的是将候审人限制在一定区域内，防止候审人在开庭期间脱逃或遭受外面的攻击等，保证诉讼活动的顺利进行。司法警察根据工作的需要，在被告人或犯罪嫌疑人离开监所到达审判场所接受审判的期间，就应履行临时看管的职责。由此就必须具备看管场所或羁押场所，这是司法警察履行看管职责的首要条件。看管场所或羁押场所虽不能与看守所的设施相同，但也有其自身的特殊要求。羁押场所设施包括它的整体结构、内部基本结构、内部基本设备及监控设备等。整体结构安全是指羁押室的墙体、房顶、外墙等房屋构成的各个部分及其组成的空间应具备抵御自然灾害、适合居住及防止逃跑等基本要素。内部基本结构安全牢靠是指房屋内部空间的构成部分，如墙面、顶面、门窗、地面等要坚硬牢固。内部设施的设置要求不会对候审人造成伤害及候审人不会利用这些设备妨碍看管工作的顺利进行。羁押场所应当配备专业的监控设施，对候审人不仅要配置人工监管，还应配置立体的监控设施，这有利于司法警察从多方位、多角度了解候审人员的动态，提高看管和庭审场所的整体安全效能。

5．死刑执行设施保障

执行死刑是执行人员根据死刑判决或裁定和最高人民法院院长签发的执行死刑命令，依照法定的执行死刑程序，在刑场或指定的羁押场所，采取枪决或者注射等方法，依法剥夺判处死刑罪犯生命的过程。

根据《中华人民共和国刑事诉讼法》第 252 条第 3 款规定："死刑可以在刑场或者指定的羁押场所内执行。"为此，包括刑场或者指定的羁押场所在内的死刑执行设施保障成为必要。同时，采取注射方法执行死刑时，还必须保障注射执行方法所应当具备的注射器、注射液等相关设备与设施，这样才能保障正确无误地执行，体现死刑执行的合法性、严肃性和警示性。

（三）警用装备保障

司法警察警用装备的现代化是当前经济和社会发展的需要，是新形势下司法警察执行职务，开展警务活动的需要。警用装备是司法警察活动的要求及其所担负的任务的条件。

警用装备是司法警察为了依法履行职责，及时有效地制止违法犯罪行为，维护社会治安秩序，保护公民的合法权益，保护公共财产而配备的警械、武器、交通、通信工具，以及警用标志、制式服装等各种专用器械和标志的总称。警用装备是法律赋予司法警察履行职责、制止违法犯罪行为的必要强制手段，也是司法警察行使国家强制力的表现，是司法警察警务保障的重要组成部分。

1．警械配备保障

《警察法》第 11 条规定："为制止严重违法犯罪活动的需要，公安机关的人民警察依照国家有关规定可以使用警械。"《使用警械和武器条例》第 2 条规定："人民警察制止违法犯罪行为，可以采取强制措施；根据需要，可以依照本条例的规定使用警械……”该条例第3条规定：“本条例所称警械，是指人民警察按照规定装备的警棍、催泪弹、高压水枪、特种防暴枪、手铐、脚镣、警绳等警用器械……”《人民法院司法警察条例》与《人民检察院司法警察暂行条例》也作了相应的规定。

2. 武器装备保障

《警察法》第10条规定：“遇有拒捕、暴乱、越狱、抢夺枪支或者其他暴力行为的紧急情况，公安机关的人民警察依照国家有关规定可以使用武器。”《使用警械和武器条例》第2条规定：“人民警察制止违法犯罪行为，可以采取强制措施……使用警械不能制止，或者不使用武器制止，可能发生严重后果的，可以依照本条例的规定使用武器。”该条例第3条规定：“本条例所称武器，是指人民警察按照规定装备的枪支、弹药等致命性警用武器。”司法警察装备武器一方面是为了依法执行公务，及时有效地制止犯罪行为；另一方面在必要时能够实施正当防卫，保护国家和人民群众的生命和财产安全。因此，为了保证司法警察任务的完成，根据司法警察工作的性质与特点，应当保障司法警察的武器配备。

3. 交通与通信装备保障

交通与通信装备保障的目的在于提高工作效率、处理应急突发事件和保障人员安全。为此，《警察法》第38条规定：“人民警察工作所必需的通讯……交通等基础设施建设，各级人民政府应当列入基本建设规划和城乡建设总体规划。”《人民法院司法警察条例》第31条明确规定：“人民法院应当加强司法警察装备现代化建设，有计划地改善司法警察工作必需的交通、通讯等装备设施。”《人民检察院司法警察暂行条例》第27条规定：“人民检察院司法警察工作所必需的交通、通讯等装备设施应有计划地改善，加强司法警察装备现代化建设。”交通与通信装备保障主要指司法警察工作的车辆及标志、通信设备的配备等方面的保障，包括押解、送达、参与执行、指挥等方面的各种警用车辆等，以及必需的联络通信工具装备。交通装备是指人民法院、人民检察院基于司法警察执行公务的需要而使用的各种车辆等交通工具。我国目前司法警察交通工具的配置主要是以车辆为主，其中包括警车、囚车、摩托车等交通工具。通信装备是司法警察相互联系、沟通信息、畅通指挥、及时反馈的重要工具，主要包括电话、对讲机、无线电发射机、无线电接收机、传真机等。

4. 警用标志、制式服装及其标志保障

警用标志和制式服装及其标志具有专用性和严肃性，对维护人民警察的良好形象具有重要的作用，也是人民警察的象征。通过保障人民警察对警用标志和制式服装及其标志的专用专管权，对非法持有和使用的人给予法律制裁，以保障司法警察执法的严肃性和权威性。《警察法》第36条规定：“人民警察的警用标志、制式服装和警械，由国务院公安部门统一监制，会同其他有关国家机关管理，其他个人和组织不得非法制造、贩卖。人民警察的警用标志、制式服装、警械、证件为人民警察专用，其他个人和组织不得持有和使用。违反前两款规定的，没收非法制造、贩卖、持有、使用的人民警察警用标志、制式服装、警械、证件，由公安机关处以十五日以下拘留或警告，可以并处违法所得五倍以下的罚款；构成犯罪的，依法追究刑事责任。”《人民法院司法警察条例》第29条和《人民检察院司法警察条例》第27条对此也作了相应的保障性规定。警用标志是指警用交通工具使用的专用标志，主要包括警灯、警笛、警报器、警用牌照等。人民警察制式服装及其标志是指人民警察按照规定穿着的制式服装及其标志。其中制式服装是指人民警察按照规定穿着统一式样服装，包括常服、值勤服、作训服、多功能服、制式衬衣及警帽、领带、腰带、纽扣等；标志是指人民警察按照规定穿着制式服装时佩戴的专用标志，包括帽徽、警衔标志、领花、胸徽、警号、臂章等。

此外，《警察法》第 39 条规定：“国家加强人民警察装备的现代化建设，努力推广、应用先进的科技成果。”从某种程度上讲，先进的装备和技术就是警力，尤其在司法警察工作任务越来越艰巨、复杂和繁重的情况下，现代化的装备和先进的科学技术的运用更是提高工作效率和工作质量的必要条件。为此，国家应当及时保障司法警察装备的更新，将先进的装备和技术运用到司法警务工作之中，以科技解放警力，以科技提高警力，由此不断提高警务保障能力。

【特别强调】

注意司法警用装备保障的内容及警械与武器的使用规定。

第四节　司法警察的权益保障

一、司法警察权益保障的含义

【案例 8 - 4】

2009 年 10 月 14 日，一名歹徒携带两把单刃刀闯入贵州省遵义市中级人民法院，法警支队长钟世鑫赤手空拳与之搏斗。在被刺数刀之后，钟世鑫忍痛拼尽最后一丝力气将法官通道关闭，保护了更多人的安全。

【问题思考】

在本案例中，如何保障钟世鑫家属的权益？

【应知应会】

司法警察权益的保障，是指国家为保障司法警察依法执行职务而为其提供的必需的生活、离退休、抚恤和优待等方面的保障，主要包括工资、福利、保险、离退休、抚恤和优待等待遇保障。

司法警察工作的性质、任务和特点，决定了他们工作的危险性、对抗性及超时性，如果他们的合法权益得不到保障，必然会影响到工作情绪、工作任务的完成及职责的履行。加强司法警察合法权益的保障，对消除他们的生活之忧，促进警务人员廉洁自律、严格执法，激励工作热情、提高工作效率，调动工作的主动性和创造性，使他们尽职尽责，积极主动地完成任务等都有着重要的作用。

根据我国现行的有关法律法规，我国当前主要是从工资、福利、抚恤和优待、离退休等方面对司法警察的权益提供保障。

二、司法警察权益保障的基本内容

（一）工资、福利及保险待遇保障

1. 工资保障

（1）司法警察工资的含义。从一般意义上讲，工资又称薪水、薪金，它是劳动报酬的表现形式，表现为按期付给劳动者一定的货币或实物。工资是劳动者个人及其家庭生活消费的分配形式。我国司法警察的工资是政府根据按劳分配的原则对司法警察进行个人分配的一种货币表现形式。司法警察获得工资也是以支付劳动为前提的，工资的分配原则主要取决于分配所依据的原则和职级标准。因此，司法警察工资的确定应以工作职责、工作能力、工作实绩和资历等为主要依据，采用国家统一的职务与级别相结合的工资制度。

（2）司法警察工资制度的意义。我国司法警察的工资制度，是国家公务员工资制度的一个组成部分，也是司法警察制度和警务保障中的一个重要组成部分，工资在整个司法警察管理中发挥着重要的作用。司法警察工资待遇保障的重要意义在于：①合理的工资是司法警察及其家庭生活的主要来源，是改善和提高他们生活水平的重要条件。②工资也是调动司法警察积极性和促进社会生产发展的重要因素和手段。合理的工资能够激励司法警察努力工作，产生内动力，有效地调节司法警察的积极性和创造性。合理的工资报酬，可以使司法警察认识到国家对于他们的工作和劳动给予了足够的报偿，从而树立起一种责任感和荣誉感，激励他们更加努力地钻研业务，不断提高工作能力，尽心尽职地完成工作任务。③工资对司法警察廉洁守法具有一定的促进作用。司法警察廉洁守法既要靠思想教育、制度管理等方面保障，也要靠合理的工资制度保障。

（3）司法警察工资待遇的保障。《警察法》第 40 条规定："人民警察实行国家公务员的工资制度，并享受国家规定的警衔津贴和其他津贴，补贴以及保险福利待遇。"《人民法院司法警察条例》第 32 条和《人民检察院司法警察条例》第 31 条对此也作了相应的保障性规定。根据 2005 年 4 月 27 日第十届全国人民代表大会常务委员会第十五次会议，2006 年 1 月 1 日起施行的《中华人民共和国公务员法》第 74 条规定："公务员工资包括基本工资、津贴、补贴和奖金。公务员按照国家规定享受地区附加津贴、艰苦边远地区津贴、岗位津贴等津贴。公务员按照国家规定享受住房、医疗等补贴、补助。公务员在定期考核中被确定为优秀、称职的，按照国家规定享受年终奖金。公务员工资应按时足额发放。"以上规定表明司法警察的工资待遇保障包含以下几个方面：①司法警察的工资按照公务员工资制度执行，即实行国家统一的职务与级别相结合的工资制度。国家建立公务员工资的正常增长机制，贯彻工资水平应当与国民经济发展相协调、与社会进步相适应的原则，同时国家通过工资的社会调查，进行比较，然后将比较结果作为调整公务员工资水平的依据。这为司法警察工资提供了原则性的保障。②司法警察的工资包括基本工资、津贴、补贴和资金。基本工资，是指司法警察的职务职级工资。我国现行所实行的是职级工资制，即职务级别工资制。它是在总结我国四十多年来实行的职务等级工资制及以职务工资为主的结构工资制的经验教训，并吸收了国外公务员工资制的长处的基础上确定的，其构成可分为职务工资、级别工资、基础工资和工龄工资四个组成部分。其中职务工资和级别工资是职级工资构成的主体。职务工资是指按公务员的职务高低、责任轻重和工作难易程度确定的工资标准，是晋级工资制中体现按劳分配的重要内容。在职务工资标准中，每一职务层次设若干工资档次，工作人员按担任的职务确定相应的职务工资，并随职务及任职年限的变化而变化。级别工资是指按公务员的能力和资历确定的工资标准。公务员的级别共分为十五级，一个级别设置一个工资标准。基础工资是按大体维持公务员本人基本生活而确定的，各职务人员均执行相同的基础工资。它有利于保障公务员的基本生活质量不因物价上涨而下降。工龄工资是按公务员的工作年限确定的工资标准，主要体现公务员的积累贡献。津贴，是司法警察报酬的辅助部分，目的在于弥补司法警察工资的不足，更好地贯彻公平合理的工资分配原则，调动司法警察的工作积极性。《警察法》第40条规定："人民警察享受国家规定的警衔津贴和其他津贴。"《中华人民共和国公务员法》也明确规定了公务员按照国家规定享受地区附加津贴、艰苦边远地区津贴、岗位津贴等津贴。补贴和补助，一般是司法警察在工资、奖金、津贴外获得的，用于满足带有共同性或者普遍性的消费需要。司法警察按照规定享受住房、医疗等补贴和补助，可以使他们在居住、医疗等方面得到保障。奖金，是根据按劳分配原则采取的作为工资补充的劳动报酬形式，是对工作认真负责、工作成绩显著的工作人员的物质奖励。工资应当按时足额发放。由于司法警察的工资是司法警察本人甚至其家庭收入的唯一来源，因此，司法警察的工资能否按时足额发放尤为重要。同时《中华人民共和国公务员法》第79条还明确规定将公务员工资等列入财政预算予以保障。

2. 福利待遇保障

我国司法警察的福利是国家行政机关为改善和提高公务员的物质文化生活水平，在工资报酬和劳动保险以外，通过举办集体福利设施、提供服务以及发放补贴等形式，给予司法警察的一种生活保险和生活享受，用以满足他们带有共同性或普遍性的消费需要，解决司法警察个人或家庭难以解决的某些困难。为司法警察提供福利待遇有利于保障司法警察的基本生活需要，提高司法警察的物质文化生活水平，稳定司法警察队伍，激励司法警察努力工作。《警察法》第40条规定："人民警察享受国家规定的福利待遇。"《中华人民共和国公务员法》第76条规定："公务员按照国家规定享受福利待遇。国家根据经济社会发展水平提高公务员的福利待遇。公务员实行国家规定的工时制度，按照国家规定享受休假。公务员在法定工作日之外加班的，应当给予相应的补休。"以上规定及国家有关政策为福利待遇的保障提供了依据。根据上述规定，我国司法警察福利可分为集体福利和个人福利。集体福利是指为司法警察提供必要的集体消费设施及集体服务。个人福利又称个人补贴，是指发放现金或实物，帮助司法警察解决个人生活问题。目前我国司法警察福利主要体现在以下几个方面：

（1）为满足法警共同需要、方便其生活并使其获得优惠服务而建立的集体福利设施，如食堂、宿舍、浴室、理发室等。

（2）为满足法警文化生活需要，提高其身体、文化素质而建立的文体福利设施，如健身房、图书室、活动室等。

（3）为满足法警的不同需要，减轻其生活负担而设立的福利补贴，如交通补贴、防暑降温费、副食品价格补贴以及生活困难补助等。

（4）司法警察还可享受公费医疗待遇、病假待遇、产假待遇和年休假待遇等。

3．保险待遇保障

司法警察的保险是指国家通过立法程序建立的对暂时或永久丧失劳动能力的法警给予物质保障的制度。这是在社会主义条件下，个人消费品分配的一种辅助形式。其目的在于满足司法警察在暂时或永久丧失劳动能力后的基本生活需要。司法警察保险制度的建立具有重要的意义。

（1）司法警察保险制度为暂时或永久丧失劳动能力的司法警察提供了必要的物质帮助，这有助于减轻国家和社会负担，促进经济的发展。

（2）司法警察保险制度的实施和逐步完善，在很大程度上可以确保司法警察健康地工作并解除生活上的后顾之忧，调动司法警察的工作积极性，使其全身心地投身于工作之中。

（3）健全的司法警察保险制度还可以增强司法警察对所在单位的归属感，促使他们尽职尽责地履行职责。

司法警察的保险制度与司法警察的福利制度一样，都是个人消费品分配的一种辅助形式，都是受法律保护的一种权利。但司法警察保险制度具有其独有特征：①保险的对象是丧失劳动能力的司法警察以及应当由他们供养的直系亲属；②建立保险制度的目的主要是满足丧失劳动能力或待业的原司法警察的基本生活需要；③保险的组织与实施都是社会化的；④保险费用采取国家负担为主，个人缴付为辅的原则。

我国司法警察保险保障主要包括：退职退休的养老保险；疾病的公费医疗保险；因公负伤、致残和非因公负伤、致残的伤残保险；失业保险和生育保险等。

（二）离退休保障

《中华人民共和国公务员法》第89条规定："公务员退休后，享受国家规定的退休金和其他待遇，国家为其生活和健康提供必要的服务和帮助，鼓励发挥个人专长，参与社会发展。"第79条规定："公务员退休金等所需经费，应当列入财政预算，予以保障。"这些规定是司法警察离退休待遇保障的法律依据。

1．离退休待遇保障

离休是指老干部离职休养。这里所说的老干部是指中华人民共和国成立以前，即1949年9月30日以前参加革命工作的干部，由于他们年事已高，可以按照国家有关规定脱离原来的工作职位，休息疗养，安度晚年。可以享受离休待遇的老干部是指：1949年9月30日前，参加中国共产党所领导的革命军队的；在解放区参加革命工作并脱产享受供给制待遇的；新中国成立前在敌占区从事地下革命工作的。在东北和个别老解放区，1948年底以前享受当地人民政府制定的薪金制待遇的干部，也可以享受离休待遇。

2．退休待遇保障

退休是指国家工作人员工作到一定年限达到法定年龄且符合一定的条件，根据国家法律、法规或政策，使之离开工作岗位，而仍给予一定数额的生活费用，以维持其生活，使其安度晚年。现在干部退休是指中华人民共和国成立以后参加工作的干部。按有关规定，非因工患病、负伤的劳动者，医疗终结或医疗期满经劳动鉴定委员会鉴定为1~4级的，符合退休、退职条件的应当退出劳动岗位，办理退休、退职手续。

此外，依据本人的意愿，符合法定条件，也可以自愿退休。自愿退休或称提前退休、批准退休，是指具备法定的最低退休条件的人员，自愿申请退休，离开公务员队伍。自愿退休应当符合下列条件之一，本人自愿提出申请，经任免机关批准，可以提前退休：①工作年限满 30 年的；②距国家规定的退休年龄不足 5 年，且工作年限满 20 年的；③符合国家规定的可以提前退休的其他情形的。对于经批准退休的，仍享受国家规定的退休金和其他待遇。

（三）抚恤、优待保障

1．抚恤、优待的含义

抚恤是指对因战或因公致伤、致残、牺牲或病故人员的家属给予物质上的帮助和精神上的安抚。优待是指给予良好的待遇或厚待。抚恤与优待是警务保障制度的重要组成部分之一。其主要内容是国家对因公伤残、因公残疾的司法警察及其家属进行抚恤与优待，体现党和国家对司法警察及其家属的关怀和爱护，对鼓舞司法警察的士气，支持司法警察的队伍建设，促进警民团结，维护国家的稳定具有重要的意义。

2．抚恤、优待保障规定

《警察法》第 41 条规定：“人民警察因公致残的，与因公致残的现役军人享受国家同样的抚恤和优待。人民警察因公牺牲或者病故的，其家属与因公牺牲或者病故的现役军人家属享受国家同样的抚恤和优待。”《中华人民共和国公务员法》第 77 条规定：“……公务员因公致残的，享受国家规定的伤残待遇。公务员因公牺牲、因公死亡或者病故的，其亲属享受国家规定的抚恤和优待。”1998 年 5 月 14 日发布执行的《人民法院、人民检察院司法警察抚恤办法》规定：“各级民政机关要充分发挥政府职能部门的作用，认真履行职责，严格执行现行优抚法规、政策，根据司法警察的工作性质，准确、及时办理司法警察的伤亡抚恤事宜。”（第 2 条）“各级人民法院、人民检察院的政治工作部门负责司法警察伤亡抚恤的具体工作。”（第 3 条）同时该办法对司法警察的“死亡抚恤”和“伤残抚恤”作了明确具体的规定。这些权益的保护并不是人民法院和人民检察院自身能够完全解决好的，还要依靠相关职能部门的协助。

以上一系列的规定，确立了司法警察在因公致残、牺牲以及病故的情况下，本人及其家属，可以享受现役军人以及现役军人家庭同样的抚恤和优待的权利。现役军人享受的抚恤和优待是国家抚恤、优待制度中最优厚和最高等级的抚恤、优待，这表明了司法警察地位的特殊性，对司法警察自身及其家属的权益保障起到积极的作用。

【特别强调】

注意离休与退休的区别，以及抚恤、优待的相关法律规定。

【拓展阅读】

美国警察部门向来以高技术装备闻名于世，走进美国司法警察机构，他们的警用装备和有关设施自然引起我国同行的格外关注。在司法警察个体装备方面，常见的手枪、手铐、电警棍、对讲机等必配装备与我们相差无几，但也有很多装备目前我们是空白的。

在警用装备方面，主要有六个看点。

看点一：科技含量高的“泰瑟枪”。泰瑟枪最早出现在 20 世纪初期的科幻小说中，后人根据小说主人公的名字和枪名的首个字母将它命名为“TASER”，也有人根据其原理称之为“电休克枪”。泰瑟枪没有子弹，它是靠发射带电“飞镖”来制服目标的。

它的外形与普通手枪十分相似，里面有一个充满氮气的气压弹夹。扣动扳机后，弹夹中的高压氮气会迅速释放，将枪膛中的两个电极发射出去。两个电极就像两个小“飞镖”，它们前面有倒钩，后面连着一根很细的绝缘铜线，命中目标后，倒钩可以钩住犯罪嫌疑人的衣服，枪膛中的电池则通过绝缘铜线释放出高压，令罪犯浑身肌肉痉挛。泰瑟枪的最大射程为7米，“飞镖”的速度为每秒60米。它可以隔着5厘米厚的衣服放电，并在5秒钟内多次放电，每次持续时间为百万分之一秒。为了防止警察滥用枪支，随便开火，泰瑟枪在设计时还增加了记录功能。使用者在扣动扳机后，枪膛后面会弹出许多小纸屑，上面印有本枪的序列号，调查人员可通过它们轻而易举地查到枪的主人。此外枪内还有一个微型芯片，专门记录每次射击的日期和时间。武器的优点在于泰瑟枪的电“镖箭”的电压虽然很大，但电流却很小，只有160毫安。它可以让被攻击目标因“电休克”导致其神经系统暂时受损而失去作战能力，却不会使对手死亡或造成严重的身体伤害。应该说泰瑟枪相对于现在装备的“网枪”来讲更实用、更具威慑力。

看点二：膝关节限位器。这是一副长约80公分的两端带雌雄搭扣的合金质装备，使用时两端分别固定于对象的大腿和小腿处，限制犯罪嫌疑人行走时膝关节的弯曲度，使之无法快速移动。

看点三：手铐限位腰带。这是一种束缚于对象腰际，将手铐固定在身体前方中部，限制犯罪嫌疑人在戴手铐的情况下手部活动范围的装备。本装备简便、实用，使用后可避免犯罪嫌疑人自残和伤害押解法警。

看点四：多功能约束椅。多功能约束椅可按需要固定对象的四肢、腰部、颈部，底部有轮，能实现座椅与担架转换，用于实现特殊犯罪嫌疑人的强行约束和移动，又可作为特殊犯罪嫌疑人法庭庭审的专用座椅。

看点五：头罩。袋状布质，在眼、鼻、口处可按需开口，固定在犯罪嫌疑人的头上用以防吐、防视、防辨，且为一次性用具。

看点六：法警专用急救柜。放置有医用氧气袋和各类常用急救药品。

在安全防范设施方面，有八个看点。

看点一：人犯通道。连接法院羁押室与监狱（看守所），建在地下长约3英里完全封闭式的隧道中，专门用于法警押解人犯。

看点二：囚车锁。一把从囚车门外部锁定车门的挂锁，车内犯罪嫌疑人无法开启（美国法警多数不进行贴身押解，法警与人犯是分离的）。

看点三：人犯专用电梯。从法院地下羁押室直达法庭人犯候审室，目前我国上海法院人犯专用电梯与之如出一辙。

看点四：羁押室门。上部设置单向观察孔、下部留有物品传递及上拷窗（可关闭）、关闭状态下可隔音、防串供的铁门。

看点五：羁押室厕所。不锈钢制，无棱角，全部置于每个牢房内，避免人犯因大小便频繁出入以增加不安全因素。

看点六：法院入口、安检、法庭等重要部位通道门。如安检进口门是可内外开关的，而经过安检后再出法院不能“原路”返回，只能从两侧由内单向开启的专用出口走出。再如所有法庭旁听人员进入法庭，会经过前后两道门，两道门中间留有约4平方米的过渡厅，当事人进入第一道门可以提示法庭工作人员，有旁听人员需要进入法庭旁听，在缓冲性的过渡厅，法庭工作人员可以提示旁听人员可以进入或暂时不得进入，旁听人员也可以在缓冲性的过渡厅观察法庭工作人员的示意。

看点七：监控。美国法院的监控均是定时巡查的，摄像头有规律地转动实现了法院重点部位不间断电子巡逻的目的。

看点八：法庭法警值庭席。设置于法庭审判区与旁听区分隔处，置于审判区一侧靠近旁听区（置一写字台），法警值庭可视情况采取坐姿或立姿值庭。值庭席视野开阔，可同时有效观察、掌控审判区与旁听区发生的所有情况，由此可以看出值庭席的设置具有一定的科学性，而且非常实用。

思考题

1. 简述司法警务保障的特征。
2. 简述司法警务法律保障的基本规定。
3. 简述司法警务基础设施保障的内容。
4. 简述司法警察权益保障的内容。

第九章
司法警察的职业道德与礼仪

【知识目标】

了解人民警察的职业道德

掌握司法警察的职业道德

掌握司法警察的礼仪规范

【能力目标】

能按规定遵守并不断提高司法警察的职业道德

能按规定遵守司法警察的礼仪规范

第一节　司法警察职业道德的内容

司法警察鲜明的专业特征和职业素养决定了这支队伍除具备过硬的思想作风和工作作风外，还要具有良好的职业道德。职业道德就是具有自身职业特征的道德行为准则，有什么职业，就有什么职业道德；有多少种行业，就有多少种职业道德。司法警察的职业道德，是指司法警察在职业活动中应当遵循的、具有司法警察职业特征和自身特殊要求的道德准则及行为规范的总和。由于司法警察职业的特殊性，其职业道德具有双重性，它既是人民警察一个独立的警种，又是司法机关、检察机关内部的一个重要部门；既要为检察、审判工作提供服务和保障，又要广泛地接触人民群众。司法警察的职业道德与人民警察、法官、检察官的职业道德有着内在联系，而在内容上又存在区别。

【案例9-1】

江苏省建湖县人民法院法警大队教导员罗学文，在执行工作中积劳成疾而以身殉职。罗学文同志于1987年从部队转业到建湖县人民法院，长期从事执行工作。在工作中，他始终以一个共产党员的标准严格要求自己，十多年如一日，努力多办案、快办案、办好案，办理执行案件近2 000件，连续10年办案超百件，取得了突出的成绩，先后被授予市、县"劳动模范"、全市"人民满意政法干警"、全省"人民满意的法官"和全省"十佳执行工作者"等殊荣，荣立三等功两次，二等功两次，2001年5月被省高级人民法院荣记一等功。2002年2月10日晨，罗学文同志在建湖县人民法院开展的"春节执行会战"执行途中，突发心肌梗塞，因公殉职，倒在了自己的工作岗位上。

2002 年以来，建湖法院法警大队全体警员以战友罗学文为榜样，传承光荣传统，坚持政治强警、苦练内功、规范管理、文明执法，在维护法律尊严和服务审判、执行工作中，出色地完成了各项任务，取得了一个又一个骄人的业绩。该队 2005 年在省高院法警工作规范化建设中被评为“司法警察工作示范单位”；2006 年、2007 年两次被市中院荣记集体三等功；在 2007 年全省法院组织的司法警察“四项规则”考核评比中，该队综合考核得分名列全市第一，被省高院评定为“全省优秀警队”。

【问题思考】

1. 在本案例中，体现了司法警察哪方面的职业道德？
2. 如何理解司法警察职业道德？司法警察的职业道德有哪些？

【应知应会】

一、人民警察的职业道德

作为人民警察的警种之一，司法警察首先必须遵守人民警察的职业道德规范。2011 年公安部对 1994 年下发的《公安机关人民警察职业道德规范》（公发〔1994〕1 号文件）进行了修订。进一步加强了司法警察职业道德建设，增强广大民警的职业意识，提高职业素质，规范职业行为，树立职业形象。重新修订的《公安机关人民警察职业道德规范》内容由原有的八条扩充到了十条，包含了警察这个职业所应具备的政治要求、职业品质、纪律作风三大方面。其内容和要点是：

（一）忠诚可靠：听党指挥，热爱人民，忠于法律

忠诚可靠是人民警察的最高政治要求，人民警察必须自觉坚持中国共产党对其的绝对领导，热爱人民，忠于法律，高举中国特色社会主义伟大旗帜。

人民警察是党的忠诚卫士，必须以实现共产主义作为自己的崇高理想，坚持四项基本原则。听从党的指挥，专心完成工作，认真执行党的路线、方针、政策，从思想上、政治上和行动上与党中央保持一致，以自己的实际行动在建设有中国特色社会主义的伟大实践中建功立业。

新中国的发展历程，来自于人民、植根于人民、服务于人民，在新的历史条件下必须坚持以人为本、执政为民的理念，牢固树立马克思主义群众观点、自觉贯彻群众路线，始终保持人民警察与人民群众的血肉联系。人民警察必须始终把人民利益放在第一位，把实现好、维护好、发展好最广大人民的根本利益作为一切工作的出发点和落脚点，自觉坚持爱民、利民、便民、为民的道德原则，这是警察工作获得最广泛、最可靠、最牢固的群众基础和力量源泉。

人民警察必须以高度的责任感捍卫国家法律，坚决与一切违反法律的行为作斗争，维护法律的尊严，保证法律的实施。

（二）秉公执法：事实为据，秉持公正，惩恶扬善

作为人民警察独立警种之一的司法警察，必须严格依法管理，不为私情、私利做不合法的事，坚持法律面前人人平等的原则。在办案过程中做到事实清楚，定性准确，符合法律规定的程序。做到执法不阿，无私无畏、理直气壮、铁面无私地维护法律的尊严，做到有法必依、执法必严、违法必究。司法警察必须坚持实事求是，绝不放走一个坏人，也不冤枉一个好人，坚持严肃与谨慎相结合的方针，公正执法。

（三）英勇善战：坚韧不拔，机智果敢，崇尚荣誉

司法警察必须忠于职守，安于本分，英勇又善于作战，兢兢业业，任劳任怨，以苦为乐。具备良好的业务素质，精通本职工作的业务知识，机敏聪慧，果决勇敢，敢于抢挑重担，善于开拓进取。自觉珍惜和维护国家的荣誉，视荣誉重于生命，自觉践行社会主义荣辱观，弘扬革命英雄主义和集体主义精神，提高素质、全面发展，争创一流、建功立业，贞守革命气节，严守司法警察队伍纪律。

（四）热诚服务：情系民生，服务社会，热情周到

作为人民警察独立警种之一的司法警察在本职工作范围内，应经常深入实际、深入基层、深入群众，做到知民情、解民忧、暖民心。只有人民警察把群众放在心上，群众才会把人民警察的工作放在心上；只有人民警察把群众当亲人，群众才会把人民警察当亲人，才会信任人民警察。如此才会有利于司法警察本职工作的开展。司法警察还须为保障社会主义现代化建设的顺利开展，确保公用事业、文教卫生事业等安全进行，积极服务社会，热情周到地帮助人民解决本职工作内的各方面难题。

（五）文明理性：理性平和，文明礼貌，诚信友善

作为人民警察独立警种之一的司法警察应弘扬文明的理性精神，积极提高、改善自身，学会科学、民主、宽容。保持谦虚谨慎、不骄不躁的优良作风，遇事冷静理性，待人亲切平和，坚决抵制和克服特权思想。

司法警察须做到文明办事，礼貌待人，执勤中照章处理，不刁难、不挖苦、不冷嘲热讽；文明接待群众，诚信友善，热情耐心，不敷衍了事。对违法犯罪分子实行文明管理，不打骂，不体罚虐待。保持良好的外部形象，体现出国威、警威，养成守纪律、讲礼节、有风度的良好作风。

（六）严守纪律：遵章守纪，保守秘密，令行禁止

作为人民警察独立警种之一的司法警察必须牢固树立组织纪律观念，自觉维护并遵守民主集中制原则；纪律严明，执行认真，严格遵守各项规章制度，做到凡是制度要求的，一定不折不扣落实，凡是制度明令禁止的绝对不做。司法警察必须严格执行国家公务员的保密守则，提高警惕性，克服麻痹思想，切实做到对国家秘密和警察工作的秘密守口如瓶，绝不能把了解情况作为炫耀自己的资本，不分场合、对象而随意乱说。

（七）爱岗敬业：恪尽职守，勤学善思，精益求精

司法警察应严守自己的岗位职责，树立忠于本职，安于本分的职业信念，谨慎认真地做好本职工作。善于思考，积极学习新知识新本领，勇于改革创新，与时俱进，开拓进取。精通本职业务知识，熟悉掌握业务技能，刻苦专研，精益求精，本领过硬，使违法犯罪分子闻风丧胆。

（八）甘于奉献：任劳任怨，顾全大局，献身使命

司法警察工作应迎难而上，不辞劳苦，不怕别人埋怨。踏实做事，诚恳待人，获取党和人民的信任。司法警察还须树立“一盘棋”的思想，识大体、顾大局，以局部服从整体，不在非原则性问题上斤斤计较，以致影响整体战斗力的发挥。为了全局的长远利益，必要时还须无条件牺牲局部的眼前利益，绝不能置整体利益和长远利益不顾，片面地强调局部利益和眼前利益。

司法警察必须具有大无畏的革命英雄主义，能文能武，智勇双全。不怕艰苦，不怕流血牺牲，为了捍卫祖国和人民利益，临危不惧，舍生忘死，献身司法。

（九）清正廉洁：艰苦朴素，情趣健康，克己奉公

作为人民警察独立警种之一的司法警察必须永远保持艰苦朴素的优良传统和政治本色，发扬勤俭节约的精神；追求健康向上的生活情趣，坚持高尚的情操；带头弘扬社会主义道德风尚，模范地遵守法律法规和廉洁自律的规定。人民警察必须严于律己，洁身自爱，大公无私，勤勤恳恳地在司法警察岗位上做好自己的本职工作。

（十）团结协作：精诚合作，勇于担当，积极向上

作为人民警察独立警种之一的司法警察必须树立协同作战的观念，为完成工作任务，要服从统一领导和统一指挥，保持各地区、各部门之间的协调合作；加强上下级之间、部门之间、地区之间的沟通与理解，尊重彼此在调查研究基础上提出的意见和建议。担当是一种自觉的、自发的理性行为。敢于担当是一种责任，是义务，是能力，是品格。岗位和职务赋予了人民警察责任和义务，就要努力践行好“敢于担当”的精神，积极提升敢于担当的能力，切实做到敢担当、能担当、会担当、持久担当。只有具备高尚的品格、平和的心态和团结协作的精神，才会乐于无私奉献、不怕牺牲，才会感恩组织、感恩群众，才会互相尊重、互相理解、互相支持，增强合力，在肝胆相照中积极向上，在共同提高中进步。

二、作为司法工作者的职业道德

根据司法警察工作的特点，司法警察的职业道德还有其自身的特点和侧重要点，对此，相关法律，如《人民法院司法警察条例》第5条、《人民检察院司法警察条例》第5条作出了规定。总结来看，司法警察的道德规范主要有以下六个方面。

（一）以宪法和法律为活动准则

司法警察是法律的执行者和维护者，司法警察的活动必须以宪法和法律为活动准则。以宪法和法律为活动准则，要求司法警察在履行职责、执行公务时，刚正不阿，铁面无私，坚持以事实为根据，以法律为准绳，维护法律的权威，严格履行工作职责，保障审判活动的正常进行。

作为国家的重要执法力量，必须以宪法和法律的规定为活动准则，在执法过程中坚持有法可依、有法必依、执法必严、违法必究。作为武装性质的纪律部队，必须自觉接受纪律的约束，保证有统一的意志和行动，强大的向心力、凝聚力和战斗力。为弘扬正气，反对歪风，保持司法警察队伍的先进性和纯洁性，执行纪律必严，违反纪律必究，不搞特殊化，确保纪律的严肃性。司法警察作为人民利益的维护者，应当模范地遵守宪法和法律，一切警务活动必须在宪法和法律规定的范围内进行。忠于宪法和法律，对法律负责就是对人民负责，这是司法警察进行警务活动必须遵循的基本准则。

（二）全心全意为人民服务

全心全意为人民服务是中国共产党的根本宗旨，是毛泽东思想的重要组成部分。《警察法》第3条规定：“人民警察必须依靠人民的支持，保持同人民的密切联系，倾听人民的意见和建议，接受人民的监督，维护人民的利益，全心全意为人民服务。”司法警察经常与当事人或其他公务人员接触，当事人是一个特殊的群体，到法院解决纠纷和矛盾的，其心情与普通人群是不同的，司法警察在工作中应秉着全心全意为人民服务的思想，真心实意地维护人民群众的利益，为人民群众办事，接受人民群众的监督，让人民群众满意。如是，司法警察的工作才能广泛地获得人民群众的支持，工作才能更顺利地开展，任务才能更高效地完成。

（三）忠于职守

司法警察必须忠诚于本职工作，兢兢业业，一丝不苟，有高度的敬业精神和强烈的责任意识。在不同的岗位上尽职尽责，不论遇到什么情况都要坚守岗位，努力完成组织交给自己的任务，把自己应当做的事情认真负责地做好，遵纪守法，依法行使职权。要实现忠于职守，就要热爱自己的职业，熟悉司法机关的业务范围和工作程序，工作中用语文明。司法警察工作离不开各种法律规定，要实现忠于职守，就要热爱法律，努力学习和熟悉国家颁布施行的法律法规，更好地帮助并解答人民群众关于法律方面的问题。

（四）清正廉洁

司法警察必须光明磊落，刚正不阿，廉洁自律，秉公执法。在改革开放、发展前行的社会主义市场经济的背景下，更要坚定社会主义信念，树立正确的世界观、人生观和价值观，发扬艰苦奋斗、无私奉献的精神。司法警察在工作期间或业外活动，都要时刻注意保持清正廉洁的形象，约束业外活动，不该去的地方不去，不该参加的活动不参加，谨慎交友，谨言慎行。有强烈的自律意识，抑制私欲，抵御诱惑，树立正确的利益观。一切活动，都以符合法律规定、不妨碍司法公正和维护司法权威，不影响司法工作为前提，做到拒腐蚀，永不沾，两袖清风，一身正气。

清正廉洁不仅在人民警察职业道德中有提到，而且在司法警察的职业道德规范中更是强调，司法警察要清楚地认识到：手中的权力是人民赋予的，只能用来为人民谋利益；行使权力就必须为人民服务、对人民负责并自觉接受人民监督，绝不能把权力变成牟取个人或少数人私利的工具。不利用职务之便为自己或者他人谋取不当利益；不从事或者参与营利性活动，在企业或者其他营利性组织中兼任职务；不准过问案件、为当事人说情，不准给刑事被告人带口信、送钱物；对当事人及其利害关系人、代理人、辩护人的馈赠或者贿赂行为，应果断拒绝并给予批评等。司法警察要自重、自省、自警、自励，做到立身不忘做人之本、为政不移公仆之心、用权不谋一己之私。

（五）服从命令

司法警察的一切行动听从上级的指挥，才能保证警令畅通，使上级的命令和指示得到迅速有效的贯彻执行。司法警察无条件地执行上级的命令和指示，是为了保证司法工作的顺利开展，及时维护人民群众的合法利益。在工作中，绝不能各行其是，各自为政，影响队伍的协调统一。

司法警察在执行职务中会面临着各种复杂的、不确定的突发情况，所以，服从领导、听从指挥对于司法警察来说尤其重要。司法警察在履行职责时，必须有高度的依法办事意识和很强的组织纪律观念，做到有令必行，有禁必止，特别是执行重要警务或遇到重大情况，必须听从指挥，不可擅自行事。当然，司法警察服从领导，听从指挥并不是无原则的，或是完全被动的，遇到一些根本不属于司法警察职责范围的或明显违法的指令，司法警察有权予以拒绝。在执行命令中遇到的与自己理解不相一致的，甚至有不同看法的，司法警察可以向发出命令的领导提出，供领导参考，若意见未被采纳，则仍应按原命令执行，个人意见予以保留。

（六）严格执法

司法警察在执行法律法规时，不放松，不走样，做到严肃、公平、公正。严格执法主要体现在两个方面：一是要求司法警察必须秉公执法，严肃执法，严格按照法律规定和程序办案，真正做到以事实为依据，以法律为准绳。二是要求司法警察必须尽职尽责，对发生的违法行为勇于纠正并依法处罚，不搞态度执法、关系执法、人情执法，做到有法必依，执法必严，违法必究。严格执法的职业道德要求在人民警察职业道德中的第二点已经提到，根据司法警察的工作特点，此处又一次提出。司法警察在工作中经常与法律活动的当事人接触，他们所面临的问题与普通群众困难有所不同，更多地涵盖了法律知识、涉及执法工作，此时司法警察要做到严格执法，就必须学法懂法，自觉守法。在执行职务中，坚持有法必依、执法必严、违法必究的原则。一方面充分行使国家赋予的职权，防范、制止和惩治违法犯罪活动；另一方面要切实保障公民和组织的合法权益。

第二节　提高司法警察职业道德的途径

司法公正是司法工作的生命线和灵魂，是司法活动的内在品质和价值追求，也是司法工作的基本要求，同时还是办案质量高低的集中表现，是社会、公众对法制的期望和信心。要实现司法公正，就必须确保司法机关在裁判案件时只服从法律，不受任何干涉。司法警察是我国人民警察的警种之一，作为司法工作的重要组成部分，担负着与司法工作密切相关的特定的司法保障任务，是人民法院有效行使审判权、人民检察院实现司法公正的重要保障。由于司法警察身份的特殊性，职业道德建设往往被人们所忽视，有些单位在实际工作中，培养、教育、监督工作跟不上，致使个别法警职业道德素质不高，不能正确看待权力、地位，或是行为不检，或是滥用职权，在社会上造成极坏的影响，严重损害了司法工作的正常开展，损害了国家司法审判机关的公正形象。司法警察队伍建设问题已成为我国人民法院队伍建设的重要组成部分，如何使司法警察工作更加规范化地发展，提升司法警察的职业道德、职业素养，加强司法警察的职业道德建设，任重道远。

【案例9－2】

某年5月27日，某市某人民法院内，一男子在法庭内砍妻子，杀表妹，案发后，法庭工作人员竟然吓得躲藏起来，而犯罪嫌疑人则大摇大摆地从法院逃走。

该年10月，某法院法警配合法官做被执行人思想工作，要求其履行支付迟延履行期间的债务利息义务，当时法官有事暂时离开，法警对被执行人说："你要支付迟延履行债务利息。"被执行人反问："是他提出执行的，该还的钱我已经还了，为什么还要我给他利息?"法警严肃地说："你就是要给，不给不行。"被执行人也急而拒之："不给！没钱！只有命一条，随你们怎么办！"就在法警与被执行人僵持不下时，赶来的法官一句："按照我国《民事诉讼法》第232条的规定，被执行人未按判决、裁定和其他法律文书指定的期间履行给付义务的，应当加倍支付迟延履行期间的债务利息。"此番话不但让被执行人听得明白，也化解了法警和被执行人之间的矛盾。

【问题思考】

1. 以上案例反映了什么问题?
2. 可以从哪些途径提高司法警察的职业道德?

一、提高司法警察职业道德的意义

（一）提高司法警察职业道德是维护社会政治稳定的需要

司法警察职业道德属于国家政权机关的职业道德，具有鲜明的政治性。司法警察作为国家法律监督与执行的职权机关，是忠诚、公正、清廉、文明的楷模，是人民群众寻求法律保护和帮助的保护神，是主持公道、惩恶扬善的司法工作者。

（二）提高司法警察职业道德是社会主义精神文明建设的需要

司法警察职业道德是社会主义精神文明建设的重要组成部分，是促进社会风气根本好转的因素。司法警察职业活动是代表国家进行的，涉及社会生活的相关领域，具有权威性和广泛性。然而，市场经济的多元化带来了职业道德观念的多层次性，不同层次的人有不同的思想道德取向，司法警察在与形形色色的人接触的过程中，难免不受其思想道德观念的影响，出现了少数司法警察思想素质不高，理想信念动摇，道德修养差，不珍视司法警察荣誉，言谈举止不检点，作风纪律松弛，违反法律、执法不严、执法不廉等现象。不良的司法警察职业道德，严重损害了国家机关在人民群众中的形象，致使社会公信力下降，不利于社会主义精神文明的建设。

（三）提高司法警察职业道德是保障诉讼效率的需要

司法警察的职责是服务和保障检察、审判工作的顺利进行。在法院、检察院执行公务中，突发性、危险性的事件频频发生。如果处理不及时、不得当，将会严重危及工作人员的人身安全、他人的合法权益，并损害法律的权威与尊严，造成恶劣的社会影响。因此，快速的处置能力，是司法警察业务能力的效率基础，也是法院、检察院“公正与效率”主题的客观要求。而现实中，少数的司法警察认为上级的命令可以不听，对上级安排的任务未能及时完成，干扰了司法工作秩序，影响诉讼效率。对此，加强职业道德建设，提高司法警察职业道德，能使司法警察给自己一个正确的定位，确立为检察与审判工作服务的宗旨，及时、有效地完成各项警务工作，实现“公正与效率”。

（四）提高司法警察职业道德是确保司法警察身心健康、正确履行职责的需要

随着依法治国，建设社会主义法治国家的不断推进，司法警察的工作任务更加艰巨和繁重，是否有一支高素质的司法警察队伍，是关系到新世纪法警事业能否深入发展的重要问题。司法警察处在查办案件、诉讼监督、保障审判工作、协助执行的第一线，面临各种复杂情况，接触犯罪等社会阴暗面多。培养和树立高尚的司法警察职业道德素养，选择正确的职业道德行为，培养良好的职业道德习惯，锻炼自我调节和控制能力，不仅有利于司法警察的身心健康，而且有利于司法警察正确履行职责——在司法警察职业活动中切实做到有法可依，有法必依，执法必严，违法必究，廉洁奉公，不枉不纵，提高法律在人们心中的威信和尊严，保障法律的正确实施。

【应知应会】

二、提高司法警察职业道德的对策

（一）加强自身修养，培养优秀品质，建立思想政治工作长效机制

思想政治素质是素质教育的核心和灵魂，中华民族历来非常注重和强调人的自我修养，认为修养才能正己，正己才能正人，才能以德齐家，以德治国。优秀的思想品质来源于正确的世界观、人生观和价值观，在于始终明确“司法为民”这个根本出发点。思想品质决定着司法警察行使执法权的立场、方针，体现着“为谁掌权、为谁服务”的政治倾向。因此，法警部门必须组织司法警察对马列主义、毛泽东思想、邓小平理论、“三个代表”重要思想以及科学发展观的学习，领会精神实质，吸取思想精华，不仅要在复杂的形势下做到立场坚定，旗帜鲜明，而且要提高思想水平，树立正确的世界观、人生观、价值观。各级法警部门要始终把思想政治工作作为司法警察队伍建设的重点工作之一，做到专人负责，形成制度，科学实施。在计划上形成系统，既有长远规划，又有短期安排；在时间上形成制度，做到学习、工作两不误；安排有针对性的教育内容，将各项教育活动与司法警察工作实际有机结合，切实解决司法警察队伍思想领域里存在的问题。

（二）注重作风养成，增强道德观念，健全职业道德的约束机制

作为具有强制力的武装力量，司法警察的外观形象与内在素质都有特殊要求，不能混同于普通老百姓，因而将“作风养成”作为司法警察职业道德来要求是非常必要的。外观形态上，要有端庄的仪容仪表、文明的言行举止；内在素质上，要有高尚的德行修养，全心全意为人民服务的公仆意识。如此优良的作风，直接给人民群众以职业道德高尚的感知。而要内强素质，外树形象，充分展示司法警察的风采，就需要构建一套适合司法警察职业特点的道德约束机制。将职业道德建设融入一系列的制度中，是提升司法警察职业道德的根本保证。如选拔任用公示制度、回避制度、监督机制、激励机制、奖惩制度、责任追究制度等，其目的在于建立起道德建设的效益机制，真正做到道德践行好的司法警察得到群众和组织的认可，以实现自身价值，使这些优秀的司法警察得到应有的回报，最终形成强大的驱动力。

（三）学习业务，提高执法能力，完善教育、培训机制

业务素质的高低，直接影响着司法警察履行职责的质量与水平，司法警察队伍在专业化建设过程中，要以提高司法警察素质为重点，在注重量的扩张的同时，更要注重质的提高，借此来加快司法警察专业化进程。司法警察处在工作第一线，直接参与办案，时刻与当事人打交道，面临多种复杂情况，这就要求其除精通各项警务工作外，还需掌握法律法规、三大类诉讼等方面的业务知识，并且能够承受体力和精神上的巨大压力，具备超乎一般人的吃苦精神和战胜困难的勇气，这对建立一支具有较高业务素质的司法警察队伍提出了更高的要求。因此司法警察只有不断努力学习业务知识，提高文化层次，拓宽知识面；不断加强锻炼，增强身体抗压能力、心理疏导能力，才能适应新形势发展的需要。

对此，各级法警部门要不断完善教育、培训机制，加强教育和训练力度。在教育、训练内容上，要突出专业知识、业务技能、体能素质的训练，增强培训的针对性和时

效性。在教育、培训制度上，要认真落实“三个必训”，一是结合司法警察准入制度，实施选任上岗必训，二是结合干部任职资格制度，实施职务和警衔晋升必训，三是实施司法警察年度训练。在教育、训练组织形式上，以集中训练为主要形式，有条件的可采取轮训轮值，勤训合一的模式。

（四）完善、健全司法警察职业准入制度

把好司法警察入口关，从警察院校、法律专业的毕业生中选拔思想品质好、文化素质高、业务技能精的热爱司法警察岗位的人员；对于聘任制司法警察的聘用，向社会公开招考，严格考核程序及条件，确保人员素质。录用人员时注意引进特色人才，着力培养一批法律知识深厚、致力于研究司法警察队伍发展，解决各种新情况、新问题的专门人才；培养一批机智灵敏、法律知识和业务技能全面的骨干力量，以适应新时期司法警察工作的需要。

（五）完善保障机制，提高待遇

司法警察从事的是“急、难、险、重”的工作，承受着较大的身体和心理压力。应高度重视司法警察工作，全面落实“从优待警”政策，建立和完善科学的保障机制，切实解决关系司法警察切身利益的职级问题，落实司法警察津贴、补助、保险、保健等福利待遇问题。解决聘任制法警待遇过低的问题，落实医疗、失业、养老保险的待遇，把优秀的人才充实到司法警察队伍中来。主动关心司法警察的工作和生活，缓解司法警察的心理和工作压力，解决司法警察的家庭和生活困难，着力排除司法警察的后顾之忧，充分调动司法警察的工作积极性。

【特别提醒】

加强职业道德建设，全面提高司法警察的道德素质，是一项长期的任务，是司法法警队伍建设的重要内容，不能把司法警察当作职业道德建设的局外人，应该把司法警察培养成具备优秀的政治品质、执着的职业忠诚、娴熟的职业技能、高尚的道德品行和高度的自律精神的从业人才。在推进中国特色社会主义现代化建设的过程中，要加强司法警察职业道德建设，依法从严治警，大力弘扬敬业奉献精神，建一流队伍，创一流业绩。

第三节　司法警察的礼仪规范

司法警察在日常工作中经常要面对社会大众，其职业活动直接反映了法院、检察院的执法形象，所以司法警察也应当时刻遵守司法礼仪。

【案例 9－3】

某高院在对部分基层法院庭审情况进行检查时，发现有法警值庭时吃槟榔的情况，遂对其进行了通报批评。

某检察院法警因儿子在学校打架，穿着警服到学校，掌掴与其儿子打架的孩子，致使被打孩子患上了精神病，该法警已被停职。

【问题思考】

1. 在案例中，司法警察违反了哪些礼仪规范？

2. 司法警察的礼仪规范包括哪些方面？

司法警察在值勤中，要注意警容严整，按照规定着装，保持良好的精神状态，仪表端庄、举止文明。接待来访群众时应谦虚热情、慎重处事，防止简单粗暴、推诿搪塞、敷衍了事。即使遇到态度蛮横无理的当事人，也要头脑冷静，耐心解释，保持有理有节，给当事人一个良好的形象。

【应知应会】

一、司法警察形象礼仪

（一）仪容仪表

司法警察着国家统一制式服装时，就意味着代表国家法律尊严、行使法定警察职权，是警察内在性质的外部标志，象征着国家和法律的权威，对工作对象有强制性和威慑力。规范着装是对警务人员的基本要求，直接关系到警察队伍的荣誉。对此，司法警察必须严格按照法律法规的规定着装。

1. 着装要求

（1）按照规定配套穿着，不同制式警服、警服与便服不准混穿。警服内着非制式服装时，不准外露。多名司法警察同时担任某项任务时，必须着统一时令的服装。

（2）按照规定缀钉、佩戴警衔、警号、胸徽、帽徽、领花等标志，系扎制式腰带，不同制式警用标志不准混戴。不准佩戴、系挂与司法警察身份或执行公务无关的标志、物品。

（3）保持警服干净整洁。不准歪戴警帽或压低帽檐，不准披衣、敞怀、挽袖、卷裤腿。

（4）除工作需要或者其他特殊情形外，应当穿制式皮鞋、胶鞋或者其他黑色皮鞋。非工作需要，不准赤脚穿鞋或者赤脚；男性司法警察鞋跟一般不准高于 3 厘米，女性司法警察鞋跟一般不准高于 4 厘米。

（5）不准系扎围巾，不准染指甲，不准染彩发、戴首饰。男性司法警察不准留长发、大鬓角、卷发（自然卷除外）、剃光头或者蓄胡须；女性司法警察发辫（盘发）不得过肩，不准涂口红或化浓妆。未有规定或要求的情况下，执行任务时不得戴口罩。

（6）除工作需要或者眼疾外，不得戴有色眼镜。

（7）司法警察着装时，除在办公区、宿舍内或者其他不宜戴警帽的情形外，应当戴警帽。①进入室内时，通常脱帽。立姿可以将警帽用左手托夹于左腋下（帽顶向体外侧，帽徽朝前）；坐姿可以将警帽置于桌（台）前沿左侧或者用左手托放于左侧膝上（帽顶向上，帽徽朝前）。在办公室和宿舍内时，警帽挂在衣帽架上（帽顶向外，帽徽朝下），或者统一放置在床铺被褥正上方。②除紧急情况外，驾驶或者乘坐警用摩托车时，应当戴警用头盔。

（8）司法警察着装时，应当随身携带人民警察证。

2. 警用服装穿着与配饰佩戴

（1）常服。警察参加授衔仪式、宣誓、阅警、重大会议、外事等活动，除主管（主办）单位另有规定外，穿着常服。着常服时，佩戴铝制胸徽、警号，硬质肩章；内着内穿式制式衬衣，冬常服内着V形领羊毛衫，系制式领带；男性司法警察戴大檐帽，女性司法警察戴翻檐帽；着冬常服还可选择戴栽绒帽。

（2）执勤服。司法警察在工作时间，通常着执勤服。着夏执勤服时，佩戴扣式软质肩章和软质警号、胸徽；男性司法警察戴大檐凉帽，女性司法警察戴翻檐凉帽。着春秋执勤服时，佩戴扣式软质肩章和软质警号、胸徽，内着制式圆领恤衫；男性司法警察戴大檐帽或者警便帽，女性司法警察戴翻檐帽或者警便帽。着冬执勤服时，佩戴扣式软质肩章和软质警号、胸徽，内着制式圆领毛衣；男性司法警察戴大檐帽、栽绒帽或者警便帽，女性司法警察戴翻檐帽、栽绒帽或者警便帽。

（3）外穿式制式衬衣。外着外穿式制式衬衣时，佩戴扣式软质肩章和软质警号、胸徽；通常情况或举行授衔仪式、宣誓、阅警、重大会议、外事等活动按主管（主办）单位要求统一系制式领带，各单位也可以根据工作需要决定统一不系领带；衬衣下摆系于裤腰内，系制式腰带；男性司法警察戴大檐帽，女性司法警察戴翻檐帽。

（4）作训服。司法警察参加训练时，通常着作训服，佩戴套式软质肩章，戴警便帽，内着制式圆领恤衫或者制式圆领毛衣。

（5）多功能服。着多功能服时，佩戴套式软质肩章和硬质警号、胸徽，内着冬执勤服或者冬常服；男性司法警察戴大檐帽或者栽绒帽，女性司法警察戴翻檐帽或者栽绒帽。

（二）言行举止

司法警察着装时，应当仪表端庄，举止文明，精神饱满。保持良好的站姿、坐姿与行姿。站立时姿态要庄重，头要正，嘴要闭，下颚微收，两眼平视；腰要直，收腹挺胸，两臂自然下垂，五指并拢，自然微曲，拇指贴于食指第二关节，中指接于裤缝；两腿并拢挺直，两脚跟靠拢，两脚尖分开约一脚之长。坐姿时，头要正，上身要挺直，两眼平视，两臂可放于椅子的扶手或大腿上，两腿分开与肩同宽，不准跷二郎腿或盘腿、打瞌睡。不饮酒，不在公共场所以及其他禁止吸烟的场所吸烟；非因工作需要，不进入营业性娱乐场所；工作场所不与他人勾肩搭背、挽臂、揽腰、嬉闹等。在公务活动中应文明礼貌，与人交谈时语气平和，语音、语调、语速适中，力求通俗易懂，便于沟通与交流。对当事人的不当行为或失礼、过激的言辞，应宽容、体谅、包涵。

1. 接待礼仪

（1）警容严整。司法警察在接待与受理工作中应严格按照规定着装，警帽根据工作需要可戴上或按照规定挂在衣帽架上或放置在办公桌前方。接待警察要精神饱满、举止端庄。严禁在接待室内嬉笑打闹、吃零食、聊天。

（2）态度和蔼。接待警察应一切以方便群众为先。要表情自然、诚恳，目光平视对方，认真听取对方的谈话，不摆架子、不耍威风。对老弱病残应主动搀扶就座，并予以优先照顾。

（3）语言文明。在接待与受理工作中，警察一般应讲普通话，使用礼貌用语，语气谦和，不讲脏话。

（4）一视同仁。在接待与受理工作中，警察应本着公平、公正、公开的原则秉公办事、不徇私情。不因为办事人的身份、地位、年龄、性别等不同而区别对待，不因为是生人或熟人而服务有所不同。在任何情况下，不与群众发生争执，要虚心接受群众的意见，耐心解答群众提出的问题。确属工作有误的，应立即向群众致歉。当时不能解决的，可转由单位负责同志作进一步处理。对办事程序和手续不清楚而不愿配合工作的群众，应耐心介绍、解释说明，以便获其理解，使工作顺利完成。

2. 敬礼礼仪

敬礼作为警察的一种礼仪，是对国家表示忠诚，对上级表示尊重与服从，向同行表示问候的方式。敬礼是警察在执法服务过程中向被服务人表示尊重、感谢，甚至是歉意的方式。

（1）警察敬礼礼仪具体情况。①遇到国家礼仪活动时应当敬礼，如升国旗的全过程应当敬礼、阅警仪式队伍经过检阅台时应当敬礼，庆典活动、接受荣誉时应当先敬礼表示感谢。②在公共场所被人介绍给众人时，应站立敬礼示意；在正规严肃场合或大型会议、活动中进行讲话前要先敬礼。③工作中遇到上级时应当敬礼。但目前这种敬礼礼仪在现实的警察工作中存在许多不明确的地方，一方面原因在于警察的警衔未能够准确反映出警察职务的高低，现实中出现少数职务高者在警衔上低于职务低者的现象；另一方面原因在于，警察工作是一份团体配合性的工作，对于天天在一起工作的领导如果见一次面就敬一次礼，反而显得不伦不类。对此，在某些特殊情况下，可以不敬礼，但要注意礼貌。④在遇到外地同行时，应当敬礼，同时结合握手礼表示问候。在告别时也是如此。⑤司法警察在执法过程中，经常会给普通民众带来不便或者获得了民众的帮助，如影响民众的出行便利、耽误被检查人员的时间、接受民众的慰问品等。对此，在进行某些执法行为，并获得帮助、排除障碍或被查人员嫌疑后，应敬礼表示感谢或歉意。

（2）敬礼的种类。司法警察敬礼主要有：举手礼、注目礼、立正致礼三种。①致举手礼的要领为：警装整齐，呈立正姿势；右臂向外抬起，与身体呈 90 度角，肘部向内弯曲，腕部伸直，右手五指并拢、伸平，大臂带动小臂，从右胸前迅速抬起，上举至头部右侧帽檐根部，手心朝下偏前方。礼毕时，将右手按原路线迅速收回。敬礼时双目平视前方或注视受礼人，保持约 3 秒钟。②致注目礼的要领有：眉宇舒展，神情专注，呈立正姿势，目光随受礼者移动，时间视情况而定。③立正致礼的要领主要有：原地起立，目光平视。

（3）敬礼的注意事项。敬礼时必须身着制服，着便衣时不能敬礼；在接受对方敬礼时，应当还礼。

二、司法警察政务礼仪

（一）办公礼仪

办公礼仪是司法警察在从事一切司法活动、执行国家公务时应遵守的行为规范和活动准则，是机关单位形象和个人文明道德修养的表现形式。正确掌握和遵守办公礼仪，有助于塑造司法警察的职业形象、营造和谐的人际关系、提高工作效率。

1. 协调人际关系

司法警察在办公时间应保持旺盛的精力，以饱满的热情为人民服务，全力以赴地努力工作，处理好人际关系。第一，处理好与同事的关系。司法警察要提高与同事共事的能力，相互间应结成良好的工作伙伴，同事之间做到互相支持、互相关心、互相信任，以诚相待、尊重他人、不骄不躁、不分亲疏。如对同事的困难主动问询表示关心，力所能及给予帮助；不在背后议论同事的隐私；同事间的误会或自己的过失主动道歉说明；与异性同事相处，适当保持距离，注意语言和行为文明。第二，处理好与上级的关系。司法警察要增强服从意识，下级服从上级，服从命令听指挥。如服从领导在工作方面的安排，对领导指挥中的错误可提出建议，不可当面顶撞或推诿执行；对领导工作不能求全责备，应多出主意，帮助领导完成好工作；应通过自己扎实而有成效的工作赢得领导的信任和认同。第三，处理好与下属的关系。上级领导要摆正与下级的关系，对下级要多关心、支持、体谅和爱护。如尊重下属，在布置工作时，态度亲切温和，礼贤下士，不摆架子，不以势压人；善于听取下属的建议，采取公开的、私下的、集体的、个别的等多种方式听取下属的意见，了解下属的愿望；宽待下属，对下属的失礼、失误，应以宽容的胸怀对待，尽力帮助下属改正错误，不可动辄打击、处罚，更不可怀恨和挟私报复；努力提高个人的人格魅力，要放手使用德才兼备的下属，多肯定、多鼓励。

2. 引见礼仪

司法警察在办公室里会遇到来访者要求与单位领导见面，通常需要引见和介绍。因此要遵守引见礼仪规范。第一，引导客人时，通常走在客人左前方，与客人保持一定距离，忌把背影留给客人；同时，可随机讲一些得体的话或介绍本单位的概况，不可只顾闷头走路。第二，进领导办公室之前，应先轻叩门，得到允许后方进入，切不可贸然闯入。第三，介绍时需注意措辞，用手示意，但不可用手指指着对方；介绍的顺序一般把客人介绍给主人，把身份低、年纪轻者介绍给身份高、年纪大者，把男士介绍给女士，多位客人同时来访按照职务的高低顺序介绍。

（二）汇报礼仪

在司法警察工作中，汇报是向特定对象报告工作，是各部门、各层级之间进行沟通、保持联络的一种常规而重要的渠道。及时、准确、全面地进行工作汇报有利于各部门、上下级之间相互配合、相互支持地完成工作。

1. 汇报方式

汇报的基本形式有三种：口头汇报、书面汇报、电话汇报。不同形式的汇报，适用于特定的不同的情况。口头汇报可以突出要点、可长可短、节省时间；但受时间、地点和当事人情绪的限制，不容易全面而深入地反映情况，多用于例行的述职和面临特殊情况时请示工作。书面汇报材料周全，可全面、系统、深入地反映情况，但时效性较差，多用于政策性工作。电话汇报时效性强，不耽误工作，但不宜深入展开，不利于双向交流，适用于临时处理某些必须办理的重要事项，事后有必要在适当之时以口头汇报或书面汇报对其加以补充。

2. 汇报内容

无论以何种形式进行工作汇报，都必须努力充实汇报的具体内容，越准确越好，要实事求是。需要注意的是，汇报内容不仅反映问题要全面而且要精炼，要去粗存精，去伪存真，不可为汇报而汇报、小题大做、虚张声势。

3. 汇报双方的互动

进行汇报时，相关当事人之间应以礼相待，汇报者与汇报对象双方保持良好的互动。

（1）汇报者的表现。①遵守有关规定或约定。汇报者一定要准时抵达汇报地点，或按时送达书面材料；不可让汇报对象久等；倘若汇报对象工作繁忙，汇报时间越短越好。②汇报时谦虚谨慎、不骄不躁，表现大方，自觉遵守秩序。③汇报中不宜有意逞强，大模大样。有外人在场一般不宜进行口头汇报或电话汇报。

（2）汇报对象的态度。汇报对象在听取汇报时应以礼待人。不时地与汇报者示以理解、鼓励、友好的眼神；有问有答，采取积极参与的态度进行倾听。不兼做他事或闭目养神，让汇报者感到被冷落、被轻视。

（三）会议礼仪

会议是最基本的公务活动之一，会议的相关人员都有各自要遵守的礼仪规范。

1. 会议组织者

会议组织者是会议的策划和服务者，应对会议进行严密的组织，为会议的顺利进行提供各种服务。

2. 会议主持人

会议主持人是会议成功的关键人物，着装应庄重得体、举止沉稳大方，精神饱满！口齿清楚、思维敏捷。

3. 会议发言者

会议发言者是会议的重心和主角。发言内容根据会议主题、与会人员的思想、文化程度、职业特点、心理需要而定，观点明确。发言时控制好语速、语调、音量。开始和结束时可以用鞠躬或起立等方式致谢，如着警服应敬礼。

4. 会议与会者

会议与会者要做到文明与会。着装符合礼仪规范；严格遵守会议时间、议程；按顺序入场、退场；专心听会，做好笔记。不可早退或无故缺席；不得在会场随意走动；不得做出有碍视听的举止和制造噪音；不可交头接耳、闭目养神、吸烟、传阅与会议无关的读物。

思考题

1. 简述司法警察职业道德规范。
2. 提高司法警察职业道德的途径有哪些？
3. 简述司法警察的礼仪规范。

第十章
司法警察的法纪要求

【知识目标】

了解司法警察的法律要求

掌握司法警察的纪律要求

掌握司法警察的执法监督

【能力目标】

能明确了解司法警察的法律要求

能准确理解司法警察法纪要求的具体内容

能掌握检察机关和警务督察部门如何对司法警察进行执法监督

第一节　规范司法警察的法律要求

一、规范司法警察的法律要求的含义

【案例 10－1】

齐齐哈尔某货站因经营原因欠货主代收费用，在法院调查调解过程中，执行局法警陈某严重违反执法程序，私受托请，威胁和殴打当事人。在没有院方执行通知书的情况下，陈某单独与原告当事人一同前往，私带并使用手铐警械，严重违反执法程序。

【问题思考】

1. 在本案例中，法警哪些环节违法，触犯了哪些法律、法规？
2. 规范司法警察行为的法律、法规有哪些？

【应知应会】

规范司法警察的法律要求是指司法警察在执法活动中所应遵循的全部规范及其对执法行为的全面制约，也就是从法律的角度上如何规范司法警察执法行为以及对司法警察的违规行为如何制约，也包括如何用法律规范来保障司法警察正确执法。它主要包括四个方面：①执行警务的主体必须是法定人民警察，否则就不合法；②警务活动的内容必须合法，即警务行为的指向对象正确，并符合法律和事实；③警务活动必须

是在警务行为主体的法定权限范围之内；④警务行为必须符合法定程序。

依法规范司法警察的警务活动是人民警察法的明确规定。违反规范司法警察的法律要求，是违法行为，违法者依法应负相应的行政和刑事法律责任。

规范司法警察的法律要求为警务的活动“有法可依、有章可循”。我国《警察法》第4条规定：“人民警察必须以宪法和法律为活动准则，忠于职守，清正廉洁，纪律严明，服从命令，严格执法。”司法警察是执法的主体，法律赋予司法警察在执法过程中行使一定的权力，各个部门的司法警察都必须模范地学习法律，遵守法律，熟练地运用法律履行职责、行使职权，对司法警察在执行职务中的违法违纪者，必须追究其相应的责任，唯有如此才能达到从严治警的目的，适应在新形势下对司法警察队伍建设提出的高标准、严要求。

二、规范司法警察行为的法律、法规

在掌握具体的规范司法警察行为的法律、法规之前，司法警察必须先学习法学基础理论知识。

法学基础理论是法学的主要理论学科，是法律教育的基础课程。它研究法的一般规律，特别是有关我国社会主义初级阶段法的产生、本质、特征、作用、发展以及法的制定与实施等基本概念，也是充分理解、把握我国的法律精神、要旨与理念的关键。

①它有助于学习其他法律知识；②它有助于提高司法警察的法律意识，增强民主法制观念；③它有助于理解马克思主义法学，划清马克思主义法学与剥削阶级法律思想的原则界限。有助于司法警察正确认识和坚持法制的基本原则，提高运用法律武器的自觉性，依法行使职权。

（一）宪法和有关基本法律

1. 宪法

宪法是国家的根本大法，它规定的是国家的根本制度和国家生活中最根本、最重要的问题，具有最高法律效力。司法警察不仅要学好宪法，严格遵守宪法，还要通过执法活动，普及宪法知识，教育公民提高法制观念。

2. 与审判和检察工作相关的基本法律

基本法律包括刑法、刑事诉讼法、民事诉讼法、行政诉讼法等。司法警察作为司法机关的工作人员，首先应当熟悉诉讼法内容，掌握各类诉讼的原则、制度和诉讼程序，以便在工作中使司法诉讼程序起到应有的辅助作用。同时，也有必要了解实体法的相关内容，如掌握刑法中的罪名认定，量刑轻重等内容，就能在工作中对犯罪嫌疑人、被告人或罪犯进行有的放矢的法制宣传和教育，保障押解、看管等工作的顺利进行。

司法警察除了学好宪法和上述基本法律外，还应结合工作实际，学好民法通则、行政处罚法、国家赔偿等重要法律。

（二）警察类法律规范

1995年2月，全国人大常委会第十二次会议审议并通过了《警察法》，共有八章五十二条，除第2章专门规定公安机关的职权职责及其他个别条款外，其余都适用于司法警察。其在第1条中规定：“人民警察包括公安机关、劳动教养管理机关的人民警察和人民法院、人民检察院的司法警察。”该法的颁布实施，对于维护国家安全和社会治安秩序，保护公民的合法权益，加强人民警察依法行使职权，保障改革开放和社会主义建设的顺利进行，发挥了重要的作用。

1995 年 1 月 16 日国务院颁布实施了《中华人民共和国人民警察使用警械和武器条例》，修改后的《刑事诉讼法》又对人民警察进行查缉活动及采取强制措施作了明确的法律规定，形成了较为完备的适应新形势需要的警察查缉活动的法律法规。它规定了人民警察使用警械和武器的范围、原则，规定了人民警察使用警械、武器的法律责任和条件等。它有利于增强人民警察的自我保护意识，更好地打击违法犯罪活动，提高人民警察的职业责任感，使人民警察合法地进行执法活动。

（三）其他相关法律规范

《人民法院组织法》和《人民检察院组织法》共同为设立司法警察提供了法律根据。《人民法院组织法》第 41 条规定："各级人民法院设司法警察若干人。"《人民检察院组织法》第 27、28 条明确规定："各级检察院根据需要可以设立司法警察"，"人员编制由最高人民检察院另行规定"。

（四）司法解释规范

虽然通过以上两种立法方式明确了司法警察在性质上属于人民警察，但对司法警察的职权范围只作了原则性规定，并没有很好地实现司法警察制度的规范性特征。最高人民检察院和最高人民法院分别于 1996 年和 1997 年颁布了《人民检察院司法警察暂行条例》和《人民法院司法警察暂行条例》，2012 年最高人民法院颁布了《人民法院司法警察条例》，2013 年最高人民检察院颁布了《人民检察院司法警察条例》在进一步明确司法警察的性质是参与司法活动的人民警察的基础上，对司法警察的性质、任务、职权范围和组织管理工作作了具体规定。

为了让司法警察能更好地履行职责，保护司法警察的权益，最高人民法院和最高人民检察院又相继出台了《人民法院司法警察培训暂行办法》、《人民法院、人民检察司法警察抚恤办法》、《人民法院司法警察看管规则》、《人民法院司法警察安全检查规则》、《人民法院司法警察押解规则》、《人民法院司法警察值庭规则》、《人民检察院司法警察执行职务细则（试行）》等。这些司法解释的效力层级虽然并不高，但内容具体细致，为司法警察顺利开展工作提供了法制保障。

第二节　司法警察纪律要求概述

一、纪律要求的含义

【案例 10－2】

在某市法院司法警察整顿纪律作风大会上，一名曾唆使他人打人的法警被宣布开除公职。某市中院副院长说道："今后本市法院将采取严厉措施，彻底整顿法警工作纪律，那些工作责任心差、出工不出力、纪律作风涣散、对人民群众耍特权、抖威风的司法警察将被砸掉'饭碗'。"据了解，该市法院共查处了 14 名违法违纪的法警，他们中有的因审判纪律受到党纪政纪处分；有的因酒后驾车造成车辆报废被取消警衔，限期调离。在受处分的人员中，有正科级1人，副科级3人，有4人被开除出法院。在本次“整风”中，法院将继续把那些不注重形象、“脸色”难看、缺乏礼貌、工作推诿松懈、不遵章守纪的法警作为重点。该市中院还决定，在今后的法警晋升警衔考核中，除了笔试和业务技能考试外，还要对法警的工作表现、纪律作风进行考察，深入听取群众，特别是服务对象的意见。对那些工作表现不好、群众意见大的人员，将不予晋升警衔。对那些利用手中权力谋取私利，对人民群众耍特权、抖威风、败坏人民警察和法院形象的，要严肃处理，绝不手软。群众也可以通过法院纪检部门对法警在纪律作风方面的问题进行举报。

【问题思考】

1. 提高司法警察的纪律素质有何意义？
2. 司法警察的纪律要求有哪些内容？

纪律是指为维护集体利益并保证工作进行而要求成员必须遵守的规章、条文。纪律作为人们的一种行为规则，是伴随着人类社会的产生而产生，伴随着人类社会的发展而发展的，因此具有历史性的特点；纪律既然是维持人们一定关系的规则，要求一定的集体成员必须执行。纪律可分为政治纪律、组织纪律、工作纪律、学习纪律等；依据纪律的重要程度、目标指向，还可分为首要纪律、一般纪律、内部纪律、对外纪律、组织纪律、个人纪律等。

【应知应会】

人民警察纪律，是指人民警察为正确履行国家法律赋予的职责权力，保证各项任务的完成，在人民警察职务活动过程中必须遵守的行为准则。司法警察代表国家执行法律，是社会公平和正义的化身，凝聚着人们对法律的敬仰和畏惧，作为人民警察的独立警种之一须严格遵守人民警察纪律。

二、司法警察纪律要求的意义

司法警察的纪律是警务活动的重要保障，其目的是通过纪律约束来保证司法警察警务活动的顺利进行。

第一，司法警察纪律要求是加强司法警察队伍建设，提高队伍战斗力的需要。严明的纪律、严密的组织与严格的要求有利于进一步提高司法警察队伍的法制化、正规化水平，是司法警察队伍具有出色战斗力的象征。司法警察通过纪律要求的规定，自觉或不自觉地严格要求自己，确保顺利完成党和国家的重任，优质高效地为审判、检察制度提供忠实可靠的服务与保障。

第二，司法警察纪律要求是顺利开展司法警察警务活动，切实保护当事人合法权益的需要。明示司法警察纪律，规范警务行为，既是司法警察履行职责的任务和目标，也能够切实保护当事人的合法权益不受侵犯。司法警察秉公执法不得违反纪律要求，要公平、公正作出判断，平等提供服务，切实保护当事人的合法权益。

第三，司法警察纪律要求使司法警察的警务活动始终处于各种有效的监督之下。司法警察纪律明示于众人，以公开形式接受人民群众对司法警察各类行为活动的评价和监督。司法警察通过主动要求人民群众监督自己的行为，强化了监督模式，使司法警察积极进行自我反思，不断提高业务水平、执法能力。

三、司法警察纪律要求的内容

（一）人民警察的纪律要求

《警察法》第21条规定："人民警察遇到公民人身、财产安全受到侵犯或者处于其他危难情形时，应当立即救助；对公民提出的解决纠纷的要求，应当给予帮助；对公民的报警案件，应当及时查处。""人民警察应当积极参加抢险救灾社会公益工作。"司法警察作为人民警察的独立警种之一，必须遵守《警察法》的规定。

保护公民的人身安全是司法警察的重要义务和职责，当公民的人身安全受到侵犯或处于危难状态中，司法警察无论是否正在值勤，也无论受害者是否求助，都应义不容辞地出手相助，制止违法犯罪活动，制服违法犯罪分子，保护受害公民。在救助危难人员、制止违法犯罪行为的过程中，还须合法、合理地履行职权，使用武器警械，避免造成负面影响。

帮助公民解决纠纷，是司法警察的又一重要义务和职责。司法警察作为执法者，代表着国家公权力，可以对民间纠纷进行及时的法制教育，以消除矛盾，防患于未然，对社会的稳定起到有力的保障作用。司法警察在处理纠纷时，要多做思想工作，晓之以理，明之以法，动之以情，促使双方和好，避免矛盾激化。司法警察在遇到公民要求解决纠纷时，不能借口不归自己管辖而一走了之，对于民事纠纷，应当告知当事人到人民法院或人民调解组织请求处理；对于治安纠纷应及时报警，通知有管辖权的治安警察、巡逻警察进行处理。当遇到群众向自己报警时，应采取必要的处置措施，制止现场正在发生的违法犯罪行为，同时通知有管辖权的警察进行管辖。

司法警察遇到自然灾害或治安灾害事故时，应立即参加抢险救灾，抢救受难的民众或国家、集体和个人的财产。参与抢险救灾时，须查看灾情，向有关领导汇报，根据情况组织抢救；在受灾现场，服从现场指挥，迅速投入到抢险救灾的活动之中，并注意维护好现场秩序，保护现场，防止违法犯罪分子趁乱逃跑或伺机作案。

（二）司法警察工作方面的纪律要求

司法警察工作方面的纪律要求是司法警察在安检、值庭、押解等警务活动中必须依法值勤，严守国家秘密，对事实负责，对人民负责，不能以权谋私，不得推卸责任；尊重刑事被告人的人权，严禁体罚侮辱被押解人或被告人；不得非法剥夺、限制他人的人身自由，不得敲诈勒索，违法实施处罚或者收取费用，不得参与营利性经营活动，不得玩忽职守。要达到工作方面纪律要求，需要培养司法警察一系列的内在纪律素质，包括政治纪律素质、组织纪律素质、工作纪律素质、群众纪律素质、保密纪律素质。

1. 政治纪律素质

良好的政治纪律素质，首先体现在坚持党的基本路线，坚持党的领导，与党中央保持高度一致，模范地执行党的路线、方针和政策。坚持党对司法警察队伍的绝对领导，这是司法警察队伍建设的一条根本性原则，是司法警察队伍性质的根本保证。

司法警察作为国家法律和路线、方针、政策的执行者，代表着国家的形象。司法警察工作的特殊性决定了他们应立场坚定，敌我分明，不得散布有损国家声誉的言论，不得参加非法组织，不得参加旨在反对国家的集会、游行、示威等活动，不得参加罢工，必须维护国家的荣誉。司法警察作为执法护法者，要无条件地严格遵守国家的宪法和法律，成为守法、执法、护法的模范。

2. 组织纪律素质

司法警察组织纪律是调整司法警察个人与集体、个人与组织、个人与领导、组织与组织关系的行为准则。主要包括：必须服从全局；坚决服从领导、服从指挥，服从命令；坚持步调一致。只有步调一致、服从全局、服从统一指挥，才能真正发挥司法警察队伍的整体战斗力。根据组织纪律的要求，司法警察不得从事营利性的经营活动或受雇于任何个人或组织。

3. 工作纪律素质

司法警察的工作纪律是调整司法警察与工作对象之间关系的行为准则。主要包括：重调查研究，实事求是，不主观臆断，偏听偏信；不得弄虚作假、干预审判、包庇纵容违法犯罪活动；不得刑讯逼供或者体罚、虐待人犯；不得非法剥夺、限制他人人身自由，不得非法搜查他人的身体、物品、住所或场所；办事公道，不以权谋私，不贪赃枉法，不得敲诈勒索或者索取收受贿赂；不得殴打他人或者唆使他人打人；不得违反国家规定没收、乱收罚款，随意实施处罚或者收取费用；不得玩忽职守，不得拒不履行法定义务。

4. 群众纪律素质

司法警察的群众纪律是调整司法警察与人民群众关系的行为准则。为民服务，为群众排忧解难是司法警察的重要社会服务职能。主要包括：坚持全心全意为人民服务的宗旨，热情为人民群众服务，维护人民的利益；不搞职业特权，不谋取私利；不滥用职权，不刁难、欺压群众，刁难、欺压群众的行为后果必然会伤害人民群众的感情，降低司法警察在人民群众中的威信，必须制止这种行为；自觉接受群众的监督，司法警察的力量来自于人民，其工作成效如何，权力使用是否得当，也要由人民群众来检验和评判；说话和气，办事公平，礼貌服务。

5. 保密纪律素质

司法警察的保密纪律是司法警察严格保守党和国家机密以及工作机密的行为规范。主要包括：不得泄露党和国家的秘密；不得泄露警务工作的秘密，司法警务工作秘密常常涉及国家的安全和利益，涉及公民的人身、财产安全，涉及司法警察工作任务能否完成，一旦泄露，就可能给党、国家和人民群众的利益造成重大损失，给犯罪分子以可乘之机。

（三）司法警察内务方面纪律要求

司法警察必须严格遵守内务管理的要求，在执行警务时按规定着装，佩戴人民警察标志，持人民警察证件，保持警容严整，举止端庄。内务方面纪律需要培养警容风纪素质。警容风纪素质是警察的仪表和举止，是警察纪律作风、文化素质、军事素质和精神面貌的综合反映和外在表现。司法警察代表国家，严整的警容风纪反映着国家的精神面貌，警察全副武装、警容严整地值勤，是执行法律、维护司法警察威严的需要。

司法警察的警容风纪，让人一目了然，加强司法警察的警容风纪建设具有重要的现实意义。其一，警容风纪是体现国家与社会文明程度的重要标志之一。司法警察通过工作与各类人群打交道时，其仪表、言谈和举止展现在各类人群面前，这在一定程度上成为审判机关的形象表征，也是人民判断司法警察精神风貌和国家文明程度的重要标尺；如果不讲究警容风纪，没有严整的警容、端庄的举止和文明的谈吐，势必会损害司法机关的形象，危及警民关系，影响国家声誉。其二，良好的警容风纪对社会精神文明建设具有积极的推动作用，当司法警察以良好的精神面貌活动在法庭内外，潜移默化中会形成一种模仿机制，使周围群众更加注重自己的言谈举止，在一定程度上推进社会风尚的改善，促进精神文明建设。其三，良好的警容风纪有利于震慑犯罪、改善警民关系。司法警察以威严的仪表、整洁的着装和文明的谈吐活动在法庭内外，会对犯罪分子产生很大的震慑作用，使其不敢轻举妄动；同时，也增强了公民、当事人的安全感，并认识到司法警察是自己参与庭审活动确保安全的强有力的保护者，并在日常活动中，乐于与司法警察打交道，密切与司法警察的关系。

【特别提醒】

司法警察工作方面与内务方面的纪律要求存在着必然的联系。警容风纪作为外在的让人一目了然的纪律素质是政治纪律素质、组织纪律素质、工作纪律素质、群众纪律素质和保密纪律素质的外在表现，它反映和体现了司法警察的精神风貌，是司法警察纪律素质中的重要方面。政治纪律素质、组织纪律素质、工作纪律素质、群众纪律素质和保密纪律素质的培养，有利于促使司法警察遵守工作纪律，养成严谨的工作态度，又会促进良好警容风纪的养成。

第三节　司法警察的执法监督

一、司法警察执法监督的含义

【资料 10－1】

朝阳检察院法警队的队员们在执法过程中，胸前都会佩戴一个黑色装备——“现场执法记录仪”，它如同随身“电子眼”，能快速、准确地记录法警执法的全过程。“现场执法记录仪”内置高像素镜头和高敏感度麦克风，集摄像、拍照、录音、对讲四大功能于一体，具有红外夜视功能，还有一定的隐蔽性，是一种便携式取证仪。该仪器不仅能准确记录现场执法及突发事件的全过程，而且拍摄的影像资料由专职人员录入电脑储存后，可以作为档案保存，供案件指挥、侦破和检察机关取证。这是朝阳检察院规范法警执法行为，提高执法效率和公信力的重要举措。

【问题思考】

司法警察执法监督的途径有哪些？

司法警察制度是实现社会主义国家审判和检察目的的重要保证。司法警察在依法执行职务的过程中，其行为将影响到某些社会组织或公民的人身权、财产权或其他权利。如果没有有效的约束机制，某些执法者在私欲的支配下，执法活动会超出国家的整体意志，将国家赋予的权力变成实现个人利益的工具，最终必然导致某些司法警察滥用职权、腐化堕落。一方面既要用法律规范司法警察的执法活动；另一方面还须构建并完善司法警察执法活动的监督机制，通过各种不同的途径，有效地监督并防止和杜绝司法警察在执法过程中滥用职权、假公济私等行为。

【应知应会】

监督，从字面上理解，是对人们的行为进行监视察看，如果发现不符合要求的行为，就督促行为人纠正。监督的概念和监督的行为在社会各行各业中都存在。就司法警察的执法监督而言，有广义和狭义之分。广义的司法警察执法监督泛指党、国家权力机关、司法机关、行政机关、社会组织和团体、公民，对司法警察职务行为进行的监督。狭义的司法警察执法监督是法律监督机关和依照法律规定有监督权的国家机关对司法警察职务行为实施的监督。一般来说，司法警察执法监督指的是广义的监督。

从司法警察执法监督的行为表现来看，司法警察执法监督可分为监察行为、督促行为、撤销行为、纠正行为等。从司法警察执法监督是否产生法律后果来看，有直接产生法律效力的，有间接产生法律效力的，还有并不产生法律效力的。

司法警察执法监督的价值在于保证警务工作的合法顺利开展，是以警务活动职能的实现与公民合法权益不受侵害为目的的。司法警察执法监督是国家民主与法制建设的需要，也是提高司法警察执法水平的需要，更是司法警察队伍廉洁勤政建设的需要。

二、司法警察执法监督的基本特征

（一）监督对象的特定性

司法警察执法监督的对象是司法警察机关及司法警察，包括对其职务行为、警容风纪等遵守法律与纪律情况的监督。

（二）监督主体的广泛性

司法警察执法监督的主体既包括党、国家权力机关、司法机关、行政机关、社会组织和团体、公民的外部监督，还包括司法警察上下级机关的内部监督。司法警察执法监督主体的广泛性，既是提高监督主体监督效率的重要保障，也是建设社会主义民主法制，实现执法监督社会化的基本要求和重要体现。

（三）监督形式的多样性

国家权力机关、人民政府以及上级司法警察机关，可以通过检查、审查、调查等形式进行监督；检察机关可以通过法定程序对侦查、执行刑罚等活动进行监督；行政监察机关可以通过检查、调查等行政检查程序进行监督；督查机构则依照专门的督查程序监督；其他社会监督主体可以通过批评、建议、检举和控告等形式进行监督。

（四）监督过程的程序性

司法警察执法监督是一种法律制度，其形式通常表现为依法进行的可以产生某种法律效力和法律后果的法律行为。因此，无论何种主体、出于何种理由进行的监督，都必须符合法律的要求，遵循法定的程序。

三、司法警察执法监督的种类

司法警察的执法监督从不同的角度，参照不同的分类标准可以划分为不同的种类。

（一）以监督主体的不同为标准

以监督的主体不同为标准，司法警察执法监督可分为党的监督、人大的监督、国家检察机关的监督、行政监督机关的监督、司法警察机关内部的监督以及社会与公民的监督。

（二）以监督有无直接法律效力为标准

以监督有无直接法律效力为标准，司法警察执法监督可分为有直接法律效力的监督和间接法律效力的监督。国家法律监督机关、监察监督机关的监督，司法警察机关的内部监督，能够直接引起法律后果的，是有直接法律效力的监督；社会监督和公民监督必须经过国家法定机关受理才能引起法律后果的，是产生间接法律效力的监督。

（三）以监督的时间顺序为标准

以监督的时间顺序为标准，司法警察执法监督可分为事前监督、事中监督和事后监督。事前监督是在具体的执法行为实施之前进行的监督，一般适用于司法警察上级机关对下级机关报请审批的执法活动进行的监督。事中监督是对正在进行的执法活动进行的监督，这种监督活动既有司法警察机关的监督，也有国家机关的监督、社会与公民的监督。事后监督是在具体的执法行为实施之后，对执法行为是否合法、适当进行的监督。

（四）以监督的对象不同为标准

以监督的对象不同为标准，司法警察执法监督可分为对司法警察机关的监督和对司法警察人员的监督。不论是由司法警察机关行使的重要职权，如决定、命令等，还是由司法警察个人行使的职权，如询问、安检、参与执行等，其执法活动都要受到监督。

四、执法监督的形式和内容

对于司法警察履行职责的监督，根据监督主体与监督对象的隶属关系不同，可以将监督形式分为内部监督和外部监督。

（一）内部监督

1. 法制部门的监督

法制部门的监督是指本级司法警察部门对本级和下级司法警察队伍及司法警察人员的执法活动实施监督和检查的行为。根据《警察法》第 43 条、《人民法院司法警察条例》第 20 条第 2 项、《人民检察院司法警察条例》第 18 条规定，上级人民法院、人民检察院司法警察部门管理下级人民法院、检察院司法警察的工作，有指导、监督、考评司法警察工作的职责。上级人民法院、检察院司法警察部门对下级人民法院、检察院司法警察工作的监督，是下级服从上级、下级服从命令的体现。这种监督可以依照职权直接监督，也就是通过对下级人民法院、检察院司法警察工作的指导、督促、检查等形式实行监督；也可以依据申请间接监督，即上级人民法院、检察院司法警察部门接到公民、法人或者其他组织的申诉或复议申请，按照法定程序对下级机关作出的各种裁决、处理、处罚、强制措施等进行审查，发现有违法或不当之处，通过作出申诉裁决或复议决定予以撤销或变更。上级部门通过对下级工作的监督，保证法律的正确执行；通过对下级机关的督促、检查，发现执法过程中的偏差和失误，及时地扭转和纠正。

2. 督察监督

督察监督，主要是指司法警察机关内部督察机构的监督，是各级司法警察机关内部设立的专门督察机构，对司法警察执行法律、遵守法律的情况进行监督。

在公安机关系统，早在1997年6月就以国务院令的形式颁布了《公安机关督察条例》，2011年8月重新修订，并自2011年10月1日起施行。根据该督察条例，督察机构对公安机关及其人民警察依法履行职责、行使职权和遵守纪律的事项进行督察。督察机构不仅有权查处人民警察的违法违纪行为，甚至有权对严重违纪的人民警察采取停止执行职务或禁闭措施，或提出给予处分或者降低警衔、取消警衔的处理建议。司法机关的司法警察也属于人民警察，建立相应的督察制度应该是题中之意。

尽管各级人民法院、检察院均设有纪检组长一职，但鉴于司法警察执法行为的特殊性和强制性，以督察机制来监督司法警察依法履行职责、行使职权和遵守纪律更能达到预设效果。

当人民法院的司法警察具体承担司法强制措施实施和民事执行的部分实施权，人民检察院的司法警察大量参与对检察院自侦案件的侦查工作的协助后，建立督察机制显得尤为重要，因为执行行为、协助侦查的行为是否符合程序公正与效率的要求，直接影响当事人的合法权益。此处的督察机制是通过专职的司法警察来专门监督其他司法警察的职务行为，即所谓的“内行监督”，可以避免监督者因不熟悉业务而被他人随意搪塞的弊病。

参照《公安机关督察条例》的内容，从方便督察人员开展工作和执行违法、违纪惩戒措施的角度出发，关于司法警察的督察机制，可以实行上级督察下级的方式来予以建构，也即只在中级以上的人民法院或市级以上的人民检察院才有必要设立司法警察督察机构。当然，考虑到总体警力的有限性，司法警察督察机构的人数不宜过多，并可以由上级司法机关的司法警察部门副职领导并任督察长。

对于司法警察职务行为的督察的内容可以包括：司法警察是否有违反警容风纪的行为；是否有违反规定使用武器、警械、警用车辆、警用标志的行为；是否在履行职责过程中有徇私舞弊、贪污受贿、侵占当事人财物的行为；是否有消极怠慢、擅离职守、违抗指令的行为；是否有粗暴执法，损害当事人合法权益的行为等。督察原则上通过事后监督的方式进行，即督察机构对涉及司法警察执法行为的检举和控告展开核查，根据检举人、控告人和被检举人、被控告人双方的陈述，或者检举人、控告人提供的证据材料，按照规定程序进行调查核实。有违法、违纪事实的，应当及时提出纠正意见。情节严重的，应当通过司法警察机构负责人向本院院长、检察长提出停止执行职务、给予行政处分或者降低警衔、取消警衔，或者移送纪检部门、司法机关处理的督察建议，然后按有关程序进行处理。

如果督察人员在日常督察工作中现场发现司法警察的执法行为违反法律、法规和司法警察纪律规定的，可以当场予以纠正。必要时，可以将违法的司法警察人员带离现场。情节严重的，可以报经本院院长、检察长批准后暂停其执行职务（期限为10日以上60日以下）或实施禁闭措施（1日以上7日以下）。

督察监督的目的在于维护法律的权威，树立司法警察的光辉形象，解决司法警察在执行法律、遵守纪律过程中存在的偏差和问题，促使司法警察依法行使职权。而有效地发挥督察制度的威力，既能教育和督促司法警察正确使用法律、自觉遵守纪律，又能及时发现和解决执法活动中存在的问题，带动廉政工作的开展，使人民的合法权益得到进一步的保障。

（二）外部监督

1．检察监督

我国《宪法》第129条规定："中华人民共和国人民检察院是国家的法律监督机关。"人民检察院由国家权力机关产生，对宪法、法律的实施进行监督，司法警察的执法活动是其监督的内容之一。根据我国《宪法》、《人民检察院组织法》、《人民法院组织法》、《刑事诉讼法》、《警察法》等法律的规定，检察机关对司法警察活动的监督主要体现为公诉监督，即对触犯刑法的司法警察依法提起公诉。从法律监督的意义上讲，主要针对司法警察的执法行为，检察机关在监督检查的过程中，发现有贪污受贿、徇私枉法、刑讯逼供、非法搜查、非法管制、体罚人犯等严重违法犯罪的行为，可以依法对违法行为者提起公诉，追究其刑事责任。

2．行政监察监督

行政监察监督，是国家监察机关对国家行政机关和工作人员是否有行政违法行为，须承担何种行政责任进行监督、检查并作出处理的活动。《警察法》第42条规定："人民警察执行职务，依法接受人民检察院和行政监察机关的监督。"根据《中华人民共和国行政监察法》第2条的规定，行政监察机关是人民政府行使监察职能的重要机关，其主要任务和职能是对国家行政机关、国家公务员和国家行政机关任命的其他人员进行监察。司法警察队伍是国家重要的执法护法队伍，司法警察作为国家公务员，其执法活动当然要受到行政监察机关的监督。

行政监察机关的职权包括：

（1）检查权。即检查监察对象在遵守和执行法律、法规和人民政府决定、命令中的问题，以及贯彻执行国家法律、法规、政策的情况，对职务活动中的行为实施检查。

（2）调查权。即调查监察对象的特定事项，或调查其违反法律、违反行政纪律的行为。

（3）监察建议权。即监察机关根据检查、调查的结果，就监察事项向有关单位和部门提出监察建议。

（4）处分权。即监察机关根据检查、调查的结果，对有违法违纪行为的监察对象，作出追究行政责任、给予行政处分的监察决定。

3．社会监督

社会监督，是指来自国家机关以外的社会组织如人民政协、社会团体、企事业单位和公民个人对司法警察执法活动的监督。根据《警察法》第44条规定，人民警察执行职务，必须自觉地接受社会和公民的监督。社会监督的方式通常是有关的组织或个人对司法警察机关采取的措施、作出的决定提出批评建议，对司法警察的违法违纪行为进行检举、控告等。社会监督与其他类型的监督不同，这种监督不具有严格的法律强制性，也不直接产生法律后果，而是通过批评、建议、控告等方式，引起国家有关机关的关注，从而导致带强制性的监督手段的运用。

我国现阶段社会监督的形式主要有：①政协对执法活动的监督。参加政协的各党派各团体各界人士，对国家的大政方针进行政治协商，通过提出批评、建议等方式，对国家机关及其工作人员的执法活动进行监督。②社会组织对执法活动的监督。社会组织包括各种社会团体、企事业单位等。这些组织通过批评、建议、控告、检举等方式，对执法活动进行监督。③公民个人对执法活动的监督。公民对国家机关及其执法人员的违法或不当行为，有权检举、控告，要求对责任人进行惩处；对自己受到的不公平正处理，有权以提出申诉、申请复议、提起诉讼等方式，要求恢复自己的权利，补偿自己的损失。④舆论监督。舆论机构利用舆论媒介的作用，反映广大公民和社会组织的意愿和要求，检举、揭发和控告国家工作人员的违法渎职行为。

社会监督虽然属于没有直接法律效力的监督方式，但不能忽视它的积极作用。有些社会监督是国家机关监督的直接源泉，有些监督所产生的影响与作用甚至超过国家机关的监督。它是社会主义监督体制的基础，是反腐保廉、遏制腐败的可靠保证。它们对执法机关和执法人员的监督作用不可忽视。

（1）政协对执法活动的监督。参加政协的各党派各团体各界人士，对国家的大政方针进行政治协商，通过提出批评、建议等方式，对国家机关及其工作人员的执法活动进行监督。

（2）社会组织对执法活动的监督。社会组织包括各种社会团体、企事业单位等。其中，中国有全国性社会团体近 2 000 个。在这些团体中，工会、青年团、全国妇联的政治地位特殊，社会影响广泛。这些组织或单位通过批评、建议、控告、检举等方式，对执法活动进行监督。

（3）舆论监督。舆论机构利用舆论媒介的作用，反映广大公民和社会组织的意愿和要求，检举、揭发和控告国家工作人员的违法渎职行为。19 世纪中叶，美国、英国等西方主要国家的新闻传播业从政党报刊时期逐渐转向商业报刊时期，新闻传播媒介构成了社会中一种相对独立的力量。在一些资本主义国家，将舆论监督权视为平行于立法权、司法权、行政权的“第四权力”。行使“第四权力”的主要表现形式为社会舆论对三权的监督，而新闻媒体对执法行为的监督正是其具体的表现形式。

（4）公民个人对执法活动的监督。公民对国家机关及其执法人员的违法或不当行为，有权检举、控告，要求对责任人进行惩处；对自己受到的不公平正处理，有权以提出申诉、申请复议、提起诉讼等方式，要求恢复自己的权利，补偿自己的损失。

而网络监督是近年来公民实现监督权的另一种新的形式。随着网络信息技术的不断发展，网络民主作为公民参与社会管理和实现权力监督的一种有效形式，正逐步走向成熟。中央也一直高度重视网络举报工作，认为开通网络举报是拓宽信访举报渠道、关注网络舆情、加强网络监督的重要举措。2005 年，中央纪委监察部正式开通了举报网站，至 2009 年，共收到网络举报 21 万余件，约占中央纪委监察部同期信访举报总量的 12%。2009 年，中央党校出版社出版发行的《中共党建辞典》正式收录了“网络反腐”的词条，这被看作互联网在反腐败中的作用得到中国执政者认可的一个重要标志。网络反腐之所以如此受到重视，主要是因为互联网的广泛而便捷的传播能力。利用互联网来发现案件线索，查办案件并通过互联网来通报，加强纪检监察机关与群众的沟通，不仅开拓了新的查办腐败案件的渠道，更拉近了政府与群众的距离，对于维护社会的稳定起到了关键作用。

为了保障社会和公众能够有效地对人民警察进行监督，《警察法》第 44 条还规定了“人民警察机关作出的与公众利益直接有关的规定，应当向公众公布”，如果社会与公民对这些规定一无所知，就不能充分地进行监督。将有关的规定公之于众，不仅便于社会和公众行使监督权利，而且有利于改正规定中可能存在的失误，弥补其中的不足，保证警察机关决策的正确性，还能充分调动社会组织和公民个人参政的积极性，促进民主政治的发展。

【拓展阅读】

作为信息化时代反腐倡廉重要途径的网络监督，对于反腐倡廉来说是一把“双刃剑”，其作用具有双重性。一方面，表现在网络监督对反腐倡廉建设具有积极的推动和促进作用；另一方面，网络监督也具有局限性，甚至对反腐倡廉建设产生消极作用。

在网络舆论监督中缺乏严格意义上的信息“把关人”，再加上网络的匿名性，使得网民在信息的发布和传播上过于随意，虚假新闻频频出现，这不仅降低了网络媒体的公信力，也极大地影响了网络舆论监督的效力。一些网络新闻媒体为了吸引受众，置正确的舆论导向于不顾，将道听途说的消息编发上网，转发或引用虚假新闻和有害信息，误导公众，混淆视听，不仅损害了读者的利益，也败坏了网络新闻的名声。在制作环节上，一些网络谣言的“始作俑者”采用新闻报道的手法，在形式上力求“逼真”，甚至公然盗用媒体的名义，通过互联网肆意散布虚假信息，干扰正常的信息交流环境，甚至进行一些别有用心的行为；在传播环节上，网络媒体包括传统媒体的从业人员把关不严，对假新闻的识别、分辨力不够，误入圈套，通过他们具有权威性、公信力的传播平台以新闻形态进行再传播，以证实其可信度，未能肩负起媒体从业人员的社会责任感；在对一些新闻素材的后期制作中，肆意运用电脑等现代化技术手段，妄加窜改。

我国目前相关法律法规的不健全制约了网络舆论监督的发展。近年来，世界上许多国家都在思考如何加强互联网管理，探索可行的方案。美国最近10年先后出台了《未成年人互联网保护法》、《反垃圾邮件法》等与互联网管理有关的法案。我国现行相关的法律法规有：《互联网信息服务管理办法》、《新闻网站电子公告服务管理暂行办法》等，但上述法律法规尚存在不够完善之处，对于网络监督腐败现象出现的问题，如何处理知情权与隐私权、言论自由与人身攻击、社会监督与造谣诽谤等关系问题，尚需更为明确的界定。目前当务之急是要明确规定网络舆论监督公权力腐败行为的法律责任及监督主体的权利及义务，使其在法制化轨道上健康运行。一些地方和部门正在进行这样的探索。2008年8月株洲市纪委、市监察局出台《关于建立网络反腐倡廉工作机制的暂行办法》，成为全国首个网络反腐文件。之后颁布了《网络反腐倡廉工作平台操作规程》等文件，为网络监督与纪检监察制度的对接迈出了坚实的第一步。

思考题

1. 司法警察的法纪要求有哪些内容？
2. 检察机关如何对司法警察进行执法监督？
3. 警务督察部门如何对司法警察进行执法监督？
4. 怎样预防司法警察的职务犯罪？

参考文献

1. 公安部政治部．公安基础知识．北京：中国人民公安大学出版社，2008.
2. 陈军．人民警察素质教育全书．北京：中国检察出版社，1998.
3. 沈忠俊，刘同华．司法职业道德（修订本）．北京：中国政法大学出版社，1999.
4. 霍宪丹．中国高层次司法警官培养模式研究．北京：法律出版社，2004.
5. 胡建江，刘丹阳．司法警察工作教程．广州：暨南大学出版社，2003.
6. 陈文兴．司法公正与制度选择．北京：中国人民公安大学出版社，2006.
7. 金川，唐长国等．司法警察概论．北京：中国政法大学出版社，2005.
8. 郗丙义．人民警察道德概论．北京：中国人民公安大学出版社，1995.
9. 陈晋胜．警察执法论．北京：中国民主法制出版社，2001.
10. 万洪云，李永清．警察法学．北京：中国检察出版社，2011.
11. 尹伟中，张满生．和谐社会理论视野下的社区警务．北京：中国政法大学出版社，2007.
12. 张柏林．中华人民共和国公务员法教程．北京：中国人事出版社，2005.
13. 陆晶．现代警务行为的理与法．北京：中国人民公安大学出版社，2005.
14. 钟勇生，蔡国芹．人民法院司法警察制度改革与发展研究．北京：法律出版社，2011.
15. 周静茹，金琳．司法警察实务．广州：暨南大学出版社，2011.
16. 严军兴，马玉娥．警察业务全书．北京：科学技术文献出版社，1995.
17. 孙玉仁．新形势下司法警察基本素质提升的若干问题研究．广西政法管理干部学院学报，2010（5）.
18. 黄强．如何加强检察院司法警察的职业道德建设．四川科技报，2011－9－30.
19. 王少波，于铁军，李国军．人民法院司法礼仪手册．北京：中国法制出版社，2010.
20. 师宕．司法警察必备．海口：海南出版社，2001.
21. 王大伟．英美警察科学．北京：中国人民公安大学出版社，1995.
22. 马跃．美国刑事司法制度．北京：中国政法大学出版社，2004.
23. 曲新久．刑法的精神与范畴．北京：中国政法大学出版社，2003.
24. 金川．法院执行研究．长春：吉林人民出版社，2003.
25. ［美］罗伯特·兰沃西，劳伦斯·特拉维斯．什么是警察：美国的经验（第三版）. 尤小文译. 北京：群众出版社，2004.
26. 鲁加伦. 中国罪犯人权研究. 北京：法律出版社，1998.
27. 李忠信. 人民警察法若干问题研究. 北京：群众出版社，1998.